Liberdade Religiosa e a Imunidade Tributária

Liberdade Religiosa e a Imunidade Tributária

2023

Mônica de Almeida Magalhães Serrano

LIBERDADE RELIGIOSA E A IMUNIDADE TRIBUTÁRIA
© Almedina, 2023
AUTORA: Mônica de Almeida Magalhães Serrano

DIRETOR ALMEDINA BRASIL: Rodrigo Mentz
EDITORA JURÍDICA: Manuella Santos de Castro
EDITOR DE DESENVOLVIMENTO: Aurélio Cesar Nogueira
ASSISTENTES EDITORIAIS: Larissa Nogueira e Letícia Gabriella Batista
ESTAGIÁRIA DE PRODUÇÃO: Laura Roberti

DIAGRAMAÇÃO: Almedina
DESIGN DE CAPA: FBA

ISBN: 9786556279275
Setembro, 2023

Dados Internacionais de Catalogação na Publicação (CIP)
(Câmara Brasileira do Livro, SP, Brasil)

Serrano, Mônica de Almeida Magalhães
Liberdade religiosa e a imunidade tributária /
Mônica de Almeida Magalhães Serrano. -- São Paulo :
Almedina, 2023.
Bibliografia.
ISBN 978-65-5627-927-5

1. Direito tributário – Leis e legislação – Brasil 2. Estado 3. Imunidade tributária – Brasil
4. Liberdade de religião – Brasil 5. Secularismo
I. Título.

23-161115   CDU-34:336.2(81)

Índices para catálogo sistemático:

1. Brasil : Direito tributário 34:336.2(81)
Eliane de Freitas Leite – Bibliotecária – CRB 8/8415

Este livro segue as regras do novo Acordo Ortográfico da Língua Portuguesa (1990).

Todos os direitos reservados. Nenhuma parte deste livro, protegido por copyright, pode ser reproduzida, armazenada ou transmitida de alguma forma ou por algum meio, seja eletrônico ou mecânico, inclusive fotocópia, gravação ou qualquer sistema de armazenagem de informações, sem a permissão expressa e por escrito da editora.

EDITORA: Almedina Brasil
Rua José Maria Lisboa, 860, Conj. 131 e 132, Jardim Paulista | 01423-001 São Paulo | Brasil
www.almedina.com.br

À memória de meus pais, Dulce e Antonio, a quem devo a essência de meu ser.

Aos meus filhos, Andrea, Marina, Eduardo e Maria Clara, que integram e complementam a minha vida.

Ao meu marido e companheiro, Vidal, com amor.

SOBRE A AUTORA

Mônica de Almeida Magalhães Serrano
Doutora, Mestre e Bacharel em Direito pela PUC-SP. Desembargadora no Tribunal de Justiça de São Paulo. Foi Procuradora do Estado de São Paulo por mais de 20 anos.

AGRADECIMENTOS

Presto agradecimento especial aos componentes da banca examinadora:
- Professora Julcira Maria de Mello Vianna Lisboa
- Professor Claudio de Abreu
- Professora Isabela Bonfá de Jesus
- Professor Paulo Magalhães da Costa Coelho
- Professor Fernando Reverendo Vidal Akaoui

Deixo consignada minha admiração.

NOTA DA AUTORA

Fruto da tese com a qual obtive o título de Doutora em Direito pela PUC-SP, esta obra explora o significado de liberdade a partir de teorias filosóficas diversificadas e mediante contextualização histórica, de forma a estabelecer os limites e o âmbito do conceito.

Destarte, a liberdade, em um conceito atual e abrangente, deve conter em si a realização de necessidades essenciais do cidadão, como acesso à saúde e educação ou condições mínimas de subsistência. A partir dessa conceituação, introduz-se a questão do poder de tributar em contraponto às liberdades, que se exprimem em várias espécies, como elementos próprios ao exercício da cidadania.

Para tanto, utiliza-se uma conotação ampla de liberdades públicas, dissociada da restrita liberdade individual, de forma a configurar essas inúmeras expressões como direitos fundamentais, desenhando-lhes os pressupostos e as dimensões. Descrevem-se, por conseguinte, as dimensões dos direitos fundamentais sob a ótica de múltiplas doutrinas, fixando entre os direitos de quarta dimensão o direito à democracia e ao pluralismo, como também o direito fundamental à convivência harmônica multirracial e religiosa.

Procura-se deslindar o conceito de religião, integrado por diversas facetas, para que se possa precisar o conteúdo da liberdade religiosa, que consubstancia múltiplos direitos fundamentais, e o seu significado no bojo do Estado Moderno, laico e pluralista.

Colocadas tais premissas, analisa-se a laicidade no Brasil, suas características e limites e como a liberdade religiosa se insere no Estado democrático, tendo como instrumento concretizador a imunidade tributária, para a qual se atribui a natureza de verdadeira garantia institucional.

A fim de estabelecer a extensão que se pode conferir a templos de qualquer culto, com supedâneo em casos concretos e controversos à luz da doutrina e da jurisprudência, abordam-se as normas tributárias veiculadoras de imunidade e os vetores de interpretação que devem ser utilizados. Por tratar-se de tema essencial, além da interpretação, realiza-se uma classificação acerca da imunidade tributária dos templos de qualquer culto, com as significações daí advindas.

Finalmente, demonstra-se o núcleo central que deve figurar como objeto da imunidade tributária dos templos de qualquer culto e elemento crucial à defesa do Estado laico e pluralista em um ambiente democrático, que não perpassa pelo princípio da capacidade contributiva, sobretudo como elemento a propiciar uma ambiência social de tolerância e de pacificidade.

São Paulo, maio de 2023.

MÔNICA DE ALMEIDA MAGALHÃES SERRANO

LISTA DE ABREVIATURAS E SIGLAS

ADI   Ação Direta de Inconstitucionalidade
AgR   Agravo Regimental
ARE   Agravo em Recurso Extraordinário no Supremo Tribunal Federal
AREsp   Agravo em Recurso Especial
art.   artigo(s)
CBO   Classificação Brasileira de Ocupações
CF/1988   Constituição Federal de 1988
CLT   Consolidação das Leis do Trabalho
CNJ   Conselho Nacional de Justiça
CTN   Código Tributário Nacional
Des.   desembargador(a)
DJ   *Diário da Justiça*
DJe   *Diário da Justiça eletrônico*
DJU   *Diário da Justiça da União*
D.O.   *Diário Oficial*
ed.   edição
IBGE   Instituto Brasileiro de Geografia e Estatística
ICMS   Imposto sobre Operações relativas à Circulação de Mercadorias e sobre Prestações de Serviços de Transporte Interestadual e Intermunicipal e de Comunicação
Iphan   Instituto do Patrimônio Histórico e Artístico Nacional
IPVA   Imposto sobre Propriedade de Veículos Automotores
IR   Imposto de Renda
IRPF   Imposto de Renda da Pessoa Física
ITBI   Imposto sobre Transmissão de Bens Imóveis

MC	Medida Cautelar
MI	Mandado de Injunção
Min.	ministro
MS	Mandado de Segurança
n.	número
ONU	Organização das Nações Unidas
p.	página(s)
Proc.	processo
RE	Recurso Extraordinário
Rel.	relator
REsp	Recurso Especial
RFB	Receita Federal do Brasil
STF	Supremo Tribunal Federal
STJ	Superior Tribunal de Justiça
TRF	Tribunal Regional Federal
TRT	Tribunal Regional do Trabalho
v.	volume
§	parágrafo

SUMÁRIO

INTRODUÇÃO	19
1. O DIREITO À LIBERDADE	23
1.1. Conceito e evolução histórica	23
1.2. Relação do poder de tributar e liberdade	59
2. LIBERDADES PÚBLICAS E LIBERDADE RELIGIOSA NA CONSTITUIÇÃO FEDERAL BRASILEIRA	61
2.1. Liberdades públicas e sentido conotativo como direito fundamental	61
2.2. Dos direitos fundamentais: pressupostos e dimensões. O direito fundamental à convivência harmônica multirracial e religiosa	64
2.3. Religião e conceito no Estado Moderno. Liberdade religiosa e direito fundamental: múltiplos direitos e dimensões	71
3. LAICIDADE, LAICISMO E SECULARISMO	81
3.1. Estado laico no Brasil. Laicidade, laicismo e secularização	81
3.2. Da laicidade e limites. Da citação de Deus no Preâmbulo da Constituição Federal. Da utilização de símbolos em órgãos públicos	92
3.3. Laicidade como instrumento à paz social	102

4. IMUNIDADE TRIBUTÁRIA DOS TEMPLOS
   DE QUALQUER CULTO 105
4.1. A imunidade tributária dos templos de qualquer culto no Brasil 105
4.2. Imunidade dos templos de qualquer culto e natureza:
     garantia institucional 107
4.3. Contextualização das imunidades tributárias: conceito
     e posições doutrinárias 116

5. DA IMUNIDADE TRIBUTÁRIA E CRITÉRIOS
   DE INTERPRETAÇÃO 131
5.1. Das normas tributárias veiculadoras de imunidades tributárias
     e contraponto com as isenções tributárias:
     vetores de interpretação 131
5.2. Dos templos de qualquer culto. Conceito e alcance da expressão
     para fins de imunidade tributária 141
     5.2.1. Da interpretação extensiva da imunidade dos templos
            de qualquer culto e algumas questões controversas 146
     5.2.2. Imunidade tributária dos templos e atividades comerciais
            – impostos indiretos 154
     5.2.3. Da possibilidade de extensão da imunidade tributária
            dos templos de qualquer culto à maçonaria 159
     5.2.4. Da remuneração de ministros de confissão
            e imunidade tributária 161
5.3. Aplicabilidade das normas veiculadoras de imunidade tributária
     a impostos e extensão a outros tributos 170
5.4. Da eficácia das normas veiculadoras de imunidades tributárias ... 174

6. DA SISTEMATIZAÇÃO DA CLASSIFICAÇÃO
   DA IMUNIDADE DOS TEMPLOS DE QUALQUER
   CULTO 177
6.1. Da classificação como imunidade genérica 177
6.2. Das imunidades objetivas e subjetivas, implícitas ou explícitas.
     Da classificação da imunidade dos templos de qualquer culto
     como imunidade ontológica 179
6.3. Da aplicabilidade e sistematização da classificação
     das imunidades dos templos de qualquer culto 182

7. DO NÚCLEO ESSENCIAL E OBJETO DA IMUNIDADE
DOS TEMPLOS DE QUALQUER CULTO ... 187
7.1. A capacidade contributiva como não referencial lógico
da imunidade dos templos de qualquer culto ... 187
7.2. A liberdade à religião e o papel instrumentalizador da imunidade
tributária em uma sociedade pluralista como elemento
à harmonia e pacificação social ... 192

CONCLUSÃO ... 199
REFERÊNCIAS ... 207

INTRODUÇÃO

O presente tem como foco tratar da liberdade à religião, mas com um contraponto à imunidade tributária, no intuito de traçar os pontos fundantes que se entrelaçam e a relevância que proporcionam a um Estado Democrático de Direito.

Não há como iniciar o desenvolvimento do tópico pretendido sem, antes, delimitar especificamente o conceito de liberdade.

Efetivamente, a definição e conteúdo de liberdade sempre foi objeto de avultado debate, sendo certo que a noção de liberdade foi se reestruturando no decorrer dos tempos, até alcançar a ideia moderna, que se aperfeiçoou, mostrando-se um conceito expandido e de maior abrangência.

Em tal diapasão, o primeiro capítulo contém enfoque metodológico-histórico acerca da concepção de liberdade.

A temática é introduzida desde a Antiguidade, perpassando pelos pensamentos filosóficos mais importantes do período, como Pitágoras, Sócrates e Platão.

Desenhou-se o assunto no âmbito da Grécia Antiga em meio a debates que se faziam acontecer nas ágoras, com certa proximidade a conceitos como cidadania e democracia para, depois, traçar as peculiaridades da liberdade com o surgimento do cristianismo e relação com o livre-arbítrio.

Chega-se à Idade Média, em que se destacam pensadores cristãos, com posterior afastamento da visão mais teocêntrica.

E assim segue se transformando o conteúdo de liberdade, com mudanças estruturais pós-reforma luterana e Renascimento, no qual se desenrola um choque entre ciência e religião.

Ideias desenvolvidas por John Locke, Hobbes ou Rousseau passam a influenciar a significação do tema.

O desenvolvimento aqui utiliza um enfoque histórico sem conteúdo crítico das diferentes posições filosóficas e doutrinárias.

A pretensão é traçar um encadeamento histórico para melhor embasar a questão abordada.

Desta feita, foi objeto de análise o conteúdo da liberdade sob o prisma de diferentes correntes filosóficas no correr dos tempos, passando por Edmund Burke, Kelsen e Marx, além das doutrinas contidas no positivismo e jusnaturalismo.

Não se deixou de fazer a análise sob a incidência do capitalismo e da cultura de massa, que eclodiram no bojo do século XX e até onde se colocaria em tal contexto a liberdade e autonomia do cidadão.

Novos contornos se destacam ao lado de ideias desenvolvidas por Hannah Arendt e como se passa a se dar a concepção sobre liberdade no bojo do liberalismo ou atual neoliberalismo.

O conceito de liberdade amplia-se e passa a incluir a superação de necessidades culturais ou, ainda, o expurgo da miséria, e a subsistência ante a denominada modernidade líquida de Zygmunt Bauman.

Efetivamente, a liberdade de um cidadão não pode passar ao largo de necessidades primárias.

Após o relatório histórico, o conceito passa a ser objeto de análise normativa, adotando Constituição Federal Brasileira vigente (CF/1988) um catálogo de liberdades, entre elas a liberdade religiosa.

Assim, este estudo configura a liberdade religiosa a partir do poder de tributar e da configuração dos direitos e garantias fundamentais e como se colocam nesse quadro as imunidades tributárias.

A partir da atribuição de um sentido conotativo amplo e não restrito dado às liberdades públicas, tendo por centro a liberdade de ação, da qual decorrem outras tantas, questiona-se a respeito da natureza dos direitos que passam a configurar e se consubstanciam direitos fundamentais.

O estudo envolve a evolução dos direitos humanos e as respectivas dimensões no mundo contemporâneo ante uma sociedade plural do ponto de vista racial, cultural ou religioso.

Colocados esses pontos, seguem-se os contornos do que seria religião e a conotação de liberdade religiosa em um ambiente laico e democrático, considerando-se, ainda, o sistema constitucional brasileiro.

Delimita-se, desta feita, o direito à liberdade de religião como direito fundamental, envolvendo múltiplos direitos.

Desenrola-se, assim, o estudo, com a necessária distinção entre laicidade, laicismo e secularismo para traçar, ainda, em que medida deve se dar a postura de neutralidade do Estado, com a análise de existência ou não de um Estado efetivamente laico no Brasil.

Houve, ainda, um esboço dos direitos fundamentais dos cidadãos colidentes nesse contexto.

Colocado o questionamento no tocante à laicidade como caminho à tolerância, suscitam-se o papel e a importância da imunidade tributária.

No que diz respeito à imunidade tributária, buscou-se detectar a natureza desse instituto, construindo-se a definição a partir de conceitos clássicos da doutrina, além de se estabelecer o vetor interpretativo correto, com base em casos controversos e em jurisprudência firmada nos tribunais superiores brasileiros.

Envolveu o presente, outrossim, a temática da classificação das imunidades tributárias, com o fito de sistematizar e classificar a imunidade dos templos de qualquer culto.

Questão de importância, para finalizar, foi estabelecer o exato liame entre a liberdade religiosa, a laicidade e a imunidade tributária.

Esse recorte do tema se mostrou imprescindível para desvendar a finalidade e a razão de ser da imunidade tributária no bojo de um Estado moderno, laico e democrático.

O tema é instigante e controverso, e não se pretendeu esgotar a amplidão científica. Buscou-se trazer à tona o questionamento e enfrentamento de elementos relevantes que cercam o direito à liberdade e à imunidade tributária dos templos de qualquer culto, problematizando-os no Estado Moderno.

1. O DIREITO À LIBERDADE

1.1. Conceito e evolução histórica

A CF/1988 reconhece expressamente o direito à liberdade de religião, consagrando, outrossim, a existência de um Estado laico.

Importante desenvolver alguns conceitos preliminares para posteriormente adentrar no tema da imunidade no âmbito de um Estado Democrático de Direito como elemento estruturante do exercício do direito à liberdade de religião.

Imprescindível, em tal ponto, definir liberdade, tarefa que se mostra complexa, sendo o tema objeto de intensos debates, com possibilidade, ainda, da adoção de ângulos diversos, tais como as perspectivas filosófica, sociológica ou jurídica.

De forma simplista, é possível afirmar que liberdade é o "poder de agir livremente, dentro de uma sociedade organizada, de acordo com os limites impostos pela lei".[1]

As discussões acerca da conceituação de liberdade são alvo de enfrentamento desde a Antiguidade até os dias atuais.

Com efeito, os primeiros filósofos, detectados por volta dos séculos VII a VI a.C., denominados pensadores do período pré-socrático, já discutiam o tema e buscavam respostas para questionamentos a respeito da origem e do mundo (cosmos). Eram considerados naturalistas e foram

---

[1] LIBERDADE. *In*: Michaelis. Disponível em: https://michaelis.uol.com.br/busca?id=NyqME Acesso em: 20 dez. 2022.

os primeiros a buscar uma explicação racional (*logos*) ao mundo, mas de forma desvinculada de um pensamento mítico (*mýthos*), tal como Tales de Mileto (624 a 546 a.C.), que tinha uma concepção de unidade em relação à natureza, sendo a água, para ele, a origem de todas as coisas (*arché*): "A ideia de que tudo no universo pode ser reduzido basicamente a uma única substância é a teoria do monismo, e Tales e seus seguidores foram os primeiros a propor isso dentro da filosofia ocidental".[2]

Tales de Mileto, tal como Pitágoras (570 a 495 a.C.), Parmênides (515 a 445 a.C.) e Heráclito (535 a 475 a.C.) marcaram esse período com uma visão renovada, e não mítica, mas voltada fundamentalmente à natureza.

Com o decorrer do tempo, esse foco muda novamente, especificamente a partir de Sócrates, passando o homem, agora, a ser objeto da filosofia.

Para Sócrates (469 a 399 a.C.), a liberdade, justamente, estaria ligada à reflexão, ao questionamento e ao desenvolvimento do conhecimento e da virtude, entendendo que "a vida irrefletida não vale a pena ser vivida"[3], com forte oposição aos sofistas.[4] Inclusive, por seu pensamento arrojado e sempre contestador, era visto como ameaça à sociedade, tendo sido condenado à morte sob acusação de corromper os jovens em Atenas e trair os deuses do Estado.[5] Teve, no entanto, o condão de mostrar a importância da luta pela liberdade de expressão.

---

[2] KIM, Douglas. **O livro da filosofia**. Tradução Douglas Kim. São Paulo: Globo, 2011, p. 22.

[3] KIM, Douglas. **O livro da filosofia**. Tradução Douglas Kim. São Paulo: Globo, 2011, p. 47.

[4] "Sofismo ou sofisma significa um **pensamento ou retórica que procura induzir ao erro**, apresentada com **aparente lógica e sentido**, mas com fundamentos contraditórios e **com a intenção de enganar**. Atualmente, um discurso sofista é considerado uma argumentação que supostamente apresenta a verdade, mas sua real intenção reside na ideia do erro, motivado por um comportamento capcioso, numa tentativa de enganar e ludibriar" (SIGNIFICADO de Sofismo. Disponível em: https://www.significados.com.br/sofismo/#:~:text=Sofismo%20 ou%20sofisma%20significa%20um, com%20 a%20inten%C3%A7%C3%A3o%20de%20enganar.&text=Em%20um%20sentido%20popular%2C%20um,um%20ato%20de%20m%C3%A1%20f%C3%A9. Acesso em: 8 jun. 2020).

[5] SÓCRATES. *In*: *Só filosofia*. Disponível em: http://www.filosofia.com.br/vi_historia.php?id=78. Acesso em: 23 dez. 2022.

É a partir de Sócrates que se dá o início do denominado período clássico da filosofia, com destaque aos filósofos Aristóteles (384 a 322 a.C.) e Platão (427 a 347 a.C.).

Com a morte de Sócrates, Platão, seu discípulo, passou a utilizar como principal personagem de suas obras e diálogos o seu mentor, distinguindo o mundo das ideias do mundo material. Para ele, a ideia é inata: nascemos com princípios e ideias inatas, havendo no mundo objetos que podem ser percebidos pelos sentidos (mundo sensível) e coisas que não são perceptíveis só pelos sentidos, mas que podem ser compreendidas, como matemática. Já as ideias superiores, como virtude e justiça, só podem ser conhecidas pela inteligência, a qual seria reservada aos governantes e filósofos. De acordo com o filósofo, o indivíduo, para alcançar a liberdade, deveria buscar o bem, por meio de uma decisão racional, o que o tornaria capaz de liberdade. A metáfora denominada "Mito da Caverna", criada por Platão, reflete muito de seu pensamento, cujo texto filosófico se mantém ainda atual:

> Platão não buscava as verdadeiras essências na simples Phýsis, como buscavam Demócrito e seus seguidores. Sob a influência de SÓCRATES, ele buscava a essência das coisas para além do mundo sensível. E o personagem da caverna, que por acaso se liberte, corre como SÓCRATES, o risco de ser morto por expressar seus pensamentos e querer mostrar um mundo totalmente diferente.
>
> Transpondo para nossa realidade, é como se você acreditasse, desde que nasceu, que o mundo é de determinado modo e, então, vem alguém e diz que quase tudo aquilo é falso, é parcial, e tenta lhe mostrar novos conceitos, totalmente diferentes. Foi justamente por razões como essa que SÓCRATES foi morto pelos cidadãos de Atenas, inspirando Platão à escrita da Alegoria da Caverna pela qual Platão nos convida a imaginar que as coisas se passassem, na existência humana comparavelmente à situação da caverna: ilusoriamente, com os homens acorrentados a falsas crenças, preconceitos, ideias enganosas, e, por isso tudo, inertes em suas poucas possibilidades.[6]

Aristóteles, de sua parte, foi aluno e discípulo de Platão, tendo elaborado, contudo, teoria contrária ao seu mestre, sob o entendimento de

---

[6] PLATÃO. **O mito da caverna** (Coleção Filosofia). [S. l.]: Le Books Editora, 2019, p. 58.

que a verdade do mundo não estaria circunscrita a outra dimensão, mas poderia ser adquirida por experiência e observação. Para ele, a liberdade seria exercida e encontrada pelo homem na vida social, no exercício político. A busca do bem e da felicidade estaria diretamente ligada ao exercício político em uma dimensão social:

> A liberdade aristotélica surge, então, como a atividade racional que, pelo hábito, busca a virtude (o bem), visando dar uma finalidade para a existência. A realização da liberdade (dar uma finalidade para a existência) é a própria felicidade (sumo bem), proporcionada e garantida pela política. Em Aristóteles, considerando a premissa de que a ética e a política constituem duas dimensões de um mesmo fenômeno e que ambas visam um mesmo fim, é possível afirmar que a liberdade conduz à alteridade, pois ninguém, na prática, exerce, sozinho, a liberdade. Destarte, o exercício da liberdade pressupõe o outro e, na intersubjetividade do eu com o outro, se encontra o nós, a coletividade, a sociedade, a política. E é na *polis*, *locus* da essência do animal racional e político (*zoon politicon*), que também reside a felicidade e com ela, a liberdade encontra sua razão de ser.[7]

A retórica e a utilização da linguagem se tornam elementos importantes nesse momento da história, como bem relata Paulo Magalhães da Costa Coelho:

> A retórica foi preocupação fundamental dos filósofos gregos, mas é Aristóteles que dela realizava uma análise estrutural na obra *Arte retórica*.
>
> Esse filósofo vê na retórica uma metodologia para chegar-se à persuasão, a sua preocupação é meramente analítica e não ética. Assim, para a retórica clássica, não importa o que está sendo dito, senão é dito de modo eficiente, a permitir a persuasão.[8]

---

[7] SILVA, Márcio Luiz. O conceito de liberdade em Aristóteles, Hegel e Sartre: implicações sobre ética, política e ontologia. **Aufklärung**, João Pessoa, v. 6, n. 2, p. 148, maio-ago. 2019. Disponível em: https://periodicos.ufpb.br/ ojs/index.php/arf/article/view/44640/27930. Acesso em: 1º jul. 2021.

[8] COELHO, Paulo Magalhães da Costa. Direito, linguagem e método: em busca de uma hermenêutica emancipadora. **Revista da AJURIS**, v. 40, n. 130, p. 352, jun. 2013. Disponível em: http://ajuris.kinghost.net/ OJ S2/index.php/REVAJURIS/article/viewFile/301/236. Acesso em: 22 jul. 2021.

1. O DIREITO À LIBERDADE

Importante destacar a forma de governo que vigorava em Atenas, na Grécia Antiga, onde já se exercitava uma democracia com participação direta dos cidadãos nas decisões da vida política. No entanto, vale apontar que havia certa contradição nesse sistema, visto que nem todos os integrantes da população tinham, de fato, poder de participação, uma vez que eram excluídos do pleito democrático as mulheres, os escravos, os estrangeiros e as crianças.

Apesar dessas limitações e por se tratar, outrossim, de uma sociedade escravocrata, é possível afirmar que se tratou do primeiro regime democrático, com influência que se reflete até mesmo no mundo moderno.

A democracia ateniense, como afirmado, era realizada diretamente pelos cidadãos, que se reuniam na Ágora, praça pública, onde decidiam todos os assuntos da vida da cidade por meio de debates políticos e exercício da cidadania. Em decorrência dessa atividade, o poder da fala e o da persuasão surgem como instrumentos essenciais, de forma que na Grécia Antiga a liberdade estava diretamente ligada ao ato de pensar, de filosofar, mas no âmbito coletivo da sociedade, e não em caráter individual.

Destaca, em tal ponto, Jean-Pierre Vernant:

> O que implica o sistema da *polis* é primeiramente uma extraordinária preeminência da palavra sobre todos os outros instrumentos do poder. Torna-se o instrumento político por excelência, a chave de toda autoridade no Estado, o meio de comando e de domínio sobre outrem. Esse poder da palavra – de que os gregos farão uma divindade: Peithó, a força de persuasão – lembra a eficácia das palavras e das fórmulas em certos rituais religiosos, ou o valor atribuído aos "ditos" do rei quando pronuncia soberanamente a *Themis*; entretanto, trata-se na realidade de coisa bem diferente. A palavra não é mais o termo ritual, a fórmula justa, mas o debate contraditório, a discussão, a argumentação. Supõe um público ao qual ela se dirige como a um juiz que decide em última instância, de mãos erguidas entre os dois partidos que lhe são apresentados; é essa escolha puramente humana que mede a força de persuasão respectiva dos dois discursos, assegurando a vitória de um dos oradores sobre seu adversário.
>
> Todas as questões de interesse geral que o Soberano tinha por função regularizar e que definem o campo da *arché* são agora submetidas à arte oratória e deverão resolver-se na conclusão de um debate; é preciso, pois, que

possam ser formuladas em discursos, amoldadas em demonstrações antitéticas e às argumentações opostas. Entre a política e o *logos*, há assim relação estreita, vínculo recíproco. A arte política é essencialmente exercício da linguagem; e o *logos*, na origem, toma consciência de si mesmo, de suas regras, de sua eficácia, por intermédio de sua função política.[9]

As peculiaridades do sistema político e democrático ateniense possibilitaram, por conseguinte, um ambiente filosófico fértil.

A liberdade, em tal contexto, apesar de decorrer de pleno exercício da cidadania, mas com todas as limitações inerentes à sociedade ateniense, voltava-se aos interesses coletivos da cidade. Assim, como alerta Patrícia Elias Cozzolino de Oliveira, "a relação de pertinência ao grupo social limitava-lhe a liberdade e não fazia sequer sentido ao cidadão grego a concepção de querer, enquanto indivíduo, e não como integrante do grupo social, logo, só queria o que era possível ao grupo social".[10] Relata, ainda, a autora que Platão e Aristóteles também desenvolveram a concepção de liberdade, mas é no estoicismo que se fortalece a ideia de liberdade subjetiva, sem uma realização ainda completa, e que, para os romanos, na Antiguidade, também não se havia alterado a ideia de liberdade como sentimento de pertinência a um grupo, o que ocorreria com o advento do cristianismo:

> O advento do cristianismo trouxe a ideia de livre-arbítrio, que incentivou o progresso da ideia de liberdade, enquanto liberdade subjetiva, ou seja, querer diferentemente do poder.
>
> Essa separação entre querer e poder refletirá na concepção contemporânea de liberdade, onde esta se desdobra em ordem interna e externa do ser humano.[11]

---

[9] VERNANT, Jean-Pierre. **As origens do pensamento grego**. Rio de Janeiro: Difel, 2002, p. 53.
[10] DE OLIVEIRA, Patrícia Elias Cozzolino. **A proteção constitucional e internacional do direito à liberdade de religião**. São Paulo: Verbatim, 2010, p. 35.
[11] Ibidem, loc. cit.

Jorge Miranda,[12] com base nos ensinamentos de Benjamin Constant, bem explicita a distinção entre a concepção de liberdade dos antigos e modernos, liberdade na Antiguidade e depois do cristianismo.

Nesse sentido, o autor esclarece que, para os antigos, a liberdade estaria circunscrita à participação na vida da cidade, enquanto, para os modernos, estaria ligada à vida pessoal, dispondo:

> É com o cristianismo que todos os seres humanos, só por o serem e sem acepção de condições, são considerados pessoas dotadas de um eminente valor. Criados à imagem e semelhança de Deus, todos os homens e mulheres são chamados à salvação através de Jesus que, por eles, verteu o Seu Sangue. Criados à imagem e semelhança de Deus, todos têm uma liberdade irrenunciável que nenhuma sujeição política ou social pode destruir.[13]

Assim é que na Idade Média passam a ter destaque os pensadores cristãos, como Santo Agostinho (354-430), que acreditava que, se Deus criou os seres humanos, criaturas racionais, tinha que lhes dar livre-arbítrio, com capacidade para escolher entre o bem e o mal, de tal forma que deve ser atribuído ao homem a existência do mal. O homem detém o livre-arbítrio e pode fazer uso de sua liberdade. Logo, o pecado decorrerá exclusivamente desse livre-arbítrio. O homem recebe de Deus uma vontade livre; o mal advém da má utilização desse bem.[14]

Igualmente, grande relevo se deve a Santo Tomás de Aquino (1225--1274), que, tomando por base os pensamentos de Aristóteles, mas divergindo em alguns pontos, discorre que Deus criou o homem, com capacidade de tomar decisões, de tal forma a existir o livre-arbítrio, conjugando-se razão e vontade, decorrendo o agir ético de ato natural do homem (sindérese):

> A prudência determina apenas o que é ordenado ao fim e não o próprio fim, pois, como no domínio da especulação a ciência versa sobre as conclusões, obtidas a partir dos primeiros princípios especulativos, assim também, no domínio da ação moral, a prudência versa sobre as conclusões, obtidas em função dos primeiros princípios práticos conhecidos e que equivalem

---

[12] MIRANDA, Jorge. **Direitos fundamentais**. 2. ed. Coimbra: Almedina, 2017, p. 17.
[13] MIRANDA, Jorge. **Direitos fundamentais**. 2. ed. Coimbra: Almedina, 2017, p. 20.
[14] AGOSTINHO, Santo. **O livre-arbítrio**. Patrística. São Paulo: Paulus, 1997. v. 8.

aos fins das virtudes morais. À prudência cabe determinar o meio adequado e razoável do agir humano, em outras palavras, cabe determinar a conveniente ordenação do que se refere ao fim. Tomás toma emprestada de Aristóteles a ideia de silogismo prático, a partir da analogia com o silogismo demonstrativo: "Assim como na razão especulativa há certos conhecimentos naturais [...] também preexistem na razão prática alguma coisa como os princípios naturalmente conhecidos que são os fins das virtudes morais." (*ST*, II^a II^{ae}, q. 47, a. 6). Ainda que estranhos ao vocabulário aristotélico, Tomás chamará esses princípios práticos de sindérese: "Deve-se dizer que as virtudes morais recebem seu fim da razão natural chamada sindérese."[15]

Com o Renascimento, período que marcou a passagem da Idade Média para a Moderna, sobrevém alterações sociais e culturais, especialmente com o declínio do feudalismo e os primeiros sinais do capitalismo, sendo possível observar um retorno à cultura grega, com nova roupagem. Há uma ascensão do humanismo, com o abandono de uma visão teocêntrica:

> A Renascença – um renascimento cultural de extraordinária criatividade na Europa – teve início no século XIV em Florença. Espalhou-se pela Europa, durante até o século XVII, e hoje é considerada a ponte entre o período medieval e o moderno. Marcada por um renovado interesse no conjunto da cultura clássica grega e latina – não apenas os textos filosóficos e matemáticos assimilados pela escolástica medieval foi um movimento que considerou os humanos, e não Deus, como seu centro.[16]

Essencial notar que também marca esse período a deflagração, com base nos pensamentos de Martinho Lutero, da denominada Reforma Luterana, que provocou alterações e mudanças na estrutura da Igreja Católica, tendo havido abertura em tal contexto para o surgimento do protestantismo.[17] Desenvolveu Lutero a concepção de "liberdade cristã",

---

[15] MARTINES, Paulo. O ato moral segundo Tomás de Aquino. **Trans/Form/Ação**, 2019. Disponível em: https:// www.scielo.br/scielo.php?script=sci_arttext&pid=S0101--31732019000500249&lng=pt&nrm=iso. Acesso em: 28 maio 2020.

[16] KIM, Douglas. **O livro da filosofia**. Tradução Douglas Kim. São Paulo: Globo, 2011, p. 100.

[17] Surgimento de conflitos sociais de ordem religiosa, além de perseguições pelo mesmo motivo. Muitos desses conflitos foram estimulados ou tiveram como patrocinadores os

elemento apto à defesa da liberdade de consciência como caminho para uma maior abertura à liberdade do homem, inclusive no campo político, claro que em uma concepção que circunscreve a liberdade ao cristão, em um duplo sentido, de liberdade e servidão (em relação ao próximo): "Um cristão é um senhor livre de todas as coisas e não submisso a ninguém. Um cristão é um servo obsequioso e submisso a todos".[18]

Nesse contexto histórico, Nicolau Copérnico (teoria heliocêntrica) e Galileu Galilei, a partir de descobertas racionais e científicas, demonstram que a terra se movia em redor do sol, superando a teoria da igreja, que concebia a terra como o centro (teoria geocêntrica), o que custou a Galileu a prisão por heresia, contribuindo para o surgimento de questionamentos e inovações culturais e científicas.

Convém lembrar, nesse período, um dos primeiros filósofos renascentistas, o polêmico Nicolau Maquiavel (1469-1527), que defendia a existência de uma república, mas não identificava a liberdade como livre-arbítrio, do ponto de vista cristão. Para ele, a liberdade estaria circunscrita à legislação. Distinguia poder político de moralidade, entendida esta da perspectiva cristã, o que denomina *virtú*, sendo certo que um soberano deve fazer o necessário para o sucesso coletivo do Estado, acreditando que os fins justificariam os meios:

> Nas ações de todos os homens, principalmente dos Príncipes, onde não há tribunal para recorrer, o que importa são os fins. Procure, pois, um Príncipe, vencer e conservar o Estado. Os meios que empregar serão sempre julgados honrosos e louvados por todos, porque o vulgo é levado pelas aparências e pelos resultados dos fatos consumados, e o mundo é constituído pelo vulgo, e não haverá lugar para a minoria se a maioria tem onde se apoiar. Um Príncipe de nossos tempos, cujo nome não convém declarar, prega incessantemente a paz e a palavra empenhada, sendo, no entanto, inimigo acérrimo de uma e outra. E qualquer delas, se ele efetivamente a observasse, ter-lhe-ia arrebatado, mais de uma vez, a reputação ou o Estado.[19]

---

monarcas europeus. Em 1572, cerca de 30 mil protestantes foram assassinados por católicos na França. O episódio ficou conhecido como "O Massacre da Noite de São Bartolomeu".

[18] LUTERO, Martinho. **Da liberdade ao cristão**. 2. ed. São Paulo: Editora Unesp (FEU), 2015, p. 25.

[19] MAQUIAVEL, Nicolau. **O príncipe**. Tradução Lívio Xavier. São Paulo: Edipro, p. 63. *E-book*.

Tomas Bacon (1561-1626), também renascentista, acatava os dogmas da igreja cristã, mas entendia que ciência e religião são independentes. Para ele, o conhecimento deve ser baseado não em religião, mas na ciência, por meio da experiência (pensamento empírico), e o conhecimento revela poder, através do que se descobre a autonomia como caminho de libertação. Para tanto, desenvolveu a teoria dos ídolos, demonstrando elementos que dificultariam a absorção da verdade.

O raciocínio científico se intensificou e marcou os séculos seguintes, já adentrando no século XVIII (iluminismo).

Thomas Hobbes (1588-1679) pode ser considerado o filósofo que marcou o iluminismo; sua principal obra, *Leviatã*, causou impacto na seara política por retratar um pensamento que rompe com o jusnaturalismo tradicional, embora defenda a existência de Deus e acredite na religião como questão de fé, mas de forma independente do Estado. Entendia o filósofo que tudo poderia ser explicado pela física e ciência, com a defesa do contrato social e o poder absoluto e centralizado como forma de equilíbrio, com limites claros à liberdade. Defendia a obediência à legislação, desconsiderando liberdades individuais e a própria democracia. Para ele, os homens só poderiam viver em paz ante a submissão a um poder absoluto, por meio de um pacto entre a população e um soberano, única forma de adquirir segurança e bem-estar social, como bem retratam Cláudio de Cicco e Alvaro de Azevedo Gonzaga:

> Essa teoria é a chamada de contratualismo pessimista, que considera que *homem é o lobo do homem* (*Homo homini lupus*) e o desaparecimento da sociedade é o resultado da luta de todos contra todos, a menos que a força de todos constitua um Estado tão forte que intimide cada indivíduo com a força do conjunto, sob o comando de um rei.

> Em síntese, para que haja paz, o indivíduo abre mão de suas liberdades naturais em troca de uma liberdade civil que garante sua vida.[20]

Já John Locke (1632-1704), também contratualista, foi um jusnaturalista, na concepção tradicional, que defendeu a liberdade dos cidadãos, tendo condenado as ideias de Hobbes. É considerado precursor do liberalismo, admitindo várias formas de governo, quais sejam, democracia,

---

[20] CICCO, Cláudio de; GONZAGA, Alvaro de Azevedo. **Teoria geral do Estado e ciência política**. 6. ed. São Paulo: Revista dos Tribunais, 2015, p. 209.

oligarquia e monarquia. No contrato por ele idealizado deveriam estar assegurados direitos naturais, como a vida e a liberdade. E, "ao contrário de Hobbes, esse contratualismo de Locke é visto como otimista. O estado de natureza não seria de guerra de todos contra todos, mas de liberdade e paz".[21]

As teorias contratualistas tiveram destaque no século XVIII, mas com bases e fundamentações diversas, como foi possível verificar com as ideias de Hobbes e Locke. Jean-Jacques Rousseau (1712-1778), de sua parte, também contratualista, entendia que no bojo do contrato social as pessoas devem se curvar às leis, desde que participem do seu processo de elaboração, o que lhes daria liberdade. Acredita, em tal ponto, na democracia direta:

> O constitucionalismo moderno é, então, marcado pelos ideais iluministas e liberais do pensamento de Montesquieu e de Rousseau. Este novo Constitucionalismo, proveniente da queda das grandes monarquias, advindas da união da burguesia com o chamado Terceiro Estado (povo), e busca os direitos libertários. Dentro desse contexto histórico, ocorre a extinção do absolutismo e o surgimento do Estado Liberal, no qual os direitos individuais, também chamados de liberdades públicas, passam a ser o núcleo das revoluções liberais. Foi a partir dessas revoluções que ocorreu o surgimento das primeiras constituições escritas. O principal motivo dessas revoluções era a busca da liberdade dos cidadãos em relação ao autoritarismo do Estado. A partir disso, houve a necessidade de se prever quais eram os direitos de cada indivíduo, limitando a atividade imperativa do Estado. Neste novo olhar, obtiveram-se os direitos individuais, por meio das primeiras Constituições escritas. Através da influência do iluminismo liberalista, sentiu-se a necessidade de garantir imperativamente as liberdades individuais, criando-se por meio de leis.[22]

Assim, para Rousseau, o homem nasce livre, mas é limitado pela sociedade, sendo possível com a participação legislativa afastar a desi-

---

[21] CICCO, Cláudio de; GONZAGA, Alvaro de Azevedo. **Teoria geral do Estado e ciência política**. 6. ed. São Paulo: Revista dos Tribunais, 2015, p. 212.

[22] MIRANDA, Marcio Fernando. Neoconstitucionalismo a partir da II Guerra Mundial. *In*: CARVALHO, Jeferson Moreira de (coord.). **Neoconstitucionalismo, ativismo judicial e dignidade da pessoa humana**. São Paulo: Tribo, 2017. p. 114.

gualdade e a injustiça, abrindo caminho para uma liberdade civil em um cenário democrático, com participação efetiva do povo.

Esse pensamento coincide com os ideais proclamados na Revolução Francesa, quais sejam, liberdade, igualdade e fraternidade.

Igualmente contratualista, Immanuel Kant, considerado precursor da filosofia moderna, confronta o racionalismo, tal como defendido por René Descartes, que concebia que o conhecimento poderia ser adquirido por meio da razão, e empirismo, seguido por Locke. O contraste entre esses pensamentos imperava na Europa:

> A ideia do contrato vincula-se à ideia do Estado como união dos homens sob leis jurídicas necessárias *a priori*; e requer uma constituição republicana que garanta a realização dessas leis – constituição que deverá permitir a formulação de uma federação das nações que vise à paz perpétua. Essas ideias político-jurídicas formam um sistema de padrões que proporcionam os critérios de justeza das leis e das instituições políticas. Em virtude de sua liberdade, o homem exige um governo no qual o povo legisle. Nesse sentido se insere a afirmação de que através dos Poderes Legislativo, Executivo e Judiciário, o "Estado (*civitas*) tem a sua autonomia, ou seja, se forma e se preserva segundo leis da liberdade".[23]

A liberdade, para Kant, ficaria limitada à vida na sociedade, renunciando cada qual a uma parte da liberdade natural, de forma que a liberdade estaria diretamente ligada à vontade, como também à moral, de acordo com o imperativo categórico:

> Com o imperativo categórico, garante-se que a esfera moral tenha suas leis próprias, independentemente das outras esferas culturais, e também que estamos obedecendo a leis de cuja elaboração nós, como seres racionais, participamos. Trata-se de uma moral que não dependa da teologia nem de costumes tradicionais de uma dada comunidade; uma moral em que, para usar os termos da filosofia contemporânea, haveria a prioridade do justo sobre o bem – isto é – a prioridade do que pode ser aceito por todos sobre as concepções particulares acerca da vida boa e da felicidade.[24]

---

[23] TERRA, Ricardo. **Kant & o Direito**. Filosofia Passo a Passo. Rio de Janeiro: Jorge Zahar Editor, 2004, p. 24.
[24] Ibidem, p. 13.

Nesse contexto histórico, insta notar que, depois das Revoluções Francesa, Industrial e até mesmo da Independência dos Estados Unidos, a sociedade sofreu intensas transformações. Houve, por um lado, conquistas inovadoras, como o avanço da tecnologia, o fim da monarquia, entre outras, mas que provocaram, por outro, um adensamento urbano rápido e desordenado, intensificando a desigualdade social, a pobreza, a miséria e a propagação de doenças.

É certo que a Revolução Francesa deixou um legado importante para a história, inclusive no que diz respeito à consagração dos direitos sociais e das liberdades individuais, com o implemento da Declaração dos Direitos do Homem e do Cidadão, além de romper com o regime absolutista; no bojo dela, contudo, surgiram novos e complexos problemas sociais.

Edmund Burke (1729-1797), filósofo irlandês considerado o precursor do conservadorismo moderno, foi um crítico da Revolução Francesa e da radicalização revolucionária, que, segundo sua visão, levariam o país ao caos e à violência:

> Burke acusava os franceses de terem deformado a imaginação moral. Para ele, a imaginação moral fundava a consciência prática que capacita o ser humano ao juízo e à intuição do que é razoável. Era dessa característica que vinha a capacidade do ser humano de compadecer-se do próximo. O que a Revolução francesa promovia, segundo o pensador irlandês, era a minuciosa destruição dessa capacidade.[25]

Nesse diapasão, fica claro que a liberdade para Burke é limitada a princípios morais e naturais, como também a experiências históricas. Atualmente, vários filósofos e pensadores defendem essa linha conservadora e cética, sendo um dos mais conhecidos Russell Kirk (1918-1994). Pedro Henrique Alves assim explicita:

> Não à toa Russell Kirk, um dos teorizadores da política conservadora mais estudados do século XX, define o conservadorismo político como a "negação da ideologia" (KIRK, 2014, p. 103); poderíamos nós, sem macular

---

[25] FERNANDES, Cláudio. A crítica de Edmund Burke à Revolução Francesa. **Mundo Educação**. Disponível em: https://mundoeducacao.uol.com.br/historiageral/a-critica-edmund-burke-revolucao-francesa.htm. Acesso em: 14 jul. 2021.

o pensador norte-americano, chamar também de "a negação da cartilha". Isto se dá, pois, o conservadorismo político, como dito acima, não passa de uma extensão de uma disposição natural do homem, e tal como uma coisa não pode criar algo que a antecede, da mesma maneira o conservadorismo não pode ser sistematizado, pois sua própria essência é não ser ideológico, não ser um sistema político. "Dito de outra forma, o conservadorismo não é um conjunto de teorias acumulado por algum filósofo recluso. Pelo contrário, a convicção conservadora nasce da experiência: a experiência da espécie, da nação, da pessoa" (KIRK, 2014, p. 129).[26]

Edmund Burke direcionava suas críticas sobretudo aos jacobinos, uma das correntes políticas especialmente representadas nesse momento na França:

> Assim, surgiram as denominações esquerda, direita e centro na política, dadas em função da posição em que se sentavam as principais correntes políticas da época nas bancadas da *Convenção Nacional*. Os girondinos, liberais e revolucionários moderados, sentavam-se à direita, os Jacobinos, opositores dos girondinos, sentavam-se à esquerda, os indecisos, no centro, formando a chamada "Planície" e os montanheses se sentavam nas bancadas mais altas, também à esquerda. Daí a serem classificados como extrema esquerda. Estas designações persistem até hoje, para dizer qual a posição de um político.[27]

A Convenção Nacional após a Revolução, com direção do Comitê da Salvação Pública, ficou sob o poder dos jacobinos, liderados por Maximilien de Robespierre, e instituiu um tribunal revolucionário por meio do qual foram julgados vários adversários, com uso indiscriminado da guilhotina, que vitimou, inclusive, o Rei Luís XVI e a Rainha Maria Antonieta, além de religiosos, antigos aliados, entre outros. Esse período ficou conhecido como o "terror" e perdurou até o Golpe de Termidor,

---

[26] ALVES, Pedro Henrique. Introdução ao conservadorismo: conceitos gerais de um pensar conservador. **Burke: Instituto Conservador**, 19 mar. 2019. Disponível em: https://www.burkeinstituto.com/blog/conservadorismo/in troducao-ao-conservadorismo/. Acesso em: 15 jul. 2020.

[27] CICCO, Cláudio de; GONZAGA, Alvaro de Azevedo. **Teoria geral do Estado e ciência política**. 6. ed. São Paulo: Revista dos Tribunais, 2015, p. 221.

com a tomada do poder pela burguesia, mas com execuções, igualmente, de vários jacobinos, inclusive Robespierre.

A França, outrossim, enfrentava ameaças externas, especialmente da Inglaterra e do Império Russo, além de convulsões políticas internas. A burguesia, temerosa, buscou apoio do Exército, na pessoa do general Napoleão Bonaparte, que, sob designíos de viabilizar a ordem e segurança, organizou um golpe, tomando o poder na França (Golpe do 18 de Brumário).

É possível afirmar, indubitavelmente, que se tratava de um momento de desordem e crise social, apesar das grandes conquistas consagradas na Revolução Francesa. Surge, em tal compasso, o pensamento de Auguste Comte (1798-1857). Para tal filósofo, a sociedade deve ser objeto de estudo que adote um rigor científico, em uma linha evolutiva, nos moldes da evolução da teoria das espécies; assim, dá início ao positivismo, tendo sido sua grande marca a expressão que se deu à Sociologia.

Para Comte, a humanidade se desenvolveu através de três estágios, que classifica de teológico, metafísico ou abstrato e, por último, o mais avançado e aprimorado de todos, o positivo; é o que denomina "Lei dos Três Estados". Sua filosofia tem como base a observação e as ciências da natureza, e defende a existência de uma vontade positiva, por meio de um progresso moral e científico permanente, dependendo, a sociedade, ainda, de um governo, de uma ordem, tendo chegado o filósofo a criar o que ficou conhecido como religião da humanidade.

A sociedade, para ele, estaria sempre em linha progressiva, obedecendo a uma evolução natural, não havendo espaço para individualismos, a partir do que a vontade individual ficaria circunscrita ao ambiente social. É possível destacar da teoria de Comte uma restrita concepção de liberdade individual, diretamente ligada ao evolucionismo social.

No Brasil, vale destacar que houve influência direta desses ideais positivistas quando da proclamação da República e nomeação de Deodoro da Fonseca, inclusive com a frase que se encontra na Bandeira Nacional – "Ordem e Progresso" –, que demonstrava sintonia com a filosofia de Comte. Houve nesse processo político importante participação de militares que defendiam no Brasil uma modernização a qualquer custo e se confrontavam com defensores do liberalismo, que pregavam maior garantia às liberdades individuais.

Já John Stuart Mill (1806-1873), partidário do positivismo, tinha conotação mais inclinada ao utilitarismo, a partir do qual se deve buscar a felicidade, considerada aqui o bem comum, adotando, portanto, preceitos mais éticos. Defensor do liberalismo, tinha como uma de suas principais bandeiras a consagração da liberdade do indivíduo no contexto social, contextualizando a natureza desta e "os limites do poder que a sociedade pode exercer legitimamente sobre o indivíduo".[28] Desenvolveu o denominado princípio do dano, segundo o qual cada um teria direito a agir como quisesse, desde não prejudicasse terceiros:

> A única parte da conduta de uma pessoa pela qual ela é responsável perante a sociedade é a que concerne ao outro. Na parte que concerne a si mesma, sua independência é, de direito, absoluta. Sobre si mesmo, sobre seu corpo e sua mente, o indivíduo é soberano.[29]

Inovando, o autor trouxe à tona a importância do debate e da livre discussão de ideias, ainda que não fossem verdadeiras, como instrumento de evolução humana e da própria sociedade, defendendo com ênfase a liberdade de consciência, de opinião, de crença, como também de associação, além de apoiar minorias, inclusive o direito das mulheres.

O positivismo ganha destaque e alcança no decorrer do tempo contornos diversificados, podendo ser citado, a exemplificar, o positivismo histórico, que teve como principal expoente Leopold Von Ranke (1795-1886), que idealizou a denominada teoria do reflexo, a partir da qual o historiador deve exercer uma função imparcial e mecânica, não cabendo a ele analisar ou julgar, mas simplesmente realizar uma reprodução fiel dos fatos, sem nenhum delineamento de caráter subjetivo.

Nesse sentido, os ensinamentos de Ricardo Marcelo Fonseca:

> A relação cognitiva é conforme a um modelo mecanicista. O historiador registra o fato histórico de maneira passiva, como o espelho reflete a imagem do objeto. Este pressuposto explicita a chamada "teoria do reflexo", cunhada por Ranke – além de explicitar, como se pode notar facilmente, toda a discussão epistemológica do positivismo. Aborda a ideia de que o passado histórico, como objeto de análise da nossa relação de conheci-

---

[28] MILL, John Stuart. **Sobre a liberdade**. Porto Alegre: L&PM Editores, 2019, p. 11.
[29] Ibidem, p. 23.

mento, tem apenas que ser refletido, cabendo ao historiador desempenhar nesse processo apenas uma função mecânica. O historiador não deve pretender "recriar" a paisagem que lhe está adiante (o passado), mas, pelos passos metodológicos aconselhados, fazê-lo refletir fielmente, fazer com que a realidade se apresente e tudo isto sem a interferência subjetiva, sem a interferência dos valores deste historiador. Voltando ainda uma vez àquela metáfora já tantas vezes repetida, o historiador, ao invés de ser o "pintor" da paisagem que lhe afronta, deve ser tão somente aquele que segura um grande espelho (função mecânica, passiva, não criativa), devendo tão somente garantir que se opere esse reflexo de modo fiel, de modo a não evidenciar nenhuma "distorção" no objeto.[30]

Veja que Ranke busca um conhecimento objetivo e livre de juízos de valor, neutro e independente da participação do sujeito. Difícil, contudo, atingir tal objetividade e neutralidade, como também fica claro que em tal contexto a questão da liberdade exerce papel secundário.

Podem ser citados outros pensadores positivistas, como Émile Durkheim (1858-1917), que desenvolveu uma teoria sociológica, criando o conceito de fatos sociais, como elementos externos, passíveis de observação. Para o pensador, os indivíduos absorvem sem consciência esses fatos sociais, adaptando-se a eles no âmbito de uma consciência coletiva;[31] assim, o homem seria um produto da sociedade, sem qualquer interferência com a questão da liberdade individual.

Não obstante todas as acepções, imprescindível a análise do positivismo jurídico, que tem como maior destaque a figura de Hans Kelsen (1881-1973) com a clássica *Teoria pura do Direito*.

Kelsen formulou a teoria geral do direito positivo como ciência, que tem por objeto um sistema de normas, contrapondo-a à ciência natural e à política.

---

[30] FONSECA, Ricardo Marcelo. O positivismo, "historiografia positivista" e história do direito. **Argumenta: Revista do Programa de Mestrado em Ciência Jurídica da Fundinopi**, n. 10, p. 154, jan.-jun. 2009. Disponível em: http://seer.uenp.edu.br/index.php/argumenta/article/view/131. Acesso em: 3 ago. 2020.
[31] ÉMILE Durkheim. In: *Secretaria da Educação*. Disponível em: http://www.sociologia.seed.pr.gov.br/modules/conteudo/conteudo.php?conteudo=167. Acesso em: 20 dez. 2022.

Para Kelsen, o estudo da ciência do direito não deve ter uma conotação de moral ou justiça, questões que devem ser tratadas no campo da política:

> De qualquer modo, uma teoria pura do Direito, ao se declarar incompetente para responder se uma dada lei é justa ou injusta ou no que consiste o elemento essencial da justiça, não se opõe de modo algum a essa exigência. Uma teoria pura do Direito – uma ciência – não pode responder a essas perguntas porque elas não podem, de modo algum, ser respondidas cientificamente.
>
> O que realmente significa dizer que uma ordem social é justa? Significa que essa ordem regula a conduta dos homens de modo satisfatório a todos, ou seja, que todos os homens encontram nela a sua felicidade. O anseio por justiça é o eterno anseio do homem pela felicidade. É a felicidade que o homem não pode encontrar como indivíduo isolado e que, portanto, procura em sociedade. A justiça é a felicidade social.
>
> A justiça como um julgamento subjetivo de valor
>
> É óbvio que não pode existir nenhuma ordem "justa", ou seja, uma ordem que proporcione felicidade a todos, caso se defina o conceito de felicidade em seu sentido original, restrito, de felicidade individual, dando como significado de felicidade de um homem aquilo que ele considera que isso seja. Porque, então, é inevitável que a felicidade de um indivíduo entre, em algum tempo, em conflito com a de outro. Uma ordem justa não é possível mesmo com a suposição de que ela procure concretizar não a felicidade individual de cada um, mas sim a maior felicidade possível do maior número possível de indivíduos. A felicidade que uma ordem social é capaz de assegurar pode ser felicidade apenas no sentido coletivo, ou seja, a satisfação de certas necessidades, reconhecidas pela autoridade social, pelo legislador, como necessidades dignas de serem satisfeitas, tais como as necessidades de alimentação, vestuário e moradia.[32]

Dessa feita, Kelsen trata a ciência do direito de forma neutra, sem nenhuma relação com a justiça, o que denomina uma teoria realista e empírica.

---

[32] KELSEN, Hans. **Teoria geral do Direito e do Estado**. São Paulo: Martins Fontes, 2000, p. 9.

1. O DIREITO À LIBERDADE

A ideia de liberdade para o filósofo teria um caráter primário negativo, exigindo, no contexto social, ordem e regras, sendo certo que a liberdade ampla e irrestrita só seria possível para aquele que estiver fora do convívio social. No âmbito social, essa liberdade sem limites significaria anarquia:

> O Estado é uma ordem social por meio da qual indivíduos são obrigados a certa conduta. No sentido original de liberdade, só é livre quem vive fora da sociedade e do Estado. A liberdade, no sentido original, só pode ser encontrada naquele "estado natural" que a teoria do Direito natural do século XVIII contrastava com o "estado social". Tal liberdade é a anarquia. Portanto, para fornecer o critério de acordo com o qual são distinguidos diferentes tipos de Estado, a ideia de liberdade deve assumir outra conotação, que a original, negativa. A liberdade natural transforma-se em política. Essa metamorfose da ideia de liberdade é da maior importância para todo nosso pensamento político.[33]

De acordo com o pensamento de Kelsen, portanto, a liberdade do indivíduo seria medida pela liberdade possível no âmbito social, o que significa afirmar que haveria maior liberdade quanto mais a vontade individual estivesse próxima da vontade coletiva, uma vez que "uma ordem social genuína é incompatível com o grau máximo de autodeterminação".[34]

Contudo, aponta como elemento fundamental à democracia a existência da regra da maioria, sem a exclusão de qualquer minoria, de tal forma que todos participem e em igual medida.

A transformação do princípio da autodeterminação no da regra de maioria é um importante estágio adicional na metamorfose da ideia da liberdade.[35]

Ademais, para Kelsen, a democracia deve ser sustentada com base na liberdade e na igualdade por meio da representatividade:

> Democracia significa que a "vontade" representada na ordem jurídica do Estado é idêntica às vontades dos sujeitos. O seu oposto é a escravidão da

---

[33] Ibidem, p. 407.
[34] KELSEN, Hans. **Teoria geral do Direito e do Estado**. São Paulo: Martins Fontes, 2000, p. 409.
[35] Ibidem, p. 410.

aristocracia. Nela, os sujeitos são excluídos da criação da ordem jurídica, e a harmonia entre a ordem e suas vontades não é garantida de modo algum.[36]

Para Kelsen, então, a ordem social significa determinação de vontade do indivíduo, a partir do que "a liberdade política, isto é, a liberdade sob a ordem social, é a autodeterminação do indivíduo por meio da participação na criação da ordem social. A liberdade política é liberdade, e liberdade é autonomia".[37]

Segundo o filósofo, portanto, verifica-se que a liberdade surge com o Direito, mas há uma preocupação com a liberdade de expressão, bem como com a presença de opinião plural a formar a vontade do Estado, por meio de uma democracia representativa, de tal forma a expressar que liberdade e vontade individuais se limitam de alguma forma no coletivo: "[...] como liberdade política significa acordo entre a vontade individual e a coletiva expressada na ordem social é o princípio da maioria que assegura o grau mais alto de liberdade política possível dentro da sociedade".[38]

No mesmo diapasão, Norberto Bobbio (1909-2004) acentua que "nossa vida desenvolve-se em um mundo de normas. Acreditamos ser livres, mas na verdade estamos envoltos numa densa rede de regras de conduta, que desde o nascimento até a morte dirigem nossas ações nesta ou naquela direção".[39]

Apesar do destaque do positivismo e das ideias desenvolvidas por Kelsen, com muitos de seus preceitos impregnados globalmente no mundo jurídico, o pensador sofre severas críticas em razão de sua visão formalista.

Não destituídas de valor as críticas elaboradas, como bem assevera Paulo Magalhães da Costa Coelho:

> A ciência do direito não pode constituir-se tão somente em um saber reprodutivo e mantenedor de interesses restritos de uma classe social hegemônica. Para tanto, não se deve estar encarcerado em uma dogmática positivista que, a pretexto de uma certa cientificidade neutra, de uma segurança

---

[36] Ibidem, p. 407.
[37] Ibidem, p. 408.
[38] Ibidem, p. 410.
[39] BOBBIO, Norberto. **Teoria geral do direito**. São Paulo: Martins Fontes, 2010, p. 15.

jurídica, mantém e reforça ideologicamente o *status quo*, velando ainda mais a realidade e impedindo uma conscientização dos conflitos e das contradições que permeiam a realidade social.[40]

Nesse sentido, Marx (1818-1883) e teóricos que o seguiram tecem críticas às concepções econômicas e à exploração do trabalho e produção voltada à acumulação de capital por uma maioria, sob o regime capitalista, de tal forma que o indivíduo se resume ao valor de troca. Os trabalhadores se tornam meras mercadorias, submetidas ao regime capitalista de oferta e procura, sob o manto de uma pretensa igualdade, em que o primordial é a consagração do lucro. Terry Eagleton melhor explicita:

> Na sociedade de classe, o indivíduo é forçado a converter o que é menos funcional em si – seu ser genérico autorrealizador – em mera ferramenta da sobrevivência material.
> Não que Marx, é claro, repudie completamente esta razão instrumental. Sem ela, não poderia haver ação racional alguma; e sua própria política revolucionária envolve o ajuste de meios a fins. Mas uma das muitas ironias de seu pensamento é isto que está a serviço da construção de uma sociedade em que os homens e mulheres seriam livres para florescer como fins radicais em si mesmos. É apenas porque valoriza o indivíduo tão profundamente que Marx rejeita uma ordem social que, enquanto apregoa o valor do individualismo em teoria, na prática reduz homens e mulheres a unidades anonimamente intercambiáveis.[41]

É possível detectar em Marx o valor atribuído ao individualismo e à liberdade do cidadão, os quais estariam comprometidos com o regime capitalista. Em tal contexto, defende-o pensador que o Estado se coloca como instrumento de uma classe dirigente. Em tal ponto, contrasta frontalmente com as ideias desenvolvidas por Kelsen, que entende que a liberdade no âmbito do direito não teria nenhuma relação com o livre-

---

[40] COELHO, Paulo Magalhães da Costa. Direito, linguagem e método: em busca de uma hermenêutica emancipadora. **Revista da AJURIS**, v. 40, n. 130, p. 370, jun. 2013. Disponível em: http://ajuris.kinghost.net/OJS2/index.php/REVAJURIS/article/viewFile/301/236. Acesso em: 22 jul. 2021.

[41] EAGLETON, Terry. **Marx e a liberdade**. Tradução Marcos B. de Oliveira. São Paulo: Editora Unesp, 1999, p. 24.

-arbítrio. Apresenta Marx como caminho um regime que externaria o estabelecimento coletivo dos meios de produção e a extinção das diferenças sociais:

> O socialismo, portanto, não propõe nenhum nivelamento absoluto dos indivíduos, mas envolve um respeito por suas diferenças específicas, e permite pela primeira vez que tais diferenças se realizem. É desta maneira que Marx resolve o paradoxo do individual e do universal: para ele, o último termo significa não algum estado do ser supraindividual, mas simplesmente o imperativo de que cada um deva estar incluído no processo de desenvolver livremente suas identidades pessoais. Porém, enquanto homens e mulheres ainda precisarem ser recompensados de acordo com seu trabalho, as desigualdades inevitavelmente persistirão.
>
> O estágio mais desenvolvido da sociedade, contudo, chamado por Marx de comunismo desenvolverá as forças produtivas até um ponto de abundância tal que nem a igualdade nem a desigualdade estarão em questão. Em lugar disto, homens e mulheres simplesmente retirarão do fundo comum de recursos o que quer que satisfaça suas necessidades.[42]

Karl Marx e Friedrich Engels desenvolvem a teoria do materialismo histórico, a partir da qual entendem que as alterações históricas acontecem não em decorrência do desenvolvimento de ideias ou pensamentos, mas sim de condições econômicas e modos de produção, contrapondo-se à doutrina dialética de Hegel.

Nessa mesma linha, a teoria crítica desenvolvida por Theodor Adorno e Max Horkheimer em relação aos ideais iluministas e ao positivismo no século XX, em período em que já se experimentavam os efeitos nefastos e os horrores das guerras mundiais. Inclusive, como intelectuais semitas, foram vítimas da perseguição e buscaram exílio nos Estados Unidos. Integravam a denominada Escola de Frankfurt, na qual, ao lado de uma série de intelectuais alinhados à teoria de Marx, se desenvolveu a denominada "Teoria Crítica". Nesse sentido:

> Em geral, os filósofos da **Escola de Frankfurt defenderam que as teorias iluminista e positivista não se sustentaram**, tendo-se em vista

---

[42] EAGLETON, Terry. **Marx e a liberdade**. Tradução Marcos B. de Oliveira. São Paulo: Editora Unesp, 1999, p. 49.

os fenômenos ocorridos no século XX. Em primeiro lugar, os pensadores vivenciaram a primeira grande guerra. Em seguida, eles, que eram judeus, vivenciaram a perseguição nazista contra seu povo. Entre eles, o filósofo e crítico literário Walter Benjamin morreu sob domínio dos nazistas, e os filósofos Theodor Adorno, Herbert Marcuse e Max Horkheimer tiveram que se refugiar nos Estados Unidos para escaparem da perseguição.

Na reflexão empreendida pelos teóricos da Escola de Frankfurt após a Segunda Guerra Mundial, a **barbárie da perseguição nazista e da criação da câmara de gás** (uma invenção feita para matar de maneira mais eficaz, com menos gasto) era a maior comprovação de que não havia um progresso, mas sim um **regresso social**.[43]

Já nos Estados Unidos, os pensadores desenvolveram o conceito de "indústria cultural", apontando que uma das formas de dominação do capitalismo se dava, justamente, por meio da cultura de massa:

É com a **popularização das transmissões de rádio**, no início do século XX, que o caráter ideológico de uma cultura para as massas evidenciou-se – processo que ocorreu de forma semelhante no cinema, anos mais tarde.

A modificação do conteúdo das programações culturais para atender ao público crescente ocasionou uma **massificação** desse conteúdo. Essa padronização consistiu, em alguns casos, em uma **diminuição da complexidade de obras** voltadas para a cultura superior. Era apenas com a padronização de suas mercadorias que essa indústria poderia **satisfazer muitos consumidores**.

A expressão indústria cultural deveria soar estranha e indicar uma contradição. A indústria possui características distintas da produção que poderia ser legitimamente caracterizada como cultural. Enquanto esta palavra está associada com a criação como expressão de dúvidas, anseios e valores, aquela relaciona-se com a satisfação de demandas de consumidores.

A indústria cultural alcança seus objetivos porque os produtos culturais servem a uma demanda formada ideologicamente. A expectativa e o interesse nesses produtos têm origem em **objetivos econômicos** de grandes grupos empresariais e influenciam as pessoas pelos meios de comunicação. Se não nos tornamos conscientes desse processo, é porque já estamos de tal

---

[43] PORFIRIO, Francisco. Escola de Frankfurt. **Mundo Educação**. Disponível em: https://mundoeducacao.uol.com.br/sociologia/escola-de-frankfurt.htm. Acesso em: 15 ago. 2020.

forma acostumados que não questionamos nem o conteúdo nem a forma do que nos é apresentado como cultura.[44]

Na verdade, refletem que o iluminismo se desenvolveu sob a promessa de liberdade, autonomia e progresso, os quais, na realidade, não se concretizaram, ao contrário, o regime social imposto, sob o manto de uma aparente neutralidade, acabou por limitar e comprometer o desenvolvimento de um pensamento realmente livre e autônomo do cidadão.

Vale destacar obra da atualidade de Ricardo Marcondes Martins[45] que desenvolveu estudo sobre a Teoria Jurídica da Liberdade, que, igualmente, questiona a teoria de Kelsen. Faz o autor a análise da liberdade como determinação normativa, mas não exclusivamente sob essa ótica, por pressupor o livre-arbítrio, diferentemente de Kelsen.

Ricardo Marcondes entende que a liberdade seria estabelecida pelas normas jurídicas, mas "a partir da pressuposição do livre-arbítrio; ao versarem sobre a liberdade, as normas dão-lhe um colorido próprio, uma conotação jurídica",[46] com reação crítica severa à teoria pura do direito:

> Na teoria pura, o fundamento da imputação, em termos jurídicos, era a competência; tudo o mais era irrelevante ao jurista enquanto tal. No presente, essa concepção é inadmissível e surpreende que haja alguém que ainda tenha coragem de sustentá-la: toda imputação não justificada racionalmente é inadmissível e a racionalidade da justificação deve dar-se em termos materiais e não apenas formais, ou seja, na concretização valorativa e não apenas na competência estabelecida.
>
> Ao contrário do que supunha Kelsen, o Direito pressupõe uma "pretensão de justiça" (sublinhe-se: pretender a realização não significa, necessariamente, realizar). Direito que não pretenda realizar a justiça não é Direito.[47]

Ora, negar o livre-arbítrio significa negar, de modo indubitável, a pretensão

---

[44] OLIVEIRA, Marco. Indústria cultural. **Mundo Educação**. Disponível em: https://mundoeducacao.uol.com.br/filosofia/industria-cultural.htm. Acesso em: 14 jul. 2021.

[45] MARTINS, Ricardo Marcondes. **Teoria jurídica da liberdade**. São Paulo: Contracorrente, 2015.

[46] MARTINS, Ricardo Marcondes. **Teoria jurídica da liberdade**. São Paulo: Contracorrente, 2015. p. 36.

[47] Aqui, o autor externa acolhimento à doutrina de Robert Alexy visando corrigi-la, a partir do que esclarece que a negação da pretensão de justiça configura verdadeira contradição performativa.

de justiça. Os conceitos são indissociáveis: ao pressupor a pretensão de justiça, o Direito exige pressupor a existência fenomênica do livre-arbítrio.[48]

O autor, outrossim, questiona: "[...] se a liberdade seria estabelecida pelo Direito ou há, antes das normas vigentes, uma liberdade como 'eidos' a que o direito simplesmente reproduz? Fora do mundo jurídico há uma 'liberdade', que se reflete no mundo normativo, ou ela é criação do Direito?",[49] e conclui que a liberdade não seria apenas uma determinação normativa, mas que também não seria um arquétipo, e que, por outro lado, "não é uma criação do Direito nos termos Kelsenianos,[50] pois pressupõe o livre-arbítrio e depende de algo que se encontra no mundo do ser, que seria a possibilidade de escolha entre duas alternativas apenas e tão somente na vontade do sujeito que escolhe".[51]

Importa verificar que as críticas ao positivismo jurídico tomaram destaque no interregno do século XX, especialmente depois do estalar das guerras mundiais e da vivência com regimes totalitários.

O positivismo acabou por carregar, de certa forma, o peso da legalidade formal e neutralidade como sustentáculo e instrumento das barbáries advindas desse período. Nessa quadra, constata-se uma estabilização e fortalecimento do liberalismo (denominado clássico) a partir dos sécu-

---

[48] MARTINS, Ricardo Marcondes. Op. cit., p. 25.
[49] Ibidem, p. 20.
[50] De acordo com Ricardo Marcondes Martins: "Para Hans Kelsen liberdade é uma determinação normativa, absolutamente dissociada do livre-arbítrio. Ele era um assumido determinista: tudo, no mundo fenomênico, seria regido pela causalidade, incluídas as condutas. Uma ação humana não seria fruto apenas e tão somente da vontade, vale dizer, de uma decisão, da escolha entre duas ou mais alternativas, escolha essa ditada única e exclusivamente pela vontade. Ao contrário: vários fatores, de difícil precisão, interfeririam no processo de decisão e condicionariam a escolham inexistindo um ponto final da causalidade. A responsabilização jurídica não seria alicerçada na apuração de que determinado evento foi causado pela vontade; ao revés, decorreria tão somente de imputação. Consequentemente, a 'liberdade' seria impossível na natureza; o Direito escolheria entre um dos vários fatores intervenientes no fluxo causal e imputaria a ele a responsabilidade pelo evento: 'o homem é livre porque sua conduta é o ponto final da imputação'. No mundo fenomênico, a vontade não seria 'responsável' pelo resultado, mas ela o seria no mundo jurídico, em decorrência da imputação normativa. Ao estabelecer a imputação, o Direito cria a 'liberdade'. E, ademais, afirma o autor que, de acordo com Kelsen, 'para o Direito a questão do livre-arbítrio é irrelevante, o que é importante é a imputação'" (ibidem, p. 20).
[51] Ibidem, p. 36.

los XVIII e XIX, movimento e doutrina que teve início especialmente com os movimentos contidos nas Revoluções Francesa e Industrial, além da Independência dos Estados Unidos, que passa a fortalecer os preceitos da propriedade privada e livre concorrência, combinados com o não intervencionismo do Estado e com a bandeira da liberdade individual.

Esse movimento, somado às revoluções perpetradas, teve o êxito de eliminar os governos absolutistas. Contudo, depois da eclosão das guerras mundiais e forte recessão com a crise de 1929, o povo passa a sentir a desigualdade social, a miséria e os horrores deixados pela guerra, provocando o questionamento e certo declínio do liberalismo, inclusive no tocante à liberdade do indivíduo, que se mostrava meramente formal.

Assim, tanto a sociedade como vários pensadores passam a clamar pela intervenção do Estado em defesa dos direitos sociais, como saúde, educação e benefícios trabalhistas, que se tornam prementes. A doutrina desenvolvida por Keynes, em 1936, denominada "A Teoria Geral do Emprego", surge como sustentáculo à nova figura do Estado, de Bem-Estar Social.

Interessante refletir sobre a posição de alguns estudiosos e pensadores que destacavam nesse período, justamente pelo momento tormentoso, o renascimento do direito natural como meio apto a assegurar a consagração da justiça e concretização de liberdades individuais.

Em tal ponto, bem retrata Luigi Ferrajoli em prefácio à obra de Norberto Bobbio:

> A alternativa entre jusnaturalismo e positivismo jurídico, resolvida por Bobbio e por grande parte da filosófica jusanalítica dos anos de 1960 e 1970, com uma clara opção pelo positivismo jurídico, voltou a ser proposta com força nas últimas décadas, no modo diferente de conceber as constituições do segundo pós-guerra e o constitucionalismo: como conjunto de princípios morais objeto de equilíbrio legislativo ou judiciário, ou como sistema de limites e vínculos de direito positivo rigidamente impostos a todos os poderes públicos.
>
> Assim se reproduziu, à distância de quase meio século, ainda que em termos profundamente diferentes, uma situação análoga àquela do segundo pós-guerra recordada por Bobbio desde as primeiras páginas desta coletânea. Depois de anos de domínio incontestado do positivismo jurídico, no dia seguinte à queda dos regimes totalitários, havia se manifestado, sobre-

tudo na Itália e Alemanha, um renascimento do direito natural como "direito vigente", ditado pelo imperativo moral de não confirmar como válidas as leis intoleravelmente injustas decretadas pelas ditaduras. Hoje, o ataque ao positivismo jurídico como abordagem insuficiente pelo menos para explicar a natureza e o funcionamento de nossas democracias constitucionais foi novamente proposto, mas com base numa relação invertida entre direito e moral: no passado, pelo extremo desvalor moral do direito positivo com relação a princípios irrenunciáveis de justiça; na época atual, pelo inegável valor moral dos princípios constitucionais de liberdade e justiça com respeito ao restante do direito positivo.[52]

O embate, é verdade, perdura até os dias atuais, e foi objeto de estudo e enfrentamento por Norberto Bobbio:

Como primeiro remédio para a proclamada crise do direito, foi invocada, sobretudo por parte dos juristas católicos, a volta do direito natural. O positivismo jurídico foi acusado de não ter reconhecido outro direito senão aquele imposto pelo Estado e, portanto, de não conhecer outro critério para distinguir o direito válido do inválido a não ser pelo meramente formal do pertencimento a um sistema dinâmico (no sentido Kelseniano). As leis restritivas de liberdade, as leis raciais, em geral, as leis fascistas que haviam violado princípios fundamentais sobre os quais se erigira o Estado liberal tinham de novo proposto a antiga questão: "O cidadão deve obedecer a leis injustas?". Na concepção positivista do direito, uma pergunta semelhante nem podia ser feita, porque o critério formal permitia distinguir as leis válidas das não válidas, mas não as leis justas das injustas. A distinção entre lei justa e lei injusta exigia um critério material de distinção que a resolução do direito como lei formalmente válida não estava em condições de fornecer; ou seja, era necessário um critério de avaliação com base no qual as leis fossem julgadas também com respeito a seu conteúdo. Esse critério podia ser oferecido apenas por um direito cujas regras fossem válidas não por causa da autoridade que as tinha imposto, mas por corresponderem a alguns valo-

---

[52] BOBBIO, Norberto. **Jusnaturalismo e positivismo jurídico**. Tradução Jaime A. Clasen. São Paulo: Editora Unesp, 2016, p. 13.

res supremos, aceitos como dignos de serem perseguidos, e esse direito era, segundo a tradição, o direito natural.[53-54]

De todo modo, consubstancia-se o Estado do Bem-Estar Social em grande parte dos países e, especialmente na Europa, com a garantia de serviços públicos essenciais aos indivíduos, no intuito de aplacar as carências e diferenças sociais, que se tornavam abissais. Acrescem ao contexto a ideia do Estado provedor e o conceito de cidadania, tal como disciplina Antonio Gasparetto Junior:

> O Estado de Bem-Estar Social é um modo de organização no qual o Estado se encarrega da promoção social e da economia.
> Ao longo dos séculos, as escolas de pensamento econômico retiraram a participação do Estado da organização da economia, concedendo grande espaço e influência ao que se designou como Liberalismo. Esse tipo de orientação ideológica que prevê maior liberdade para o mercado, sem a regulamentação do Estado, vigorou no século XIX, mas entrou em profunda crise no início do século XX. A Primeira Guerra Mundial, entre outras coisas, foi resultado da intensa disputa por mercados travada pelos países europeus. Encerrando um período de grande desenvolvimento. Pior ainda para a economia seria a Crise de 1929, decorrente da superprodução que o mercado foi incapaz de absorver. Até então, estava em pauta a retirada do Estado da regulamentação econômica, mas a solução da crise foi justamente a retomada do Estado. Defensores do Liberalismo acreditavam que a intervenção do Estado na economia e o investimento em políticas sociais eram, na verdade, gastos maléficos para a economia. No entanto, essas duas medidas reativaram a economia.
> A partir da década de 1930, então, expandiu-se o modelo chamado de Estado de Bem-Estar Social, no qual o Estado é organizador da política e da

---

[53] Ibidem, p. 38.

[54] Importa observar que a citação se deu exclusivamente para apontar o embate existente entre as teorias de inclinação jusnaturalista e o positivismo jurídico, sendo o autor claro defensor dessa última: "As outras partes do livro são dedicadas à secular controvérsia entre jusnaturalismo e positivismo jurídico. Bobbio participa dela, como escreve na Introdução, 'mais como árbitro ou, mais modestamente, como juiz instrutor, do que como defensor ou acusador', mas na realidade, defende o segundo contra o primeiro – analisa com exemplar clareza os termos, o significado e os diversos planos sobre os quais a alternativa é comumente proposta" (Prefácio às fls. 9, de Luigi Ferrajoli).

economia, encarregando-se da promoção e defesa social. O Estado atua ao lado de sindicatos e empresas privadas, atendendo às características de cada país, com o intuito de garantir serviços públicos e proteção à população. Os países europeus foram os primeiros e principais incorporadores do modelo que agradou os defensores da social-democracia. A principal referência no continente veio da região escandinava. Até hoje, Noruega, Suécia, Finlândia e Dinamarca são destaques na aplicação do Estado de Bem-Estar Social e são países que estão no topo do *ranking* de melhor Índice de Desenvolvimento Humano.

O Estado de Bem-Estar Social ganhou ainda mais terreno com a inclusão do conceito de cidadania, propagado após a queda dos regimes totalitários na Europa. Associou-se a ideia de que os indivíduos são dotados de direitos sociais. O modelo de organização estatal concede aos indivíduos bens e serviços públicos durante toda a vida. Os direitos sociais conferem serviços de educação, saúde, seguridade e lazer.[55]

Paralelamente a novos conceitos que se delineavam, surge a técnica de ponderação de valores, justamente visando à menor restrição possível a direitos fundamentais ante eventual colisão entre direitos ou interesses contrapostos, merecendo destaque, em tal ponto, Robert Alexy, idealizador da Teoria dos Princípios:

> A ideia de proporção está intimamente ligada ao direito. A proporção é encontrada na relação entre meio e fim, pois sempre haverá uma medida questionada, cuja finalidade também será avaliada para que se possa aplicar corretamente a proporcionalidade. O questionamento que se faz de uma medida tem como base outro princípio, que foi atingido e precisa, nas máximas possibilidades, ser efetivado.

Esta busca constante de harmonização demonstra a importância da proporcionalidade. Paulo Bonavides relaciona seu surgimento com a modificação da ideia de Estado de Direito. Primeiramente, no apogeu do direito positivo, o Estado de Direito era entendido sob a ótica do princípio da legalidade, o qual, após a segunda guerra mundial, cedeu lugar ao princípio da constitucionalidade, que "deslocou para o respeito dos direitos fundamen-

---

[55] GASPARETTO JUNIOR, Antonio. Estado de bem-estar social. **Info Escola**. Disponível em: https://www.info escola.com/sociedade/estado-de-bem-estar-social/. Acesso em: 16 ago. 2020.

tais o centro de gravidade da ordem jurídica". Como os direitos fundamentais estruturam-se eminentemente sob a forma de princípios e estes são, para Robert Alexy, mandados (ou mandamentos) de otimização, sua aplicação exige um novo modelo – a proporcionalidade.[56]

Em tal passo, a configuração acerca da concepção de liberdade vai ganhando contornos diferentes.

Vale citar, nesse contexto histórico, essencial contribuição desenvolvida pela pensadora Hannah Arendt:

> No dizer de Pedro Duarte, "nesse ponto, o desafio político que Hannah Arendt apresentou ainda nos anos 1960 é de grande atualidade. Tratava-se de conferir às pessoas maior participação, pela ação e pelas palavras, na vida republicana, por meio da qual elas poderiam discutir sua existência pública e, quem sabe, experimentá-la como um prazer – e não um fardo".[57]

Com efeito, Hannah Arendt refuta o significado de liberdade adotado pelo liberalismo e afirma que esta deve estar na seara política para ser efetiva, como pertencente ao espaço público.

Para a pensadora, a noção de liberdade, tal como pregava o liberalismo, reduzida aos espaços internos e ao livre-arbítrio, atravanca-a, de tal forma a lhe apagar o significado.[58]

Efetivamente, no bojo do liberalismo, e mesmo com a introdução do Estado de Bem-Estar Social, as atividades privadas e o trabalho passam a ser priorizados, em detrimento da participação política, com exercício da liberdade restrito à esfera particular.

Mariana de Mattos Rubiano, em sua dissertação de mestrado sobre o tema, bem elucida a questão:

---

[56] LIMA, André Canuto de F. O modelo de ponderação de Robert Alexy. **Jus**, 2014. Disponível em: https://jus. com.br/artigos/31437/o-modelo-de-ponderacao-de-robert-alexy#:~:text=Alexy%20formulou%20uma%20lei% 20que,forte%20cr%C3%ADtica%20de%20J%C3%BCrgen%20Habermas. Acesso em: 16 ago. 2020.

[57] ARENDT, Hannah. **Liberdade para ser livre**. Tradução e apresentação Pedro Duarte. Rio de Janeiro: Bazar do Tempo, 2018, p. 11. Apresentação.

[58] Ibidem, loc. cit.

No ensaio "Que é Liberdade?", Arendt defende que a liberdade vinculada com a vontade está relacionada ao "eu quero e não posso" ou ao "quero e não devo", pertence ao Homem em geral e por isso configura numa liberdade abstrata. A liberdade política, entretanto, está fundada no "eu posso", pertence ao cidadão e à experiência, ao mundo fenomênico, não está no Homem, mas entre os homens. "Somente quando o quero e o posso coincidem a liberdade se consuma" (ARENDT, 2005a, p. 208). Enquanto na liberdade como livre-arbítrio o querer imediatamente imobiliza o poder, na liberdade como ação o querer coincide com o poder. Naquele sentido, a vontade é impotência, enquanto neste a ação é potência.

A consequência dessa idéia de liberdade ligada à vontade é a aparência da política como o lugar da dominação, em outros termos, ser livre parece ser possível apenas onde o homem deixa o espaço público e adentra o isolamento do diálogo interior. Arendt mostra que o tema da liberdade na tradição cristã surge com a destruição dos espaços públicos experimentada no fim do Império Romano e que a liberdade como livre-arbítrio, longe de problematizar o isolamento dos homens graças à falta de um mundo comum, consolida a noção de que a liberdade é vivida na solidão.[59]

Argumenta Hannah Arendt que a liberdade verdadeira e substancial estaria no espaço político e público, no qual a atuação em conjunto pode significar poder e ação, enquanto a liberdade individual, como livre-arbítrio, iguala-se a uma impotência, que fica restrita à seara individual, além de demonstrar a diferença entre liberação, libertação e liberdade:

> Para Hannah Arendt, satisfazer a fome, solucionar a pobreza e garantir a saúde são respostas a necessidades sociais. Dizem respeito ao labor e mantêm nossa sobrevivência biológica, o que é fundamental. Contudo, não garantem ação e discurso, condições de experiência propriamente política da liberdade. Um povo pode estar bem alimentado, mas apartado das decisões de sua *polis*. O autoritarismo pode resolver o problema da saúde sem dar o direito de agir às pessoas.[60]

---

[59] RUBIANO, Mariana de Mattos. **Liberdade em Hannah Arendt**. 2011. 131 f. Dissertação (Mestrado) – Departamento de Filosofia da Faculdade de Filosofia, Letras e Ciências Humanas, Universidade de São Paulo, São Paulo, 2011, f. 16.
[60] ARENDT, Hannah. **Liberdade para ser livre**. Tradução e apresentação Pedro Duarte. Rio de Janeiro: Bazar do Tempo, 2018, p. 10. Apresentação.

Como bem pondera a pensadora, mesmo crescendo a ideia do Estado do Bem-Estar Social, com a necessidade de prover o cidadão de direitos sociais básicos, carece o indivíduo de educação e consciência crítica, a viabilizar a participação política e o exercício de liberdade, substancialmente falando.

De toda forma, é fato o declínio do liberalismo clássico diante da inserção da figura do Estado do Bem-Estar Social. No entanto, não tarda a ser desenvolvida nova etapa do liberalismo, sob os influxos das ideias lançadas principalmente por Margareth Thatcher (Inglaterra) e Ronald Reagan (EUA), os quais pregavam a necessidade de recuperação econômica e o fim desse novo modelo de Estado provedor, de Bem-Estar Social, consolidando o neoliberalismo, que se expandiu a partir de 1930, sob a defesa do Estado mínimo, necessidade de desregulamentação da economia, realização de privatizações e exclusão de proteções trabalhistas.

O grande idealizador do neoliberalismo foi o economista Friedrich August Von Hayek, além de Milton Friedman, que renovam as orientações políticas e econômicas do capitalismo.

Uma das bases do pensamento neoliberal é a liberdade de mercado aliada à intervenção mínima do Estado, contudo, há que se questionar se no bojo dessa corrente há, de fato, espaço para a plena liberdade do cidadão.

Ricardo Marcondes Martins, citando Amartya Sen, suscita o conceito de liberdade efetiva ou substancial:

> A resposta a essa pergunta diz respeito ao conceito de liberdade *efetiva* ou *substancial*. Ela leva em consideração não apenas a ausência de coerção ou de impedimento de fazer algo, mas a possibilidade *real* de fazê-lo. Quem melhor tratou dela foi o economista Amartya Sen, para quem a liberdade diz respeito às "capacidades das pessoas de levar o tipo de vida que elas valorizam". Trata-se da possibilidade substancial ou efetiva de fazer o que se valoriza. Diz respeito à possibilidade de decisão como "oportunidades reais que as pessoas têm, dadas as circunstâncias pessoais e sociais".
>
> Amartya Sen distingue "realização" (*achievement*) e "liberdade para realizar" (*freedom to achieve*): "a realização liga-se ao que conseguimos fazer ou alcançar, e a liberdade, à oportunidade real que temos para fazer ou alcançar aquilo que valorizamos". Em seguida, caracteriza a liberdade como

"forma de conjuntos alternativos de realizações que temos o poder de realizar". Após, apresenta o conceito de *funcionamentos* (*functionings*), conjunto de atividades (ver, comer, etc.), estados de existência ou ser (estar bem nutrido, estar livre de malária, etc.), abreviadamente designados como *estados* e *ações*, cujo conjunto constitui o "estado da pessoa" (*the person's being*). E a noção de capacidade para realizar funcionamentos (*capability to function*): "todas as combinações alternativas de funcionamentos que uma pessoa pode escolher ter". E conclui: os *funcionamentos* realizados constituem o *bem-estar da pessoa* e a *capacidade para realizar funcionamentos* constitui sua *liberdade* no sentido de "oportunidades reais".[61]

Destarte, a liberdade, para que se torne efetiva, sujeita-se a diversas circunstâncias, tal como o acesso à educação, à cultura e a ausência de miséria ou doenças.

Em tal ponto, reflete José Afonso da Silva ao conceituar liberdade:

> Vamos um pouco além,[62] e propomos o conceito seguinte: *liberdade consiste na possibilidade de coordenação consciente dos meios necessários à realização da felicidade pessoal.*
>
> Nessa noção, encontramos todos os elementos objetivos e subjetivos necessários à ideia de liberdade; é poder de atuação sem deixar de ser resistência à opressão; não se dirige contra, mas em busca, em perseguição de alguma coisa, que é a felicidade pessoal, que é subjetiva e circunstancial, pondo a liberdade, pelo seu fim, em harmonia com a consciência de cada um, com o interesse do agente. Tudo que impedir aquela possibilidade de coordenação dos meios é contrário à liberdade. E, aqui, aquele sentido histórico da liberdade se insere na sua acepção jurídico-política. Assim, por exemplo, deixar o povo na ignorância, na falta de escola, é negar-lhe a possibilidade de coordenação consciente daqueles meios; oprimir o homem, o povo, é retirar-lhe aquela possibilidade etc. Desse modo, também, na medida em que se desenvolve o conhecimento, se fornecem informações ao

---

[61] MARTINS, Ricardo Marcondes. **Teoria jurídica da liberdade**. São Paulo: Contracorrente, 2015, p. 135.
[62] O autor parte de raciocínio desenvolvido por Jean Rivero como base da estrutura da conceituação de liberdade.

povo, mas se amplia a liberdade com abrir maiores possibilidades de coordenação de meios necessários à expansão da personalidade de cada um.[63]

Ricardo Marcondes Martins aponta, ainda, a questão problemática da situação do hipossuficiente, por exemplo, que não alcançará a liberdade efetiva sem a atuação estatal. Proclama o autor:

> O *Estado regulador* retoma as bases já sepultadas do *Estado liberal* e as intensifica à exaustão: o Estado não deve preocupar-se com a liberdade efetiva dos particulares, a qual deve ser conquistada pelo próprio esforço e inteligência sem interferência estatal; a soberania deve limitar-se a manter a ordem. A consequência é a manutenção de uma alargada liberdade efetiva para os ricos e de uma ínfima liberdade efetiva para os pobres. A *liberdade negativa* com desprezo da *liberdade efetiva* assegura o lucro de poucos e o solapamento da dignidade de muitos.[64]

Zygmunt Bauman (1925-2017), filósofo moderno, afirma que enfrentamos no modelo político atual uma sociedade que deixou de ser de produção para caracterizar uma sociedade de consumo, em que se destaca como mais importante ter do que ser.

A tônica da liberdade se mostra apenas formal numa sociedade que o pensador denomina de "modernidade líquida":

> A atual fase de transformação progressiva da ideia de "cultura" – desde sua forma original, de inspiração iluminista, até sua reencarnação líquido-moderna – é estimulada e administrada pelas mesmas forças que promovem a emancipação dos mercados em relação aos vínculos remanescentes de natureza não econômica: os vínculos sociais, políticos, éticos etc. Para conquistar sua emancipação, a economia líquido-moderna, centrada no consumidor, se baseia no excesso de ofertas, no envelhecimento cada vez mais acelerado do que se oferece e na rápida dissipação de seu poder de sedução – o que, diga-se de passagem, a transforma numa economia de dissipação e do desperdício.

---

[63] SILVA, José Afonso da. **Curso de direito constitucional positivo**. São Paulo: Malheiros Editores, 2019, p. 235.
[64] MARTINS, Ricardo Marcondes. **Teoria jurídica da liberdade**. São Paulo: Contracorrente, 2015, p. 216.

Como não se pode saber com antecedência qual das ofertas será capaz de estimular o desejo de consumo, a única maneira de verificação passa pelas tentativas de acerto e erro, que custam caro. A produção contínua de ofertas e o volume sempre ascendente de bens oferecidos também são necessários para manter a velocidade da circulação bens e reacender constantemente o desejo de substituí-los por outros, "novos e melhorados"; também são necessários para evitar que a insatisfação dos consumidores com um produto em particular se condense num desapreço geral em relação ao próprio estilo consumista de vida.

Se o mundo habitado por consumidores se transformou num grande magazine onde se vende "tudo aquilo de que você precisa e com que pode sonhar", a cultura parece ter se transformado atualmente em mais um de seus departamentos. Como nos outros, suas prateleiras estão lotadas de mercadorias renovadas diariamente, e as caixas são decoradas com anúncios de novas ofertas destinadas a desaparecer depressa, como as mercadorias que anunciam. Tanto as mercadorias quanto os anúncios publicitários são pensados para suscitar desejos e fisgar vontades (para "impacto máximo e obsolescência instantânea", citando a famosa máxima de George Steiner).[65]

Acresce Gisele Leite sobre a transformação da liberdade:

A contemporaneidade promove e incentiva cada vez mais a liberdade individual, contudo a autêntica e legítima liberdade pode ser muito prejudicial aos projetos neoliberais de controle e dominação, por isso, uma avaliação estruturada nas teorias sociais de Bauman nos revela que a liberdade perdeu ou se transformou e vive sob a influência direta da ideologia dominante que delibera sobre o futuro econômico e social do mundo.

Nesse cenário, surgem os novos indivíduos, ou simplesmente os neoindivíduos que, por se fecharem acriticamente na sua hiperindividualidade egoísta, são parte das engrenagens dessa ideologia totalitária e, colaboram com a opressão, distanciando-se de se libertarem pela razão e pela crítica reflexiva.[66]

---

[65] BAUMAN, Zygmunt. **Capitalismo parasitário**. Tradução Eliana Aguiar. Rio de Janeiro: Zahar, 2010, p. 35.
[66] LEITE, Gisele. A liberdade na modernidade líquida. **JusBrasil**, 2007. Disponível em: https://professoragisele leite.jusbrasil.com.br/artigos/437359630/a-liberdade-na-modernidade-liquida. Acesso em: 14 ago. 2020.

Ressalte-se, outrossim, a ponderação realizada por Paulo Magalhães da Costa Coelho ao tratar de linguagem e ideologia, o que se faz parcialmente, cujo aprofundamento necessário não se faz possível no presente ensaio. Destaca o autor, em suas reflexões, a linguagem como instrumento de veiculação de ideologias, com ausência de autonomia absoluta, sofrendo condicionantes sociais, de tal forma que "os fatores sociais vêm determinar o discurso ideológico", esclarecendo:

> O termo ideologia é também equívoco e, por isso mesmo, convém precisar o sentido de que se toma nessa reflexão. Assim, considera-se que em toda formação social teremos dois níveis de realidade: um de essência, outro de aparência. Um é profundo; o outro, superficial.
> É na parte do nível fenomênico da realidade – a aparência – que se forjam as ideias dominantes no momento histórico concreto. Essas são as ideias que vão justificar, racionalizar e velar a realidade, ocultando-se as contradições a ela inerentes.
> Na sociedade capitalista, como os conceitos de liberdade e individualidade assumem características individuais, a desigualdade passa a ser encarada como natural decorrência dos diferentes predicados do homem.[67]

Salienta o autor que a ideologia, com autonomia relativa, expressa-se por meio da linguagem, determinada pelas relações sociais, de tal forma que o discurso, que veicula a ideologia, "não é expressão de uma consciência pura, porque essa não existe abstratamente, senão como resultado de um projeto social, político e econômico", a desencadear uma ideologia dominante, representativa de uma classe dominante, simulando a liberdade de expressão: "O discurso é, pois, social, embora simule ser individual. O formulador do discurso reproduz a ideologia, mas simulando a liberdade de expressão e uma individualidade livre das coerções sociais".[68]

---

[67] COELHO, Paulo Magalhães da Costa. Direito, linguagem e método: em busca de uma hermenêutica emancipadora. **Revista da AJURIS**, v. 40, n. 130, p. 348, jun. 2013. Disponível em: http://ajuris.kinghost.net/OJS2/index.php/REVAJURIS/article/viewFile/301/236. Acesso em: 22 jul. 2021.

[68] COELHO, Paulo Magalhães da Costa. Direito, linguagem e método: em busca de uma hermenêutica emancipadora. **Revista da AJURIS**, v. 40, n. 130, p. 348, jun. 2013. Disponí-

Em decorrência desse pensamento, é possível afirmar que o exercício de liberdade individual não é absoluto, por sofrer a influência de qualquer coerção ou determinação social.

Contudo, o que se adota no presente é a concepção de liberdade de forma ampla, direcionada à uma concretização substancial por parte dos cidadãos.

Para tanto, importante abandonar o conceito clássico de liberdade, tal como adotada pelo liberalismo, cujo exercício se restringe à esfera privada.

Na linha desenvolvida por Hannah Arendt, o exercício da liberdade deve ocupar o espaço público, inclusive a esfera política.

Imprescindível, porém, capacitar o cidadão para o pleno exercício de liberdade. Deve o cidadão estar provido de necessidades básicas, como alimentação, moradia e saúde. Mas não basta. A intervenção do Estado deve se fazer presente justamente para permitir ao cidadão formação cultural e política para que detenha real autonomia de vontade.

Só com robusta formação é que o cidadão terá oportunidade de escolhas, afastando, ainda que não completamente, coerções e condicionamentos sociais que acabam por manipular o exercício de liberdade.

Esse aparelhamento cultural e político se mostra essencial para afastar formas de manipulação e viabilizar o exercício de uma liberdade substancial e mais concernente com a formação de cidadãos conscientes e detentores de autonomia.

1.2. Relação do poder de tributar e liberdade

Buscou-se realizar um ensaio acerca do conceito de "liberdade", que traduz vocábulo multifacetado, cujo conteúdo está diretamente ligado ao contexto histórico e à concepção política ou filosófica adotada.

Importante tal traçamento para a adoção de uma perspectiva a ser utilizada neste estudo, configurando a liberdade como elemento essencial ao exercício da vida cidadã, a incluir como uma de suas espécies a liberdade religiosa, o que será objeto de contraste entre a tributação e a imunidade tributária, por se mostrarem faces indissociáveis.

---

vel em: http://ajuris.kinghost.net/OJS2/index.php/REVAJURIS/article/viewFile/301/236. Acesso em: 22 jul. 2021.

Em tal acepção, bem pondera Ricardo Lobo Torres:

> De feito, o tributo nasce da *autolimitação da liberdade*: reserva-se pelo contrato social um mínimo de liberdade intocável pelo imposto, garantido através dos mecanismos das imunidades e dos privilégios, que se transferem do clero e da nobreza para o cidadão; mas se permite que o Estado exerça o poder tributário sobre a parcela não excluída pelo pacto constitucional, donde se conclui que a própria liberdade institui o tributo. O espaço assim aberto ao tributo é o da publicidade, isto é, o das relações sociais que se desenvolvem entre espaço privado do cidadão (família) e o espaço público dos órgãos governamentais; o imposto adquire a dimensão de coisa pública e nele o Estado passa a encontrar a sua fonte de financiamento, permitindo que os agentes econômicos ampliem a riqueza suscetível de tributação.[69]

Por consequência, o conceito de liberdade, será objeto de análise sob uma perspectiva normativa, a partir do delineamento contido na CF/1988, que alberga uma pluralidade de liberdades, entre elas, como já afirmado, a liberdade religiosa, contrapondo o poder de tributar do Estado em face dos direitos e garantias fundamentais e os respectivos limites, desenhando nesse cenário a relevância das imunidades tributárias.

---

[69] TORRES, Ricardo Lobo. **Os direitos humanos e a tributação**. Rio de Janeiro: Renovar, 1995, p. 3.

2. LIBERDADES PÚBLICAS E LIBERDADE RELIGIOSA NA CONSTITUIÇÃO FEDERAL BRASILEIRA

2.1. Liberdades públicas e sentido conotativo como direito fundamental

A CF/1988 prescreve no art. 5º, *caput* e inciso II:

> Art. 5º Todos são iguais perante a lei, sem distinção de qualquer natureza, garantindo-se aos brasileiros e aos estrangeiros residentes no País a inviolabilidade do direito à vida, à liberdade, à igualdade, à segurança e à propriedade, nos termos seguintes:
> [...]
> II – ninguém será obrigado a fazer ou deixar de fazer alguma coisa senão em virtude de lei;

O dispositivo constitucional transcrito deixa claro o direito de todo cidadão à liberdade de ação, ou seja, de fazer ou não fazer algo, de acordo com a própria vontade, exceto se a lei determinar o contrário.

José Afonso da Silva esclarece que o art. 5º, II, da CF/1988 revela duas dimensões, a do princípio da legalidade e a regra de direito fundamental consubstanciada no direito de ação, que entende ser "um dos mais importantes do direito constitucional brasileiro, porque, além de conter a previsão da liberdade de ação (liberdade-base das demais), confere fundamento jurídico às liberdades individuais e correlaciona liberdade e legalidade",[70] considerando, outrossim, a liberdade de ação em

---

[70] SILVA, José Afonso da. **Curso de direito constitucional positivo**. São Paulo: Malheiros Editores, 2019, p. 238.

geral como a liberdade-matriz, a liberdade-base, contida no art. 5º, II, da CF/1988, que só pode ser condicionada por um "sistema de legalidade legítima".[71] Distingue o autor, além disso, as várias formas de liberdade, que decorrem da palavra "liberdades", no plural, retratadas em cinco grupos:

    1. *liberdade da pessoa física* (liberdades de locomoção, de circulação);

    2. *liberdade de pensamento*, com todas as suas *liberdades* (opinião, religião, informação, artística, comunicação do conhecimento);

    3. *liberdade de expressão coletiva* em várias formas (de reunião, de associação);

    4. *liberdade de ação profissional* (livre escolha e de exercício de trabalho, ofício e profissão);

    5. *liberdade de conteúdo econômico e social* (liberdade econômica, livre-iniciativa, liberdade de comércio, liberdade ou autonomia contratual, liberdade de ensino e liberdade de trabalho).[72]

Efetivamente, da liberdade de ação, como fonte central, contida no art. 5º, *caput*, da CF/1988, decorrem diversas liberdades públicas, as quais, indubitavelmente, consubstanciam direitos fundamentais do cidadão.

Vale o alerta de que a expressão "liberdades públicas" utilizada neste estudo é compreendida em um conceito aberto, não restrito à liberdade individual, no sentido explicitado por Uadi Lammêgo Bulos:

> O termo *liberdades públicas* é suscetível de críticas. Apenas convém ser usado no sentido genérico, como um dos componentes integrantes da noção de *direitos fundamentais do homem*. Nesse sentido, a expressão *deve* ser empregada, não havendo nenhum problema de ser utilizada.
>
> Mas, como termo isolado, sem vir empregado no sentido de um dos componentes integrantes da noção de direitos fundamentais do homem, a terminologia é insuficiente e pobre de conteúdo. A expressão *liberdades públicas*, aceita pelos autores franceses e usada indiscriminadamente entre nós, é limitada porque abarca, unicamente, os direitos individuais clássicos e os direitos políticos, deixando de fora os direitos coletivos, difusos, indi-

---

[71] Ibidem, loc. cit.
[72] Ibidem, p. 237.

viduais homogêneos, sociais e econômicos. O termo, *numa acepção restrita*, prestigia a perspectiva clássico-individualista dos direitos humanos, retomando a ideia ultrapassada de direitos públicos subjetivos. Nesse passo, renega os *direitos metaindividuais*, como os coletivos e os difusos, e os individuais homogêneos. Estas categorias do gênero interesse têm marcado presença nas sociedades de massa, refletindo em diversos ordenamentos constitucionais e legislações afins. Veja-se o exemplo brasileiro, com um manancial expressivo de leis inovadoras, *v.g.*, o Código de Defesa do Consumidor, exigindo uma mudança de mentalidade em relação aos institutos e instituições que estão em descompasso com a realidade emergente dos fatos e os respectivos valores que os informam. Contudo, vale repetir, o termo *liberdades públicas*, se tomado, em sua dimensão ampla, como um dos componentes integrantes da *noção de direitos fundamentais do homem*, pode e *deve* ser empregado, não havendo nenhum problema de sua utilização, porque, nessa hipótese, compreende, a um só tempo, tanto os direitos individuais clássicos, os direitos políticos, quanto os coletivos, os difusos, os individuais homogêneos, os sociais e os econômicos.[73]

Nessa perspectiva, é possível afirmar que a liberdade de ação e as demais formas ou expressões de liberdades, tal como a liberdade religiosa, consistem em um direito fundamental do homem, ou até mesmo em um direito humano.

Relevante considerar a diferença estabelecida entre direito fundamental do homem e direito humano, ao menos para fins didáticos, o que não se mostra pacífico entre a doutrina, considerando que parte desta considera as expressões com significado idêntico.

É possível afirmar que o ponto diferencial se consubstancia em que direitos humanos são previstos na esfera internacional, por meio de tratados e outros, enquanto os direitos fundamentais são considerados quando absorvidos e previstos pelo ordenamento constitucional de determinado país.

No mesmo sentido, Flávio Martins Alves Nunes Júnior:

> Podemos afirmar que *direitos humanos* são os direitos previstos em tratados e demais documentos internacionais, que resguardam a pessoa humana de uma série de ingerências que podem ser praticadas pelo Estado ou por

---

[73] BULOS, Uadi Lammêgo. **Constituição Federal anotada**. São Paulo: Saraiva, 2015, p. 91.

outras pessoas, bem como obrigam o Estado a realizar prestações mínimas que assegurem a todos existência digna (direitos sociais, econômicos, sociais, culturais). Ainda que não incorporados ao ordenamento jurídico de um país, são tidos como *direitos humanos*, e são capazes de influenciar o Direito Constitucional de todos os lugares, sobretudo em razão do transconstitucionalismo [...]. Em resumo, *direitos humanos* são os direitos previstos em tratados e outros documentos internacionais, ainda que não incorporados ao ordenamento jurídico de um país.[74]

2.2. Dos direitos fundamentais: pressupostos e dimensões. O direito fundamental à convivência harmônica multirracial e religiosa

Direitos fundamentais são aqueles direitos contemplados pela ordem constitucional de um país, os quais, direta ou indiretamente, asseguram dignidade ao cidadão, resguardados, ainda, por garantias que viabilizam o respectivo exercício.

Paulo Bonavides, de forma oportuna, pondera acerca de uma linha evolutiva dos direitos fundamentais, que requer um olhar interpretativo diferenciado:

> Toda interpretação dos direitos fundamentais vincula-se, de necessidade, a uma teoria dos direitos fundamentais; esta, por sua vez, a uma teoria da Constituição, e ambas – a teoria dos direitos fundamentais e a teoria da Constituição – a uma indeclinável concepção do Estado, da Constituição e da cidadania, consubstanciando uma ideologia, sem a qual aquelas doutrinas, em sentido político, jurídico e social mais profundo, ficariam de todo ininteligíveis. De tal concepção brota a contextura teórica que faz a legitimidade da Constituição e dos direitos fundamentais, traduzida numa tábua de valores, os valores da ordem democrática do Estado de Direito onde jaz a eficácia das regras constitucionais e repousa a estabilidade de princípios do ordenamento jurídico, regido por uma teoria material da Constituição.[75]

No contexto do constitucionalismo moderno, Jorge Miranda aponta o sentido e os pressupostos inerentes aos direitos fundamentais:

---

[74] NUNES JÚNIOR, Flávio Martins Alves. **Curso de direito constitucional**. São Paulo: Revista dos Tribunais, 2017, p. 727.

[75] BONAVIDES, Paulo. **Curso de direito constitucional**. 35. ed. São Paulo: Malheiros Editores, 2020, p. 612.

Em primeiro lugar, não há verdadeiros direitos fundamentais sem que as pessoas estejam em relação imediata com o poder político, beneficiando de um estatuto comum e não separadas em razão dos grupos ou das instituições a que pertençam. Não há direitos fundamentais sem Estado ou, pelo menos, sem comunidade política integrada; não há direitos fundamentais sem Estado que os respeite e os proveja.

Em segundo lugar, não há direitos fundamentais sem reconhecimento de uma esfera própria de autonomia das pessoas frente ao poder, não absorvendo este a sociedade em que eles se movem. Não existem em regime políticos totalitários.

Em terceiro lugar, não há direitos fundamentais sem Constituição – sem a Constituição do constitucionalismo moderno iniciado no século XVIII, a Constituição enquanto fundação ou refundação do ordenamento jurídico estatal e incindível de um poder constituinte, a Constituição como sistematização racionalizadora das normas estatutárias de poder e da comunidade; a Constituição como lei, mesmo se acompanhada de fontes consuetudinárias e jurisprudenciais.[76]

Importante caminho, ainda, para a devida delimitação dos direitos fundamentais seria catalogar os atributos que os tipificam, como afirmam Luiz Alberto David Araujo e Vidal Serrano Nunes Júnior:

É imperiosa, dessarte, a enumeração dessas características, mesmo porque a partir delas torna-se possível a identificação de direitos fundamentais dispersos no texto constitucional, vale dizer, toda vez que um direito, ainda que alojado fora do Título II da Constituição Federal, reunir essas características será considerado como fundamental e, desta feita, submisso ao mesmo regime jurídico.[77]

As características dos direitos fundamentais, de acordo com os autores – o que se adota por revelar valor didático –, seriam: (i) historicidade, como resultado de um processo evolutivo; (ii) autogeneratividade, como elementos fundantes das Constituições dos países; (iii) universalidade, por serem destinados ao ser gênero ser humano, sem restrição;

---

[76] MIRANDA, Jorge. **Direitos fundamentais**. Coimbra: Almedina, 2017, p. 12.
[77] ARAUJO, Luiz Alberto David; NUNES JÚNIOR, Vidal Serrano. **Curso de direito constitucional**. 23. ed. Santana de Parnaíba (SP): Manole, 2021, p. 145.

(iv) limitabilidade, ou seja, não são absolutos, mas limitáveis; (v) irrenunciabilidade, ou seja, não podem ser objeto de renúncia; e (vi) concorrência, por admitirem cumulatividade.[78]

No tocante à historicidade, Bodo Pieroth e Bernhard Schlink nos lembram que os direitos fundamentais estão sujeitos a mudanças:

> Os direitos fundamentais são, enquanto parte do direito público e do direito constitucional, direito político e estão sujeitos à mudança das ordens políticas. Mas os direitos fundamentais são também, simultaneamente, uma resposta à questão fundamental invariável da relação entre liberdade individual e a ordem política.[79]

Ademais, no que diz respeito ao conceito de direitos fundamentais, afirmam que a evolução histórica reconhece duas linhas:

> [...] por um lado, os direitos fundamentais são entendidos como direitos (humanos) do indivíduo *anteriores ao Estado*; a liberdade e a igualdade dos indivíduos são condições legitimadoras da origem do Estado, e os direitos à liberdade e à igualdade vinculam e limitam o exercício do poder do Estado. Por outro lado, na evolução alemã, também se entendem como fundamentais os direitos que cabem ao indivíduo não já como ser humano, mas apenas enquanto membro do Estado, direitos que não são anteriores ao Estado, mas que só são *outorgados pelo Estado*. Porém, também aqui os direitos fundamentais são direito individual e, por via da autovinculação, produz-se um compromisso do exercício do poder do Estado sobre os direitos fundamentais: as ingerências na liberdade e na propriedade carecem de lei para a sua justificação.
>
> O que é comum, assim como o que distingue as duas linhas, pode-se definir ainda com mais precisão: dado que também a ideia jurídico-natural de uma liberdade e igualdade anteriores à sociedade e ao Estado não ignora que o ser humano não pode viver sem sociedade e sem Estado, também ela, com a "anterioridade" dos direitos fundamentais, se refere à necessidade de fundamentação jurídica da sua limitação. Anterior ao Estado é, nos direitos fundamentais ("direito natural positivado"), o fato de seu exercício

---

[78] Ibidem, p. 146-152.
[79] PIEROTH, Bodo; SCHLINK, Bernhard. **Direitos fundamentais**. Tradução António Francisco de Souza e António Franco. São Paulo: Saraiva Educação, 2019, p. 39.

não necessitar de justificação em face do Estado e de, pelo contrário, ser o Estado a ter de justificar a sua limitação dos direitos fundamentais. [...].[80]

Ao final do raciocínio, contemplam os autores um "conceito ordinário de direitos humanos: são direitos do indivíduo e vinculam o Estado. A sua particularidade relativamente a outros direitos subjetivos reside na sua categoria constitucional. Exigem justificação ao Estado e são-lhe a este respeito anteriores".[81]

A perspectiva histórica dos direitos fundamentais guarda, efetivamente, grande importância, e estes decorrem de um processo que está sempre em movimento, sendo possível constatar uma ligação com o constitucionalismo, desde que possuam a mesma gênese, de limitação e controle do poder do Estado.

E, de acordo com Flávio Martins Alves Nunes Júnior, constitucionalismo

> é o movimento social, político e jurídico, cujo principal objetivo é limitar o poder do Estado por meio de uma Constituição.
>
> É um **movimento social**, pois resultou na soma de uma série de movimentos sociais historicamente relevantes, buscando a limitação do poder do Estado e o reconhecimento de direitos fundamentais. Exemplo máximo de tal característica é a Revolução Francesa, que originou o Constitucionalismo Francês, com a posterior abolição de várias instituições e a queda do paradigma do Estado absolutista no *Ancien Régime*. Em Portugal, a primeira Constituição decorreu de movimentos sociais como a Revolução do Porto de 1820, que contou com amplo apoio popular.
>
> É um **movimento político**. Foram necessários acordos e negociações políticas no intuito de limitação do poder estatal e organização do Estado por meio de uma Constituição, como se verifica, por exemplo, no movimento constitucional norte-americano, bem como na outorga da *Magna Charta Libertatum*, de 1215.
>
> Por fim, é um **movimento jurídico**, consistente na construção de teorias, desde a busca inicial pela força normativa da Constituição, capaz de alterar a realidade e limitar o poder estatal, até as teorias jurídicas mais modernas. Como disse André Ramos Tavares, "o aspecto jurídico releva-se

---

[80] Ibidem, p. 50.
[81] Ibidem, p. 51.

pela pregação de um sistema dotado de um corpo normativo máximo, que se encontra acima dos próprios governantes – a Constituição".[82]

Decorre justamente da evolução dos direitos humanos a catalogação em dimensões, cuja origem classificatória se deu por obra do jurista Karel Vasak, que identificou o termo e a existência do que denominava três gerações de direitos fundamentais, tendo por base os princípios da Revolução Francesa – liberdade, igualdade e fraternidade –, representativos da primeira, segunda e terceira gerações, também idealizadas e propagadas por Norberto Bobbio.[83]

Atualmente se adota o vocábulo "dimensão", que melhor retrata a evolução dos direitos fundamentais, visto que "geração" daria uma ideia equivocada de substituição de uma geração por outra, enquanto na verdade o que ocorre é um processo de agregação. Jorge Miranda, em tal sentido, aponta que o termo "geração" "afigura-se enganador por sugerir uma sucessão de categorias de direitos, umas substituindo-se às outras – quando, pelo contrário, o que se verifica ou deve verificar-se é um enriquecimento crescente em resposta às novas exigências das pessoas e das sociedades".[84]

Pérez Luño, de sua parte, faz um paralelo simétrico entre a evolução das formas de Estado de Direito e os direitos fundamentais. A partir do enfoque da "dimensão triádica do Estado de Direito", aloca as correlativas gerações de direitos fundamentais. Assim, as três gerações de direitos fundamentais, que foram evoluindo, correspondem às três gerações de Estados de Direito: o Estado liberal representa a primeira geração dos direitos fundamentais, representativos das "liberdades de signo individual"; o Estado social seria concernente aos direitos econômicos, sociais e culturais, direitos civis e políticos, que denomina "signo individual"; nele, haveria uma representação dos direitos fundamentais de segunda geração, relativos aos direitos econômicos, sociais e culturais (direitos de igualdade); finalmente, no Estado constitucional, via-

---

[82] NUNES JÚNIOR, Flávio Martins Alves. **Curso de direito constitucional**. São Paulo: Revista dos Tribunais, 2017, p. 33.
[83] VASAK, Karel. **The International Dimensions of Human Rights**. Paris: Greenwood Press, 1982. Apud BOBBIO, Norberto. **A era dos direitos**. Rio de Janeiro: Elsevier, 2004.
[84] MIRANDA, Jorge. **Direitos fundamentais**. 2. ed. Coimbra: Almedina, 2017, p. 28-29.

bilizam-se os direitos fundamentais de terceira geração, com tendência mais universalista:

> Dentre as transformações mais diretamente implicadas nesta transformação do Estado de Direito até sua forma constitucional, assume caráter relevante o papel dos direitos e garantias fundamentais que operam em seu centro. Um dos traços informadores dos Estados constitucionais de Direito no presente é o fenômeno da "supraestatalidade normativa". Tal fenômeno supõe a adoção de valores, princípios ou regras jurídicas comuns no âmbito de ordenamentos diferentes, por efeito de certos atos de aceitação da estrutura normativa de determinadas organizações internacionais ou supranacionais, ou melhor, o reconhecimento implícito de valores ou normas jurídicas fora da área em que inicialmente foram promulgadas, a partir de sua vocação ou virtualidade global. Os valores próprios do Estado constitucional possuem, portanto, uma inequívoca vocação universalista e cosmopolita.[85]

Salienta o autor, em ponto que merece destaque, existir uma transformação do sistema de direitos fundamentais no Estado constitucional, merecendo a visão tradicional do ordenamento jurídico, estabelecida de forma hierarquizada, com base nos postulados kelsenianos de unidade, plenitude e coerência, um deslocamento da unidade ao pluralismo, com abertura do sistema constitucional. Do ponto de vista do autor, a visão hierarquizada do ordenamento jurídico como pirâmide reclama, atualmente, uma simbolização mais próxima de uma abóbada:

> A morfologia do ordenamento jurídico, deduzida da concepção kelseniana, evocava a imagem de uma pirâmide ou estrutura piramidal, cujo vértice estava constituído pela *Grundnorm*. Frente a essa representação, o atual significado dos sistemas jurídicos reclama uma simbolização que se aproxima mais a uma abóbada do que a uma *pirâmide*. Essa estrutura de abóbada implica a confluência, invólucro ou interação de um conjunto de arcos ou círculos esféricos, que fecham o espaço compreendido entre muros ou colunas. Os atuais deslocamentos da unidade ao pluralismo, da plenitude à abertura jurisdicional e da coerência à argumentação, a cujas análises realiza-

---

[85] LUÑO, Antonio Enrique Pérez. **Perspectivas e tendências atuais do estado constitucional**. Tradução José Luis Bolzan de Morais e Valéria Ribas do Nascimento. Porto Alegre: Livraria do Advogado, 2012, p. 10.

ram-se *supra*, na esfera do sistema de liberdades, induzem e demonstram esse novo enfoque.[86]

Os direitos fundamentais são espelhados em decorrência de fatos, mudanças e conquistas históricas, que se alteram de forma dinâmica e acompanham a própria evolução da sociedade, com a integração de novas tecnologias, demandas e necessidades do ser humano. Tal fenômeno se intensificou com o processo de globalização, especialmente a partir do século XX, quando as relações sociais, econômicas e culturais estabelecidas entre diversos países passaram a apresentar questões intrincadas.

Alguns autores destacam a existência de outras dimensões, como Paulo Bonavides, que reconhece uma quarta dimensão, que abordaria o direito à democracia, o direito à informação e ao pluralismo e o direito à informação: "São direitos da quarta geração o direito à democracia, o direito à informação e o direito ao pluralismo. Deles depende a concretização da sociedade aberta do futuro, em sua dimensão de máxima universalidade, para a qual parece o mundo inclinar-se no plano de todas as relações de convivência",[87] e já idealiza direitos de quinta geração, revelados pelo direito à paz.[88]

O mundo atual tem uma série de desafios no tocante aos direitos fundamentais e à sua efetividade diante de tantas transformações sociais, tecnológicas e culturais. Como consagrar o direito à igualdade e evitar as discriminações que são perpetradas, por exemplo, em relação aos migrantes e refugiados? São instigações que decorrem de guerras, desastres ambientais, crises sanitárias ou exclusões sociais, por orientações de origem étnica, de gênero ou orientação religiosa, que acabam por revelar a fragilidade das minorias.

Essas questões merecem um olhar diferenciado, com nova etapa de evolução dos direitos fundamentais, a fim de resguardar a dignidade, em ampla acepção, o que inclui a seara religiosa.

Nesse sentido, vale apontar as palavras de Christine Santini:

---

[86] Ibidem, p. 37.
[87] BONAVIDES, Paulo. **Curso de direito constitucional**. 35. ed. São Paulo: Malheiros Editores, 2020, p. 586.
[88] Ibidem, p. 594-608. Foi o tema, ainda, incluído pelo autor como objeto de conferência em Curitiba – 9º Congresso Ibero-Americano de Direito Constitucional.

Em suma, cabe aos legisladores e aos operadores do Direito a defesa da dignidade dos indivíduos, para que, paulatinamente o intercâmbio de experiências e ideias culturais e religiosas gere uma sociedade mais aberta e harmoniosa, a despeito das diferenças, que passarão a ser vistas como oportunidade de crescimento, e não mais como obstáculos a serem destruídos. E tais sociedades serão o celeiro da criação de normas jurídicas cada vez mais integrativas, que afirmem a importância da convivência multirracial e religiosa para o próprio desenvolvimento dos indivíduos.

Essa é a única solução viável para a humanidade e para o florescimento cultural e econômico de todas as nações, que, em última análise, é o desejo de todos os indivíduos, independentemente de suas raças, religiões. A criação de normas jurídicas de exclusão só serve aos interesses de grupos radicais, que verão na situação uma oportunidade de recrudescer suas posições beligerantes. Somente o intercâmbio de experiências gera entendimento e faz esmorecer a pregação radical de que a eliminação é necessária.

Se ao legislador é imposto tal dever em sociedades democráticas, aos operadores do Direito cabe a responsabilidade de lidar com o ordenamento jurídico de forma a preservar os direitos fundamentais, tanto individuais, quanto sociais, dentre os quais a liberdade religiosa como corolário da manutenção da dignidade humana. [...].[89]

Há direitos fundamentais, portanto, de diversas dimensões, consistindo os direitos à democracia e ao pluralismo direitos de quarta dimensão, a incluir nessa categoria o direito fundamental à convivência harmônica multirracial e religiosa.

2.3. Religião e conceito no Estado Moderno. Liberdade religiosa e direito fundamental: múltiplos direitos e dimensões

A palavra "religião", do latim *religio*, significa religar, mas há controvérsias no tocante à derivação, se adviria de *relegere* (reler), *religare* (religar), *religere* (reeleger), *relinquere* (deixar para trás) ou de outro termo.[90] A ori-

---

[89] SANTINI, Christine. Liberdade religiosa e dignidade humana. *In*: PINTO, Eduardo Vera-Cruz *et al.* (coord.). **Refugiados, imigrantes e igualdade dos povos**. São Paulo: Quartier Latin, 2017, p. 445.

[90] RELIGIÃO. *In*: *Dicionário Etimológico*. Disponível em: https://www.dicionarioetimologico.com.br/religiao/ Acesso em: 20 jdez 2022.

gem mais utilizada para o vocábulo parece ser mesmo *religio* no sentido de religar.

Maria Garcia retrata o conflito no tocante à etimologia do termo:

> Religião, etimologicamente significa provavelmente "obrigação", mas segundo Cícero, derivaria de *relegere*: "Aqueles que cumpriam cuidadosamente todos os atos do culto divino e, por assim dizer, os reliam atentamente foram chamados de *religiosos*". Para Lactâncio e Agostinho, porém, essa palavra deriva de *religare*.[91]

O fato é que, além de pairarem dúvidas acerca da origem ou derivação do termo, há grande complexidade na formulação de um conceito de religião, sendo o primeiro obstáculo a questão de considerar a existência de múltiplas crenças, sob pena de ferir o pluralismo religioso, elemento essencial a um Estado laico e democrático.

De um ponto de vista mais corrente, religião pode ser conceituada como o "conjunto de crenças e visões de mundo que formam as noções de espiritualidade do ser humano".[92]

A religião retrata um fenômeno social, que mostra sinais de existência desde as eras do Paleolítico, muito embora não se possa afirmar exatamente quando se deu o início de sua prática,[93] mas, por certo, ela envolve a adoração e crença a algo sobrenatural, a um Deus ou outros dogmas, como também a realização de rituais ou cerimônias.

Há apontamentos de um conceito amplo de religião, com acepção de ordem liberal ou antiliberal. A corrente liberal teria por fundamento a autonomia individual, baseada no direito de escolha, que envolveria, inclusive, não crentes, como ateus e agnósticos. Nesse sentido, relatam Valerio de Oliveira Mazzuoli e Aldir Guedes Soriano:

---

[91] GARCIA, Maria. A Constituição e o ensino religioso nas escolas públicas. *In*: MAZZUOLI, Valerio de Oliveira; SORIANO, Aldir Guedes (coord.). **Direito à liberdade religiosa**: desafios e perspectivas para o século XXI. Belo Horizonte: Fórum, 2009, p. 236.

[92] NEVES, Daniel. Religião. **Brasil Escola**. Disponível em: https://monografias.brasilescola.uol.com.br/religiao#: ~:text=Religi%C3%A3o%20pode%20ser%20definida%20como,mundo%20s%C3%A3o%20cristianismo%20e%20islamismo. Acesso em: 24 jun. 2021.

[93] HAWKINS, John. **A história das religiões**. São Paulo: M. Books do Brasil, 2018. Introdução.

2. LIBERDADES PÚBLICAS E LIBERDADE RELIGIOSA NA CONSTITUIÇÃO FEDERAL BRASILEIRA

Segundo John Garvey, a concepção liberal seria agnóstica e compreenderia, por conseguinte, amplo conceito de religião, ao ponto de considerar a postura ateia como religiosa. Entretanto, cumpre assinalar que essa concepção, chamada de agnóstica, amplia a liberdade religiosa alcançando tanto crentes quanto não crentes (ateus e agnósticos). Em outras palavras, protege tanto a religião quanto a irreligião. A concepção liberal, contudo, não representa ruptura com a religião, embora tenha adotado ponto de vista racional do direito natural. O pensamento liberal fundamenta o direito à liberdade religiosa no direito de escolha (autonomia individual), que a religião cristã denomina de livre-arbítrio. Nesse sentido, a concepção liberal não poderia ser classificada de agnóstica.[94]

Já os defensores da corrente antiliberal apresentam uma concepção de liberdade religiosa com base na ideia de que a religião é um bem, o que suscita questionamentos e um possível estreitamento do direito de escolha, como explicitam, mais uma vez, Valerio de Oliveira Mazzuoli e Aldir Guedes Soriano:

> Como se pode perceber, essa concepção antiliberal da liberdade religiosa acabaria por restringir o direito de escolha do cidadão.
> Ao definir o que é religião, o Estado acabaria por adotar uma religião oficial. A pessoa humana não seria totalmente livre para escolher, pois estaria condicionada aos padrões preestabelecidos e em conformidade com uma única concepção moral do bem. Ora, tal pensamento ressuscita a concepção metafísica da liberdade religiosa, que restringe a liberdade humana muito além do razoável ao passo que impede a faculdade de escolher. Na verdade, a concepção antiliberal de liberdade religiosa representa um retorno ao Estado confessional ou ao conceito religioso de liberdade religiosa (*libertas ecclesiae*). Portanto, a corrente antiliberal vem de encontro ao pluralismo, à diversidade religiosa e à liberdade religiosa para todas as religiões e confissões religiosas, em condições de igualdade.[95]

---

[94] MAZZUOLI, Valerio de Oliveira; SORIANO, Aldir Guedes (coord.). **Direito à liberdade religiosa:** desafios e perspectivas para o século XXI. Belo Horizonte: Fórum, 2009, p. 29.
[95] MAZZUOLI, Valerio de Oliveira; SORIANO, Aldir Guedes (coord.). **Direito à liberdade religiosa:** desafios e perspectivas para o século XXI. Belo Horizonte: Fórum, 2009, p. 30-31.

O contorno do conceito de religião no Brasil, no qual se verifica uma pluralidade de crenças[96] e adoção expressa e constitucional de um Estado laico, deve ser considerado de forma ampla, aliás, essa concepção mais moderna deve ser considerada de forma geral, a contemplar todas as doutrinas e credos, inclusive o ateísmo e o próprio agnosticismo.[97]

Logo, a religião pode ser definida como fenômeno social por meio do qual o cidadão desenvolve a fé, suas crenças ou dogmas, de acordo com a vontade e cultura de cada qual, abstém-se ou não tem nenhum desígnio de transcendência.

A CF/1988, através do artigo 19, consagra, enquanto Estado Democrático e laico, o direito à liberdade religiosa, a tornar viável a convivência pacífica e o sincretismo religioso existente no País:

> Art. 19. É vedado à União, aos Estados, ao Distrito Federal e aos Municípios:
> I – estabelecer cultos religiosos ou igrejas, subvencioná-los, embaraçar-lhes o funcionamento ou manter com eles ou seus representantes relações de dependência ou aliança, ressalvada, na forma da lei, a colaboração de interesse público;
> II – recusar fé aos documentos públicos;
> III – criar distinções entre brasileiros ou preferências entre si.

Já o art. 5º, VI, da CF/1988 assegura fazer parte do rol de direitos fundamentais a liberdade de crença e consciência:

> Art. 5º Todos são iguais perante a lei, sem distinção de qualquer natureza, garantindo-se aos brasileiros e aos estrangeiros residentes no País a inviolabilidade do direito à vida, à liberdade, à igualdade, à segurança e à propriedade, nos termos seguintes:
> [...]

---

[96] Ver dados a respeito da diversidade de religiões em: INSTITUTO BRASILEIRO DE GEOGRAFIA E ESTATÍSTICA (IBGE). **Censo Demográfico 2010**. Características gerais da população, religião e pessoas com deficiência. Disponível em: **https://biblioteca.ibge.gov.br/visualizacao/periodicos/94/cd_2010_religiao_deficien cia.pdf**. Acesso em: 14 jul. 2021.

[97] Atualmente, há inúmeros países que adotam a laicidade, tal como Estados Unidos, Japão, Canadá, Áustria e África do Sul.

2. LIBERDADES PÚBLICAS E LIBERDADE RELIGIOSA NA CONSTITUIÇÃO FEDERAL BRASILEIRA

VI – é inviolável a liberdade de consciência e de crença, sendo assegurado o livre exercício dos cultos religiosos e garantida, na forma da lei, a proteção aos locais de culto e a suas liturgias;

O Estado laico ou secular, por sua vez, é aquele que não adota religião oficial e que se mantém neutro em relação às crenças religiosas, havendo clara separação entre Estado e Igreja. Tem por característica, ainda, não demandar nenhuma forma de apoio ou reprimenda a determinada religião, além de respeitar aqueles que não têm crença.

Importante pontuar que a possibilidade do exercício de várias crenças por si só não representa um Estado laico e neutro. Devem existir a liberdade e a igualdade, de forma plena, para o exercício das diversas religiões, sem que o Estado adote uma religião oficial.

Embora existam outros tipos de Estado, tal como o Estado confessional, que adota uma religião oficial, ou o teocrático, governado com base em uma religião determinada, é o Estado laico típico de sociedades pluralistas e democráticas.

O Estado laico passou a ser configurado como instrumento idealizador da separação entre Igreja e Estado a partir da Revolução Francesa (1789-1799), quando então começou a ser incluído em várias declarações de direitos, tais como a Declaração Universal dos Direitos Humanos, de 1948, o Pacto Internacional dos Direitos Econômicos, Sociais e Culturais, de 1966, e a Declaração sobre eliminação de todas as formas de intolerância e discriminação fundadas na religião ou nas convicções, proclamada pela Assembleia Geral das Nações Unidas, de 1981 (Resolução 36/55).

No Brasil, foi a partir da Constituição Federal de 1891 que ficou sedimentada de forma expressa a separação entre Estado e Igreja, consoante destaca Patrícia Elias Cozzolino de Oliveira: "Para a liberdade de religião no Brasil, a Constituição de 1891 foi um marco importante, pois originou o Estado Laico e reconheceu-a expressamente como direito individual".[98]

A mesma autora relembra que na era das Ordenações que regulavam o Brasil-Colônia existiam normas que criminalizavam condutas contrá-

---

[98] DE OLIVEIRA, Patrícia Elias Cozzolino. **A proteção constitucional e internacional do direito à liberdade de religião**. São Paulo: Verbatim, 2010, p. 20.

rias ao catolicismo e a heresia, e que na Constituição de 1824, embora mantida a união entre Estado e religião, já havia certa atenuação da intolerância religiosa. Nesse sentido, era "permitido o culto doméstico de religião diversa da eleita pelo Estado, proibindo, contudo, qualquer forma exterior de manifestação de religião diversa da estatal".[99]

Mas foi com a CF/1988 que houve o reconhecimento expresso não só da laicidade, mas da liberdade religiosa como direito fundamental do cidadão, com alguns autores entendendo se tratar de uma liberdade primária, conforme contribuição que nos traz Ingo Wolfgang Sarlet:

> As liberdades de consciência, de crença e de culto, as duas últimas usualmente abrangidas pela expressão genérica "liberdade religiosa", constituem uma das mais antigas e fortes reinvindicações do indivíduo, e, levando em conta o seu caráter sensível e mesmo a sua exploração política, sem falar nas perseguições e mesmo atrocidades cometidas em nome da religião e por conta da intolerância religiosa ao longo dos tempos, a liberdade religiosa foi uma das primeiras liberdades asseguradas nas declarações de direitos e a alcançar a condição de direito humano e fundamental consagrado na esfera do direito internacional dos direitos humanos e nos catálogos constitucionais de direitos. Não é à toa que um ator do porte de um Georg Jellinek, em famoso estudo sobre a origem da Declaração dos Direitos do Homem e do Cidadão (1789), chegou a sustentar que a liberdade religiosa, especialmente tal como reconhecida nas declarações de direitos das ex-colônias inglesas na América do Norte, foi a primeira expressão da ideia de um direito universal e fundamental da pessoa humana. Independentemente da posição de Jellinek estar, ou não, correta em toda sua extensão, o fato é que a proteção das opiniões e cultos de expressão religiosa, que guarda direta relação com a espiritualidade e o modo de conduzir a vida dos indivíduos e mesmo de comunidades inteiras, sempre esteve na pauta preferencial das agendas nacionais e supranacionais em matéria de direitos humanos e fundamentais.[100]

---

[99] DE OLIVEIRA, Patrícia Elias Cozzolino. **A proteção constitucional e internacional do direito à liberdade de religião.** São Paulo: Verbatim, 2010, p. 15.
[100] SARLET, Ingo Wolfgang; MARINONI, Luiz Guilherme; MITIDIERO, Daniel. **Curso de direito constitucional.** 2. ed. São Paulo: Revista dos Tribunais, 2013, p. 471.

2. LIBERDADES PÚBLICAS E LIBERDADE RELIGIOSA NA CONSTITUIÇÃO FEDERAL BRASILEIRA

Enquanto direito fundamental, a liberdade religiosa, de acordo com André Ramos Tavares, comporta diferenciadas extensões:

> A assim denominada liberdade religiosa, enquanto direito fundamental, há de incluir a liberdade: i) de opção em valores transcendentais (ou não); ii) de crença nesse sistema de valores; iii) de seguir dogmas baseados na fé e não na racionalidade estrita; iv) da liturgia (cerimonial), o que pressupõe a dimensão coletiva da liberdade; v) do culto propriamente dito, o que inclui um aspecto individual; vi) dos locais de prática do culto; vii) de não ser o indivíduo inquirido pelo Estado sobre suas convicções; viii) de não ser o indivíduo prejudicado, de qualquer forma, nas suas relações com o Estado, em virtude de sua crença declarada.[101]

Em tal sentir, a liberdade religiosa requer a proteção igualitária das diversas formas e manifestações, sendo a postura neutra do Estado essencial a aplacar as posturas de intolerância.

Dessa feita, o Brasil adota conceito amplo de liberdades públicas como direitos fundamentais do cidadão, a incluir várias espécies expressamente asseguradas pelo texto constitucional, entre elas o direito à liberdade de religião.

Importa, agora, entender a extensão de tais significados.

Fica clara a separação existente entre Estado e igrejas ou crenças, quaisquer que sejam as religiões, por meio da adoção do Estado laico e democrático.

Nesse contexto, o cidadão tem a liberdade de escolher sua própria religião ou até mesmo de não acreditar em nenhuma crença (ateu ou agnóstico).

Geraldo Miniuci, no tocante à liberdade de crença, visualiza dois elementos, a crença em si e a conduta, como dimensão exterior:

> De modo geral, pode-se dizer que a liberdade de crença é composta por dois elementos: a crença em si e a conduta religiosa. Há uma dimensão interior, em que o sujeito desse direito, seja mediante conversão, seja reiterando a educação recebida da família, assume como válido um sistema de cren-

---

[101] TAVARES, André Ramos. Religião e neutralidade do Estado. *In*: MAZZUOLI, Valerio de Oliveira; SORIANO, Aldir Guedes (coord.). **Direito à liberdade religiosa**: desafios e perspectivas para o século XXI. Belo Horizonte: Fórum, 2009, p. 55.

ças qualquer; e há uma dimensão exterior, em que o titular do direito apresenta-se para os demais integrantes da sociedade agindo de acordo com as prescrições do sistema escolhido. Em outras palavras, a liberdade de crença é formada tanto pelo direito de abraçar uma crença (por exemplo: judaísmo, catolicismo ou islamismo) como pelo direito de seguir normas religiosas dessa crença (por exemplo: usar quipá, carregar a cruz, vestir o véu).[102]

Contudo, parece mais acertado o entendimento de José Afonso da Silva, de que a liberdade religiosa compreende três formas de expressão: a liberdade de crença, em que "entra a liberdade de escolha da religião, a liberdade (ou o direito) de mudar de religião, mas também compreende a liberdade de não aderir a religião alguma, assim como a liberdade de descrença, a liberdade de ser ateu e de exprimir o agnosticismo"; a liberdade de culto, a partir da exteriorização de cerimônias e ritos, com a devida proteção aos locais de cultos; e a liberdade de organização religiosa.[103]

Adotada essa premissa, verifica-se que o direito à liberdade de religião envolve múltiplos direitos, podendo configurar direitos fundamentais de primeira, segunda ou outras dimensões.

Pode configurar uma manifestação individual, com caráter negativo, a exigir a abstenção do Estado, de não intervenção no tocante ao exercício de crença ou de livre expressão desta, sendo considerada em tal situação, como reconhece Patrícia Elias Cozzolino de Oliveira, um direito de primeira dimensão.[104]

Mas pode também configurar um direito fundamental de segunda geração, exigindo-se do Estado uma atividade para viabilizar e assegurar o cumprimento e salvaguardar o direito em todas as suas acepções, tal como para viabilizar uma organização e/ou manifestação de uma dada entidade religiosa.

---

[102] MINIUCI, Geraldo. Direito e religião ou as fronteiras entre o público e o privado. **Revista de Estudos Constitucionais, Hermenêutica e Teoria do Direito – RECHTD**, v. 112, n. 126, jul.-dez. 2010.

[103] SILVA, José Afonso da. **Curso de direito constitucional**. São Paulo: Malheiros Editores, 2019, p. 250.

[104] DE OLIVEIRA, Patrícia Elias Cozzolino. **A proteção constitucional e internacional do direito à liberdade de religião**. São Paulo: Verbatim, 2010, p. 11.

2. LIBERDADES PÚBLICAS E LIBERDADE RELIGIOSA NA CONSTITUIÇÃO FEDERAL BRASILEIRA

Configurando, ademais, direitos ligados à fraternidade, solidariedade ou à defesa de um patrimônio que pode ser considerado da humanidade, o direito à liberdade religiosa pode configurar um direito de terceira geração, tal como nas situações nas quais o Estado deva intervir para a resolução de incidentes que envolvam intolerância ou, ainda, para a proteção de religiões que retratem o patrimônio de determinada etnia, como indígena ou de origem afro-brasileira.

Finalmente, o direito à liberdade religiosa, concernente ao exercício de democracia em um mundo pluralista, deve propiciar a plena convivência harmônica multirracial e religiosa, o que caracteriza um direito de quarta geração.

Dessa feita, o direito à liberdade de religião envolve múltiplos direitos, que se consubstanciam em direitos fundamentais de primeira, segunda, terceira ou de quarta gerações, dependendo da perspectiva adotada.

Além disso, o direito à liberdade de religião, por ser um direito fundamental, de acordo com as características apontadas, é indisponível, mas não se trata de direito absoluto, podendo ser limitado quando da colisão ou do conflito com outros direitos fundamentais.

Havendo colisão, a resolução há que se concretizar por meio da ponderação. Em tal ponto, explana Guilherme Peña de Moraes:

> A relatividade informa a fenomenologia da colisão de direitos fundamentais, que deve ser solucionada na dimensão do peso, pelo mecanismo da ponderação, com a finalidade de obter a harmonização entre os direitos em conflito.
>
> Sob o ângulo do antecedente, a *colisão de direitos fundamentais* é bifurcada em colisão de direitos fundamentais em sentido estrito, hipótese em que o exercício fundamental conflita com o de outro, idêntico ou não, por parte de titular diverso, como, por exemplo, a liberdade artística, científica ou de comunicação – art. 5º, inc. IX – pode confrontar-se à vida privada, honra ou imagem – art. 5º, inc. X –, e colisão entre direitos fundamentais e outros valores constitucionais, hipótese em que o exercitamento de um direito fundamental conflita com a necessidade de preservação de bens jurídicos protegidos constitucionalmente, como, por exemplo, a propriedade – art. 5º, inc. XXII – pode contrastar-se ao patrimônio cultural – art. 216, § 1º, da CRFB, no caso de tombamento de coisas.

Sob o ângulo do consequente, a *restrição de direitos fundamen*tais é bipartida em restrição "por lei", procedida pelo legislador, em face da existência de reserva legal explícita, e restrição "com base em uma lei", promovida pelos intérpretes do texto constitucional, frente à inexistência de reserva legal expressa. As restrições não se confundem com a limitação, dado que aquelas são referentes ao exercício das faculdades inerentes ao conteúdo, ao passo que esta já integra o conteúdo do direito fundamental, seja para dizer até onde vai o direito fundamental (*positive Besschänkung*), seja para dizer até onde vêm ou podem vir as incursões dos outros (*negative Besschänkung*).[105]

O direito à liberdade religiosa configurará uma colisão quando houver um choque entre direitos fundamentais, ou seja, quando o exercício de um confrontar com o exercício fundamental de outro cidadão. Utilizando-se de critérios interpretativos e de ponderação, encontrar-se-á a resolução, a partir do que um direito prevalecerá sobre o outro, equacionando-se a colisão.[106]

---

[105] MORAES, Guilherme Peña de. **Curso de direito constitucional**. São Paulo: Atlas, 2017, p. 178.
[106] *Vide* tópico 3.2 do presente estudo.

3. LAICIDADE, LAICISMO E SECULARISMO

3.1. Estado laico no Brasil. Laicidade, laicismo e secularização
O Brasil, de acordo com os dispositivos constitucionais, é um Estado laico, o que se verifica especialmente em decorrência dos arts. 5º, VI, e 19, I, da CF/1988.[107]

A pedra de toque da laicidade se fixa na postura neutra do Estado em questões religiosas. No Brasil, a separação entre Estado e religião decorre expressamente da CF/1988, sendo vedado qualquer tipo de discriminação ou privilégios específicos a determinadas religiões.

Parte da doutrina e da sociedade, no entanto, polemiza a questão, sob o entendimento de que na prática não se revela efetivamente a laicidade no País, e questiona, por exemplo, a presença de símbolos religiosos em edifícios públicos ou a citação de Deus no Preâmbulo da CF/1988.

É preciso enfrentar o tema, perpassando por alguns conceitos. Importa dizer que Estado neutro não significa um Estado antirreligioso, a partir do que se deve pontuar a diferença entre laicidade, que se dá

---

[107] "Art. 5º Todos são iguais perante a lei, sem distinção de qualquer natureza, garantindo-se aos brasileiros e aos estrangeiros residentes no País a inviolabilidade do direito à vida, à liberdade, à igualdade, à segurança e à propriedade, nos termos seguintes: [...] VI – é inviolável a liberdade de consciência e de crença, sendo assegurado o livre exercício dos cultos religiosos e garantida, na forma da lei, a proteção aos locais de culto e a suas liturgias; [...]."
"Art. 19. É vedado à União, aos Estados, ao Distrito Federal e aos Municípios: I – estabelecer cultos religiosos ou igrejas, subvencioná-los, embaraçar-lhes o funcionamento ou manter com eles ou seus representantes relações de dependência ou aliança, ressalvada, na forma da lei, a colaboração de interesse público; II – recusar fé aos documentos públicos; III – criar distinções entre brasileiros ou preferências entre si."

em países que adotam uma postura neutra em relação às diversas religiões ou aos cidadãos agnósticos ou ateus, e laicismo, que ocorre quando a religião é vista de forma negativa:

> Com efeito, como bem pontua Jorge Miranda, há que distinguir entre laicidade e separação (no sentido de independência) entre Estado e Igreja (e comunidades religiosas em geral) de laicismo e de uma postura de menosprezo e desconsideração do fenômeno religioso (das religiões e das entidades religiosas) por parte do Estado, pois uma coisa é o Estado não professar nenhuma religião e não assumir fins religiosos, mantendo uma posição equidistante e neutra, outra coisa é assumir uma posição hostil em relação à religião e mesmo proibitiva da religiosidade.[108]

O Estado laico requer neutralidade e, se houver a adoção de uma postura ateísta, por exemplo, isso atentaria contra o princípio da laicidade, tal como esclarece Daniel Sarmento:

> a laicidade não significa a adoção pelo Estado de uma perspectiva ateísta ou refratária à religiosidade. Na verdade, o ateísmo, na sua negativa da existência de Deus, é também uma posição religiosa, que não pode ser privilegiada pelo Estado, em detrimento de qualquer outra cosmovisão. Pelo contrário, a laicidade impõe que o Estado se mantenha neutro em relação às diferentes concepções religiosas presentes na sociedade, sendo-lhe vedado tomar partido em questões de fé, bem como buscar o favorecimento ou embaraço de qualquer crença.[109]

Alerta, ainda, André Ramos Tavares que uma postura negativa da religião compromete a isenção do Estado:

> Antes, porém, cumpre registrar, ainda aqui, a distinção necessária entre *laicismo* e *laicidade*, porque há de se afastar aquele primeiro do sentido das discussões que seguem aqui. O laicismo significa um juízo de valor negativo, pelo Estado, em relação às posturas de fé. Baseado, historicamente, no

---

[108] SARLET, Ingo Wolfgang; MARINONI, Luiz Guilherme; MITIDIERO, Daniel. **Curso de direito constitucional**. 2. ed. São Paulo: Revista dos Tribunais, 2013, p. 478.
[109] SARMENTO, Daniel. O crucifixo nos tribunais e a laicidade do Estado. *In*: MAZZUOLI, Valerio de Oliveira; SORIANO, Aldir Guedes (coord.). **Direito à liberdade religiosa**: desafios e perspectivas para o século XXI. Belo Horizonte: Fórum, 2009, p. 211.

racionalismo e cientificismo, é hostil à liberdade de religião plena, às suas práticas amplas. A França, e seus recentes episódios de intolerância religiosa, pode ser aqui lembrada como exemplo mais evidente de um Estado que, longe de permitir e consagrar amplamente a liberdade de religião e o não comprometimento religioso do Estado, compromete-se, ao contrário, com uma postura de desvalorização da religião, tornando o Estado inimigo da religião, seja ela qual for. Já laicidade, como neutralidade, significa a isenção acima referida. Como ficou decidido no caso Everson v. Board of Education (U.S.1,18(1947)) pela Suprema Corte norte-americana: "Aquela Emenda requer do Estado que seja neutro em suas relações com grupos de crentes religiosos ou de não crentes; não requer que o Estado seja seu adversário. O tanto que o poder do Estado não deve ser utilizado de maneira a favorecer as religiões, não deve ser para ceifá-las".[110]

Pedro Salazar Ugarte destaca, nessa linha, que a diferença entre laicidade e laicismo foi introduzida pela própria Igreja Católica, o que seria explicado por refletir os ideais laicos e plurais que floresciam nesse período, esvaziando, por outro lado, posturas mais radicais:

> Según el Dizionario delle idee politiche, de Berti y Campanini, la distinción entre laico y laicista fue promovida por el papa Pío XII después de la Segunda Guerra Mundial. Al introducir la distinción, la Iglesia podía rechazar todas las posturas anticlericales y antirreligiosas –que serían englobadas en el concepto de "laicismo"– y, a la vez, aceptar las posiciones más moderadas, promotoras de la separación entre el Estado y las diferentes iglesias y del Estado tolerante protector de la libertad religiosa –que quedarían contenidas en la noción de "laicidad".[111]

Explicita, em continuidade, o autor, não existir, contudo, um olhar uniforme sobre os vocábulos:

> De esta manera, la propia Iglesia sentó las bases para una distinción que todavía utilizan algunos para descalificar a las posiciones laicas que adop-

---

[110] TAVARES, André Ramos. **Curso de direito constitucional**. 16. ed. São Paulo: Saraiva, 2018, p. 504.
[111] UGAR, Pedro Salazar. **La Laicidad: Antídoto Contra La Discriminación**. https://www.conapred.org.mx/documentos_cedoc/La%20laicidad_antidoto%20contra%20la%20discriminacion_Pedro%20Salazar.pdf

tan una postura crítica frente a la religión, y que otros – sobre todo estos últimos – rechazan, por considerarla falaz. Esta discusión reaparece de múltiples maneras y con diferentes perspectivas en varios de los ensayos de la Colección.[112]

Já Fábio Carvalho Leite anuncia que a laicidade no caso do Brasil surgiu a partir de uma matriz histórica cristã, tendo ficado, em seu surgimento, de certa forma a esse universo limitada:

> Assim, a liberdade religiosa, em sua matriz histórica, apresenta um traço limitado e limitante. Não foi concebida para um universo ecumênico tão amplo como o que a ideia de "religião" hoje compreende e nem se pode afirmar que estivesse preparada para tanto. Em decorrência, a liberdade religiosa acaba por se revestir de um caráter excludente a determinadas crenças em algumas situações. Ao lado desta limitação cristã, a liberdade religiosa também apresenta outra limitação – esta decorrente de suas raízes modernas.[113]

Contudo, a verdade é que liberdade de religião e laicidade são conceitos que surgiram, assim como hoje os conhecemos, com o Estado Moderno e com o desenvolvimento da democracia e passaram a se desenhar a partir da deflagração de alguns movimentos, como a Reforma Protestante, que fez brotar no cenário social novas religiões, e a Revolução Francesa, e foram se fortalecendo no decorrer dos anos.

E, apesar de a garantia da liberdade religiosa ter sido implementada desde a República, o fato é que essa primeira configuração constitucional da liberdade religiosa no Brasil ainda não possuía os contornos atuais. Paulo Braga Galvão reflete:

> A Constituição de 1891 introduz, com a República, a regra da separação entre religião e o Estado. Mas, como se sabe, alterações na ordem jurídica nem sempre produzem mudanças sociais de efeitos imediatos e de forma generalizada. Assim é que, ao longo do século XX, embora vivendo em tempos de laicidade, a sociedade brasileira continuou vivendo com práticas

---

[112] UGAR, Pedro Salazar. **Los dilemas de la laicidad**. México: Instituto de Investigaciones Jurídicas, 2013, p. 24.
[113] LEITE, Fábio Carvalho. **Estado e religião**: a liberdade religiosa no Brasil. Curitiba: Juruá, 2014, p. 21.

3. LAICIDADE, LAICISMO E SECULARISMO

advindas de longa data, indicativas de um tratamento claramente favorecido à igreja católica, dispensado por autoridades públicas.[114]

Aos poucos, o direito à liberdade religiosa foi se solidificando, ganhando corpo, ancorado nas disposições constitucionais. No entanto, importa saber se, a partir da existência de uma norma expressa, ainda que constitucional, decorre concreta e logicamente a ambiência de um Estado laico, discussão que se dá não só no Brasil, como também em vários outros países.

As alterações legislativas caminham ao lado de referenciais políticos e históricos e passam a ser absorvidas ao galgar do tempo, de acordo com o comportamento da própria sociedade.

No Brasil, outrossim, há que se observar que o regime democrático é relativamente recente, portanto, seu exercício ainda exige evolução e consubstanciação em espaço que se mostra cada vez mais diverso e plural.

Perluigi Chiassoni desenvolveu estudo e, apesar de entender que as associações religiosas devam ser consideradas associações privadas, ponto que destoa deste ensaio, traz valiosa contribuição, enumerando os princípios que caracterizariam a dimensão institucional da laicidade:

> Sobre esa base, Chiassoni enumera los siguientes principios, en los que se decreta la dimensión institucional de la laicidad: 1) Principio de la Neutralidad negativa del Estado (Principio de no-intervención negativa) que implica que, salvo algunos casos extremos, el estado no debe prohibir actos de culto, individuales o de grupo, en aras de garantizar la libertad religiosa de las personas; 2) Principio de la neutralidad positiva del Estado (principio de no-intervención positiva), que "impone al estado omitir cualquier ayuda o subvención, directa o indirecta a favor de las religiones y sus organizaciones"; 3) Principio de la libertad de apostasía, que "establece la igual dignidad jurídica del ateísmo"; 4) Principio de neutralidad de las leyes civiles frente a las normas morales religiosas, que "impone la separación entre derecho y normas éticas normativas religiosas".[115]

---

[114] LEITE, Fábio Carvalho. **Estado e religião**: a liberdade religiosa no Brasil. Curitiba: Juruá, 2014. Apresentação do livro.
[115] Apud UGAR, Pedro Salazar. **Los dilemas de la laicidad**. México: Instituto de Investigaciones Jurídicas, 2013, p. 27.

Conclui o autor que, concretizados os quatro princípios, haveria a garantia da presença de um Estado laico pleno.

O fato é que é difícil pontuar o exato limite de atuação do Estado, que assegure a neutralidade necessária, sem beneficiar algumas atividades religiosas específicas, reprimir ou discriminar outras tantas liberdades de expressão e de crença, ou de não crença, ou mesmo enveredar por caminhos discriminatórios.

Para elucidar tal dilema, oportuno trazer a distinção e identificação de laicidade e secularização. O primeiro vocábulo estaria ligado à neutralidade do Estado e à concepção de liberdade de consciência e crença, decorrente de uma regulamentação ou norma, enquanto a secularização é vista como um modo de ver o mundo, a partir da razão, com perda da importância ou até inexistência da religião, como bem coloca Luis Gustavo Teixeira da Silva:

> A laicidade do Estado é um conceito de natureza normativa, que incorpora e promove um acervo de princípios, cuja função invariavelmente é instituir um modelo de convivência à sociedade, nomeadamente à pluralidade de ideias e modos de vida nela vigentes (Ugarte, 2013; Taylor, 2013). Sua materialização ocorre necessariamente por meio da implementação de dois pilares de sustentação complementares, representados pela dimensão institucional e valorativa, ambos responsáveis por assegurar a liberdade e a igualdade de todas as clivagens de pensamento ou crenças, salvo aquelas de matriz discriminatória (Milot, 2008; Poulat, 2012).[116]

De forma didática, o autor estabelece a diferença entre os conceitos:

> Como vimos, a laicidade apresenta uma natureza normativa, está vinculada à neutralidade do Estado, à ausência de condicionamentos de caráter religioso, além da incorporação e promoção, na esfera pública, de valores como liberdade de consciência e crença. Por seu turno, a secularização indica tendências empiricamente observáveis relativas à perda da relevância da religião e de seus pressupostos nas estruturas sociais, bem como na

---

[116] SILVA, Luis Gustavo Teixeira da. Laicidade do Estado: dimensões analítico-conceituais e suas estruturas normativas de funcionamento. **Sociologia**, Porto Alegre, ano 21, n. 51, p. 279, maio-ago. 2019.

orientação do comportamento individual e dos juízos morais (Casanova, 1994).[117]

José Casanova, em entrevista concedida ao Instituto Humanitas Unisinos, identifica, outrossim, dois tipos de secularismo:

> Havia um modelo de secularização que era visto como um processo superior ao estágio religioso, como se o estágio secular fosse sua sequência natural. Agora, há um processo pelo qual se entende o secular como um espaço neutro, onde todas as religiões, não religiões e ideologias não religiosas podem viver conjuntamente. Há dois modelos de secularização: um que é secularização sem religião, e de certa maneira ele sobrevive à religião. E há outro modelo de secularização que permite abrir um espaço neutro para todas as religiões, para todas as culturas, para todas as formas de pensar. Esses são os dois modelos de estágio secular: um modelo de estágio laicista, que quer marginalizar a religião, para que ela não tenha um papel na vida pública; e o outro modelo que é um estado neutro, para que todas as religiões tenham igualdade e possam participar de uma vida pública.[118]

Para a sociologia a secularização é um processo de abandono gradual da relevância da religião na vida social. Entre os pensadores Max Weber pode ser apontado como o teórico que teve maior expressão acerca do tema, através de sua obra "A Ética Protestante e o Espírito do Capitalismo". Refere-se ao processo de desencantamento do mundo, através do qual o cidadão vai aos poucos abandonando os costumes e crenças religiosas. Josué Cândido da Silva e Vitor Gustavo Ribeiro de Matos explicitam:

> A título de conclusão, faz-se mister ressaltar que o fenômeno religioso do protestantismo ascético enquanto fonte de uma transformação ética foi o que permitiu o desenvolvimento do ethos capitalista, não porque fosse o fim específico da Reforma ou do próprio processo de ascese, mas porque a ética protestante e o espírito do capitalismo mostram-se afins, de tal modo que a

---

[117] Ibidem, p. 288.
[118] "As religiões estão se tornando cada vez mais globais." Entrevista com José Casanova. **Instituto Humanitas Unisinos**, 9 abr. 2012. Disponível em: http://www.ihu.unisinos.br/entrevistas/508258-as-religioes-es tao-se-tornando-cada-vez-mais-globais-entrevista-especial-com-jose-casanova. Acesso em: 6 jul. 2021.

profunda transformação na conduta individual preparou terreno para constituir uma forma de agir que, ao findar o processo de secularização, tornar-se-ia uma conduta universalizada e desvinculada do cenário religioso.[119]

Para conceitualização de liberdade religiosa, portanto, é preciso firmar que laicismo, laicidade e secularismo apresentam definições distintas, apesar de serem tratados muitas vezes como sinônimos.

Nesse enquadramento é que se enfrenta o tema, sendo de certa forma um desafio sua concretização em um País como o Brasil, com múltiplas opiniões políticas e religiosas, no qual as práticas democráticas são historicamente recentes e seguem se consolidando, o que provoca intensa controvérsia, a ser encarada com equilíbrio e sensatez. Fábio Carvalho Leite indica, nesse contexto, a necessidade de cautela acerca da interpretação da liberdade religiosa:

> A consideração do fenômeno da secularização como base para se interpretar a liberdade religiosa também deve ser feita com cautela. Há uma grande idealização em torno do tema, tornando seu valor superestimado. A ideia de total desconsideração do elemento religioso ou de ausência absoluta da religião na política, que, dentre outros, permite construir uma ideia de neutralidade estatal, tem sido alvo de sérias críticas e revisões teóricas, sem que isso implique um *retorno do religioso*, ou um retorno de qualquer coisa. Trata-se, como visto, de uma crítica à posição que enxerga no advento da modernidade uma privatização quase absoluta do religioso, considerando a religião como apenas mais uma esfera autônoma da sociedade e sugerindo explícita ou indiretamente, uma certa desimportância que, na verdade, o aspecto religioso nunca apresentou. Desse modo, relativizada a secularização, relativiza-se também a ideia de neutralidade do Estado, permitindo-se assim que sejam feitas acomodações razoáveis ao fenômeno religioso, sem, com isso, violar valores republicanos e democráticos.[120]

---

[119] SILVA, Josué Cândido da. MATOS, Vitor Gustavo Ribeiro de. *Max Weber e a Análise do Processo de Secularização da Ética Protestante*. In: file:///C:/Users/monic/Documents/cronoseditores,+max+weber+e+a+analise.pdf

[120] LEITE, Fábio Carvalho. **Estado e religião**: a liberdade religiosa no Brasil. Curitiba: Juruá, 2014, p. 469.

3. LAICIDADE, LAICISMO E SECULARISMO

Seguramente, a neutralidade do Estado deve consistir em conduta imparcial em relação à religião, o que não pode significar transmudar a laicidade em um secularismo duro, rígido, visto que assim também redundaria em uma atuação antidemocrática e até mesmo discriminatória.

Não se mostra adequado e democrático, por assim dizer, pretender isolar e privatizar as instituições religiosas. Importa, sim, ao contrário, a convivência harmônica em um ambiente pluralista, com condutas que atendam ao princípio da isonomia, afastando-se condutas extremistas, até mesmo porque quem professa uma fé tem o direito de praticar e manifestar suas crenças.

Jürgen Habermas, no que diz respeito ao tema, suscita a necessária participação pública dos componentes da sociedade, inclusive crentes:

> A resposta que o laicismo dá é insatisfatória. As comunidades religiosas, na medida em que desempenham um papel vital na sociedade civil, não podem ser banidas do âmbito político público e forçadas à esfera privada, porque uma política deliberativa depende do uso público da razão, tanto pelos cidadãos crentes quanto não crentes. Se a estridente polifonia das opiniões sinceras não deve ser suprimida, as contribuições religiosas para questões moralmente complexas, como o aborto, a eutanásia, a intervenção pré-natal na composição genética etc. não devem ser cortadas pela raiz do processo de decisão democrático. Cidadãos e comunidades religiosas devem permanecer livres para ser representadas como tais no âmbito público, para fazer uso de uma linguagem religiosa e para usar argumentos correspondentes.[121]

Destaca o filósofo e sociólogo alemão Habermas a indispensabilidade da participação das entidades religiosas na esfera pública, como também dos cidadãos não crentes, em um ambiente democrático e pacífico:

---

[121] Versão escrita da conferência proferida pelo filósofo e sociólogo alemão Jürgen Habermas no contexto da série "Política e Religião", no dia 19 de julho de 2012. Publicação no *blog* da Editora Queriniana, 27/11/2012, com tradução de Moisés Sbardelotto: QUANTO de religioso o Estado liberal tolera? Artigo de Jürgen Habermas. **Instituto Humanitas Unisinos**, 4 dez. 2012. Disponível em: http://www.ihu.unisinos.br/172-noticias/noticias-2012/516105-quanto-de-religioso-o-estado-liberal-tolera-artigo-de-juergen-habermas. Acesso em: 18 jun. 2021.

Não obstante isso, a tarefa do Estado constitucional, que consiste na proteção de seus cidadãos, sejam eles religiosos ou não religiosos, não pode ser cumprida quando estes, no seu convívio cidadão, têm que se contentar apenas com um determinado *modus vivendi*: é necessário que eles estejam, além disso, convictos da necessidade de viver em uma ordem democrática. O Estado democrático alimenta-se de uma solidariedade de cidadãos que se respeitam reciprocamente como membros livres e iguais de uma comunidade política. Ora, tal solidariedade não brota das fontes do direito.

Na esfera pública política, tal solidariedade de cidadãos de um Estado, a qual é arrecadada em pequenas doses, tem de se comprovar para além dos limites fixados pelas visões de mundo. O reconhecimento recíproco pode significar, por exemplo, que cidadãos seculares e religiosos estejam dispostos a se ouvirem mutuamente em debates públicos e a aprenderem uns com os outros.[122]

Independentemente da concepção de mundo que se adote, a colocação de Jürgen Habermas traz uma perspectiva valiosa para o mundo democrático, no sentido de exibir como válidos e essenciais o debate social e a participação de crentes e não crentes na esfera pública, a fim de buscar um ambiente pacífico. Claro que a teoria desenvolvida por Habermas é densa e possui outras nuanças que este trabalho não comporta abordar; tal aspecto de seu pensamento, contudo, é bastante perspicaz, e sua aplicação teria o condão de buscar um entrelaçamento entre partes em um ambiente pluralista distenso.

Suscita o autor, em tal caminho, a necessidade de "processos de aprendizagem" de ambas as partes, em ato de tolerância:

Os procedimentos democráticos do Estado constitucional estão precisamente a serviço de tal formação da vontade deliberativa. A tolerância religiosa pode ser garantida de modo transigente pelas condições sob as quais os cidadãos de uma comunidade democrática se concedem mutuamente liberdade de religião. Desta maneira, é possível solucionar o aparente paradoxo há pouco mencionado: pelo direito ao livre exercício da própria religião e pela correspondente liberdade negativa de não ser molestado pela religião dos outros. Na visão de um legislador democrático que eleva os des-

---

[122] HABERMAS, Jürgen. **Entre naturalismo e religião.** Tradução Flávio Beno Siebeneichler. Rio de Janeiro: Tempo Brasileiro, 2007, p. 9.

tinatários do direito à condição de autores desse mesmo direito, o ato jurídico que impõe a todos uma tolerância recíproca funde-se com a auto-obrigação virtuosa a um comportamento tolerante.

Realmente, não cabe em uma sociedade democrática relegar o papel das entidades religiosas a um campo privado.

Vale trazer à tona as palavras de Eder Bonfim Rodrigues acerca da religião na esfera pública:

> Se a Constituição de um Estado democrático garante a liberdade religiosa e, da mesma forma, o pluralismo, não é possível que haja uma discriminação que tenha como objeto um aspecto advindo de alguma crença. Uma formação democrática e discursiva da opinião e da vontade só acontece livre de qualquer discriminação e exclusão, dentro de uma esfera pública que deve ser aberta a todos os tipos de argumentos e manifestações, sejam religiosos ou não religiosos. O Estado não pode impor uma censura aos cidadãos religiosos, pois eles têm todo o direito de se manifestarem, especialmente porque suas verdades podem ser úteis, dentro de um aprendizado duplo, à formação da vontade estatal.[123]

Fixadas as premissas a partir do balizamento de alguns conceitos essenciais, cumpre assinalar como elementos cruciais à concreção da liberdade à religião a necessária exteriorização e o exercício de fala no embate público no mundo moderno, inevitavelmente pluralista, valendo lembrar que a neutralidade que se impõe em decorrência é do Estado, em um ambiente laico, e não dos entes sociais ou cidadãos.

No Brasil, a partir da instalação da democracia, especialmente depois da CF/1988, com o reconhecimento de extensa gama de direitos e garantias de cidadania, o ambiente se mostra permeável ao pleno desenvolvimento, sendo certo que os direitos à liberdade à religião e de livre expressão de crença e pensamento seguem se fortalecendo, abrindo-se espaço à participação pública e efetiva seja de religiosos, seja de não religiosos, o que permite deduzir de forma lógica que a laicidade se faz presente, o que não significa ser um País laicista ou secularista e antirreli-

---

[123] RODRIGUES, Eder Bonfim. **Secularização e religião na esfera pública**. Rio de Janeiro: Lumen Juris, 2019, p. 173.

gioso. O que se pode afirmar é que se trata de um Estado laico, muito embora com raízes cristãs.

E, como diz Sua Santidade Papa Francisco:

> Um Estado deve ser laico. Os Estados confessionais acabam mal. Isso vai contra a história. Eu acho que uma laicidade acompanhada por uma lei sólida que garanta a liberdade religiosa oferece um quadro para se seguir em frente. Nós somos todos iguais, como filhos de Deus ou com a nossa dignidade de pessoa. Mas cada um deve ter a liberdade de exteriorizar sua própria fé.[124]

3.2. Da laicidade e limites. Da citação de Deus no Preâmbulo da Constituição Federal. Da utilização de símbolos em órgãos públicos

O Brasil, apesar de algumas celeumas, com suas peculiaridades e raízes, é um Estado laico, entretanto, como bem afirma Jónatas Eduardo Mendes Machado:

> A afirmação da objectividade e universalidade de determinados valores e princípios é o pressuposto da igual dignidade e liberdade de todos os seres humanos e não a sua negação. Com este entendimento, a separação das confissões religiosas do Estado pode ser compatível com uma medida razoável de reconhecimento público, e até institucional, do papel que a religião desempenha na vida dos indivíduos e das comunidades. A mesma tem subjacente a diferenciação entre Estado e sociedade.[125]

Claro que a base da laicidade se estabelece com a separação entre Igreja e assuntos do Estado, com a decorrência de que seja preservado um tratamento igualitário em relação a todos os cidadãos crentes e não crentes.

Também é verdade que no Brasil há forte tradição religiosa, sendo o catolicismo ainda a religião majoritária. De acordo com censo realizado

---

[124] "UM ESTADO deve ser laico. O dever do cristianismo é o serviço." Entrevista do Papa Francisco ao jornal *La Croix*. **Instituto Humanitas Unisinos**, 18 maio 2016. Disponível em: http://www.ihu.unisinos.br/78-noticias/ 555208-qum-estado-deve-ser-laico-o-dever-do--cristianismo-e-o-servicoq-entrevista-do-papa-francisco-ao-jornal-la-croix. Acesso em: 20 jun. 2021.

[125] MACHADO, Jónatas Eduardo Mendes. **Estado constitucional e neutralidade religiosa**: entre o teísmo e o (neo)ateísmo. Porto Alegre: Livraria do Advogado, 2013, p. 58.

em 2010 pelo Instituto Brasileiro de Geografia e Estatística (IBGE), a população católica representava 64%,[126] o que revela uma carga verdadeiramente cultural dessa matriz.

Por certo, essa questão fática reflete consequências na vida social, além de representar em algumas situações uma questão de mera preservação de valores históricos, como parte da própria identidade de uma sociedade.

Em tal ponto, considera André Ramos Tavares:

> No conceito de plena liberdade religiosa, da qual decorre a necessária separação entre Estado e Igreja, encontra-se, ainda, uma igualdade inerente entre crenças, igrejas e indivíduos, perante o Estado. Se houver tratamento desigual, cai por terra a liberdade religiosa ampla, que cede espaço a algumas exceções que prejudicam o todo.
>
> Diversa, contudo, é a situação na qual há elementos culturais fortes que justifiquem um tratamento não uniforme e não totalmente idêntico. Nesse caso, eventual tratamento particularizado estará respeitando, ainda, a igualdade, pois o Estado não pode conferir tratamento meramente uniforme se outros elementos aconselham ou impõem a distinção pontual. Não se pode traduzir a igualdade religiosa (decorrente da neutralidade do Estado e da aplicação do princípio da igualdade no âmbito religioso) como a exigência de tratamento matematicamente idêntico entre confissões religiosas, por parte do Estado, uma "homologia massificadora" (Morais, 1997:246). Nesse sentido, já decidiu a Justiça Constitucional portuguesa, falando de uma "paridade do sentido justo" (Comissão Constitucional, Parecer n. 17/82, apud Morais, 1997:286).[127]

Inclusive, existem no Brasil vários locais com significado nacional pertinentes ao catolicismo, os quais são objeto de intensas atividades turísticas, como o Santuário de Nossa Senhora Aparecida do Norte, igrejas barrocas localizadas em diversas regiões – Ouro Preto, Mariana, Con-

---

[126] INSTITUTO BRASILEIRO DE GEOGRAFIA E ESTATÍSTICA (IBGE). **Censo Demográfico 2010**. Características gerais da população, religião e pessoas com deficiência. Disponível em: **https://biblioteca.ibge.gov.br/visualizacao/periodicos/94/cd_2010_religiao_deficiencia.pdf**. Acesso em: 14 jul. 2021.

[127] TAVARES, André Ramos. **Curso de direito constitucional**. 16. ed. São Paulo: Saraiva, 2018, p. 503.

gonhas (aqui se verifica a Basílica do Senhor Bom Jesus de Matosinho, declarada Patrimônio Mundial da Unesco, em 1985, na qual ainda se encontram obras de Aleijadinho) e Salvador (Igreja e Convento de São Francisco, construída nos séculos XVII e XVIII e tombada pelo Instituto do Patrimônio Histórico e Artístico Nacional [Iphan]) –, além de outros símbolos, como a estátua do Cristo Redentor no Rio de Janeiro:

> Eleita em 2007 como uma das Sete Maravilhas do Mundo Moderno, a estátua do Cristo Redentor é um dos monumentos que mais encantam o mundo. Localizada no Morro do Corcovado, no Bairro de Santa Teresa, dentro de Parque Nacional da Tijuca, foi inaugurada em 1931. Suas dimensões fazem desse grande símbolo do Cristianismo, incrustado a 709 metros acima do nível do mar, um ícone mundial.[128]

Considerando as características apontadas e o grande contingente populacional católico no País, justifica-se a existência de feriados religiosos, acolhendo o direito à liberdade de religião daquele que ficaria tolhido de celebrar a data ou, ainda, de ser obrigado a trabalhar em dias como a Sexta-Feira Santa, que carrega em sua essência um dia de contrição para o cristão.

Os feriados cristãos, como os feriados civis, resguardam tão somente uma tradição do País, e retratam a vontade de grande maioria dos cidadãos. Não existe, outrossim, a obrigatoriedade do cumprimento do feriado para professar a Fé, de tal forma que não há que se falar em afronta ao Estado laico.

Outras questões também suscitam debates, entre elas o Preâmbulo da CF/1988, que contém a menção a Deus, o que desqualificaria, do ponto de vista de alguns, a laicidade do Estado.

Primeiro, insta ponderar que o Preâmbulo não tem total equivalência às normas constitucionais. Nesse sentido, decisão da lavra do Ministro

---

[128] A IMPORTÂNCIA do patrimônio cultural para a identidade das cidades. 3 ago. 2020. Disponível em: https://capitalmundialdaarquitetura.rio/rio-capital-mundial-da-arquitetura/a-importancia-do-patrimonio-cultural-para-a-identidade-das-cidades/. Acesso em: 14 jul. 2021.

Celso de Mello: "O preâmbulo da Constituição não tem valor normativo, apresentando-se como desvestido de força cogente".[129]

Fábio Carvalho Leite, ainda, destaca:

> O preâmbulo, conforme clássica lição de João Barbalho, "enuncia por que, em virtude de que autoridade e para que fim foi estabelecida a Constituição". A rigor, não integra a Constituição, mas a precede (a frase final é "promulgamos a seguinte Constituição"), embora seu valor jurídico seja tema que ainda comporta alguma divergência. A única exceção é justamente a menção a Deus, que não encontra respaldo em nenhum outro dispositivo da Constituição, que não adota religião oficial e respeita de igual forma todas as religiões (monoteístas ou não) assim como o ateísmo ou simplesmente a não religião. Não por outra razão, Humberto Ávila, em sua já renomada obra *Teoria dos Princípios*, após expor que não há correlação necessária entre dispositivo e norma, cita como exemplo de dispositivo sem norma justamente a menção a Deus no preâmbulo do texto constitucional. A este respeito, indaga o autor. "Qual norma pode ser construída a partir do enunciado constitucional que prevê a proteção de Deus? Nenhuma. Então, há dispositivos a partir dos quais não é construída norma alguma".[130]

Em arremate, o autor afirma que, de fato, "nada se extrai, juridicamente, da homenagem pretendida pela maioria dos constituintes, nem mesmo a reprodução nas constituições estaduais, como já decidiu o próprio STF".[131-132]

---

[129] STF, MS 24.645-MC/DF, Rel. Min. Celso de Mello, *DJU* 15/09/2003, apud BULOS, Uadi Lammêgo. **Constituição Federal anotada**. 11. ed. São Paulo: Saraiva, 2015, p. 46.

[130] LEITE, Fábio Carvalho. **Estado e religião**: a liberdade religiosa no Brasil. Curitiba: Juruá, 2014, p. 361.

[131] Ibidem, p. 362.

[132] STF, ADI 2076-5/Acre, Min. Carlos Velloso, Pleno, publicação em 08/08/2003. "Ementa: Constitucional. Constituição: Preâmbulo. Normas centrais. Constituição do Acre. I. – Normas centrais da Constituição Federal: essas normas são de reprodução obrigatória na Constituição do Estado-membro, mesmo porque, reproduzidas, ou não, incidirão sobre a ordem local. Reclamações 370-MT e 383-SP (*RTJ* 147/404). II. – Preâmbulo da Constituição: não constitui norma central. Invocação da proteção de Deus: não se trata de norma de reprodução obrigatória na Constituição estadual, não tendo força normativa. III. – Ação direta de inconstitucionalidade julgada improcedente."

Jorge Miranda elucida que há três posições da doutrina no tocante à natureza do Preâmbulo:

> [...] a tese da irrelevância jurídica; a tese da eficácia idêntica à de quaisquer preceitos constitucionais; entre as duas, a tese da relevância jurídica indireta ou principialista, não confundindo preâmbulo e preceituado constitucional. De acordo com a primeira tese, o preâmbulo não se situa no domínio do Direito, situa-se no domínio da política ou da história. De acordo com a segunda, ele acaba por conter também um conjunto de regras. De acordo com a terceira, o preâmbulo participa das características jurídicas da Constituição, mas sem confundir com o articulado, é apenas elemento de interpretação e integração deste.[133]

O autor português, ao defender que o Preâmbulo é parte integrante da Constituição, com todas as consequências, deixa claro que a eficácia de cada qual seria diferente:

> Os preâmbulos não podem assimilar-se às declarações de direitos. Estas são textos autonomamente aplicáveis, seja qual for o valor – constitucional, legal ou supraconstitucional – que se lhes reconheça, e separados da Constituição instrumental por razões técnicas e, sobretudo, por razões históricas. Ao invés, aos preâmbulos falta essa autonomia e o que neles avulta é, essencialmente, a unidade que fazem com o articulado da Constituição, a qual, desde logo, confere relevância jurídica ao discurso político que aparentam ser.
>
> Em contrapartida, não se afigura plausível reconduzir a eficácia do preâmbulo (de todos os preâmbulos ou de todo o preâmbulo, pelo menos) ao tipo de eficácia próprio dos artigos da Constituição. Ele não incorpora preceitos, mas sim princípios que se projetam sobre os preceitos e sobre os restantes setores do ordenamento – e daí, a sua maior estabilidade, que se compadece, de resto, com a possibilidade de revisão.[134]

Assim, seja qual for a posição adotada, é possível deduzir a diferença de eficácia entre o Preâmbulo e as normas constitucionais. E, no caso

---

[133] MIRANDA, Jorge. **Teoria do Estado e da Constituição**. 4. ed. Rio de Janeiro: Forense, 2015, p. 308.

[134] MIRANDA, Jorge. **Teoria do Estado e da Constituição**. 4. ed. Rio de Janeiro: Forense, 2015, p. 309.

da menção a Deus no Preâmbulo da Constituição, como bem afirmou o Ministro Celso de Mello, fato é que não decorre dela qualquer força cogente, nem mesmo aplicabilidade concreta.

Em outros países, apesar de laicos, de igual forma, é possível verificar a alusão a Deus, tal como nos Estados Unidos, onde se exibe como lema nacional a frase "In God We Trust" (Em Deus confiamos), que aparece nas moedas americanas, o que, muito embora provoque discussões, não retira o caráter laico do país.

A Suprema Corte, inclusive, rejeitou tentativa de tirar a frase das notas de dinheiro.[135]

Interessante, em tal sentido, que o EUA foram o primeiro País laico, desde a Constituição de 1787, tendo sido consagrada através da Primeira Emenda Constitucional em 1791.[136]

No Brasil, há dispositivo constitucional expresso que consagra o Estado laico, por meio da liberdade religiosa, com concreção da separação entre as igrejas e as decisões políticas.

Nesse diapasão, o Preâmbulo, que faz mera menção a Deus, não se consubstancia efetivamente em uma norma constitucional, nem contém aplicação prática, não modifica ou desvirtua o caráter laico vigente no País.

Finalmente, a existência de símbolos religiosos em órgãos públicos reflete, igualmente, uma representação cultural e não fere a neutralidade estatal.

O Conselho Nacional de Justiça (CNJ), inclusive, revelou entendimento de que o uso de símbolos em órgãos da Justiça não fere a laicidade:

> A maioria dos membros do Conselho Nacional de Justiça entende que o uso de símbolos religiosos em órgãos da Justiça não fere o princípio de laicidade do Estado. O entendimento ficou expresso no julgamento de qua-

---

[135] *In* https://portalpadom.com.br/ateus-nao-conseguem-retirar-a-frase-em-deus-confiamos-do-dinheiro-americano/, acesso em 20/12/2022.
[136] *In* https://www.jota.info/justica/entenda-o-que-e-estado-laico-e-seu-papel-na-constituicao-16022022#:~:text=Qual%20sua%20origem%3F,v%C3%ADnculo%20entre%20Igreja%20e%, acesso em 20/12/2022.

tro Pedidos de Providência que questionavam a presença de crucifixos em dependências de órgãos do Judiciário.[137]

Em decisão proferida no âmbito do Tribunal Regional Federal (TRF) da 3ª Região, da lavra do Desembargador Federal Marcelo Saraiva, também houve entendimento de que a presença de símbolos religiosos em prédios públicos não ofenderia a liberdade religiosa ou o caráter laico do Estado, sendo certo que a questão controversa foi objeto de reconhecimento de repercussão geral pelo Supremo Tribunal Federal (STF),[138] tendo destacado o D. Desembargador relator:

> Analisando o contexto sociocultural do Brasil, verifica-se que as referências religiosas na esfera pública são [sic] se limitam à afixação de símbolos religiosos em prédios públicos, havendo numerosos logradouros, cidades e escolas públicas que ostentam nomes de figuras religiosas, bem como diversos feriados de cunho religioso.
>
> Outrossim, a Constituição Federal de 1988, acompanhando a maioria das Constituições pátrias pretéritas, ostenta em seu preâmbulo uma expressão religiosa ("sob a proteção de Deus"). Conforme entendimento do C. Supremo Tribunal Federal, no julgamento da Ação Direta de Inconstitucionalidade nº 2076, a referida expressão não possui força normativa, sendo juridicamente irrelevante.
>
> Como é bem de ver, tais referências não colidem com a laicidade do Estado, revelando-se, na verdade, como expressões da liberdade religiosa e, principalmente, como elementos culturais e históricos da sociedade brasileira, as quais não impõem qualquer tipo de restrição ou de dever aos que professam outras crenças ou que não professam crença alguma.[139]

As situações referidas exprimem elementos convencionais e históricos do Brasil, os quais não possuem o condão de ferir a laicidade, assim

---

[137] MIURA, Douglas. Uso de crucifixo não fere caráter laico do Estado, decide CNJ. **ConJur**, 29 maio 2007. Disponível em: https://www.conjur.com.br/2007-mai-29/uso_simbolo_nao_fere_carater_laico_estado_cnj#:~:te xt=A%20maioria%20dos%20membros%20do,depend%C3%AAncias%20de%20%C3%B3rg%C3%A3os%20do%20Judici%C3%A1rio. Acesso em: 10 jun. 2021.

[138] ARE 1.249.095, Tema 1.086.

[139] Apelação Cível 0017604-70.2009.4.03.6100/SP, TRF 3ª Região, *D.O.* 04/04/2018 (Ação Civil Pública).

como tantas outras tantas questões podem surgir e suscitar dúvidas, as quais devem ser analisadas a cada caso concreto, cabendo ao Judiciário, quando provocado, além de solucionar o conflito, o relevante papel interpretativo, tendo sempre como vetor resguardar as liberdades públicas, a isonomia e o próprio instituto da democracia.

O STF, justamente, tem enfrentado diversos temas ligados à religião, o que só revela estar o País alinhado a um ambiente laico, que suscitam muitas vezes intensos debates na sociedade, tal como se verifica em recente decisão na qual se deu o reconhecimento da inconstitucionalidade de legislação do Estado do Amazonas que tratava da obrigatoriedade de manutenção de bíblia em escolas públicas, de relatoria da Ministra Cármen Lúcia, que salienta a indispensabilidade de uma postura estatal neutra:

> Assim, as normas impugnadas, pelas quais se impõe como obrigatória a manutenção de exemplares de Bíblias em escolas e bibliotecas públicas no Amazonas, configuram contrariedade à laicidade estatal e à liberdade religiosa consagrada pela Constituição da República de 1988, anotando-se a necessária ausência de neutralidade na atuação do Estado.[140]

Nesse contexto, fica evidente tratar-se o Brasil de um Estado laico efetivo, o que não significa afirmar que não haverá contendas que envolvam o direito à liberdade religiosa. Ao contrário, esses debates levam ao fortalecimento de uma democracia.

Com efeito, em nações em que se mostra consagrada a laicidade, tal como nos Estados Unidos e na França, são inúmeros os conflitos e controvérsias levados ao Judiciário, no âmbito dos quais muitas vezes há verdadeira colisão entre direitos fundamentais, o que requer ponderação e interpretação adequada para o deslinde da questão, tal como ocorreu com o célebre caso de Leyla Sahin, que, frequentando aulas na faculdade de medicina e na Universidade de Istambul, foi proibida de trajar o véu islâmico, decisão que foi mantida pela Corte Europeia de Direitos Humanos, a fim de assegurar o pluralismo e a paz social.[141]

---

[140] ADI 5.258/AM, Tribunal Pleno, Rel. Min. Cármen Lúcia, julgamento em 13/04/2021, publicação em 27/04/2021.
[141] O caso Leyla Sahin chegou à Corte Europeia de Direitos Humanos – Caso 44774/98 –, tendo a Corte decidido que a restrição, no caso concreto, serviria para proteger o indiví-

Os direitos fundamentais, por certo, são marcados pela relatividade, o que significa dizer que não são absolutos, o que leva à ocorrência de colisões. Como bem nos ensina Flávio Martins Alves Nunes Júnior, duas limitações se farão possíveis, quais sejam, limitações internas e externas:

> Há duas formas de se definir limites imanentes (limitações internas dos direitos fundamentais). Para Canotilho, são os limites que estão presentes dentro da própria Constituição, impostos por outros direitos fundamentais. Por exemplo, a liberdade de consciência e crença está limitada por outros direitos como a vida (não se pode praticar sacrifícios humanos durante um culto religioso). Da mesma forma, a liberdade de manifestação do pensamento está limitada por outros direitos como a honra e a intimidade (art. 5º, X).[142]

O autor esclarece, em adendo, que, "nas limitações internas, os limites são encontrados dentro da própria Constituição (segundo Canotilho) ou, numa teoria mais adequada, dentro do próprio direito. As limitações externas são diferentes: são restrições impostas aos direitos fundamentais, seja por outros direitos constitucionais, seja por meio de leis infraconstitucionais".[143]

No caso da liberdade de crença, de acordo com Geraldo Miniuci, verificam-se dois elementos: a crença em si e a conduta religiosa, havendo, portanto, uma dimensão interior e um exterior, a caracterizar um direito fundamental e, por ostentar tal natureza, não será absoluto, podendo sofrer restrições:

> Assim, a seguir, numa visão liberal, mostramos que, embora partes do mesmo direito, não pode haver entre o credo e a conduta religiosa a pretendida unidade essencial e indissolúvel, pois a convivência de diversas religiões numa sociedade liberal, laica e inclusiva dependerá de restrições que

---

duo de pressões externas, de extremistas, e a proibição do uso do véu islâmico se justificaria pelo objetivo de assegurar o pluralismo e a paz social na Universidade de Istambul (MINIUCI, Geraldo. Direito e religião ou as fronteiras entre o público e o privado. **Revista de Estudos Constitucionais, Hermenêutica e Teoria do Direito – RECHTD**, v. 2, n. 2, p. 112-126, jul.-dez. 2010).

[142] NUNES JÚNIOR, Flávio Martins Alves. **Curso de direito constitucional**. São Paulo: Revista dos Tribunais, 2017, p. 788.

[143] Ibidem, p. 790.

3. LAICIDADE, LAICISMO E SECULARISMO

se coloquem na dimensão exterior da liberdade de crença. Sem essas limitações, todas as normas de conduta religiosa terão vigência no conjunto da sociedade, e com precedência sobre as normas jurídicas que, regulando o funcionamento do Estado-nação, emitam comandos contraditórios ao ordenamento religioso. Não é, contudo, possível sequer conceber uma sociedade liberal, laica e inclusiva, na qual as normas jurídicas não possam ter precedência sobre as regras de conduta religiosa. As limitações à liberdade de crença são inerentes a uma ordem social com essas características.[144]

Portanto, a laicidade faz brotar no seio de uma sociedade multicultural e globalizada diversos impasses e atritos, não sendo incomum a colisão entre direitos fundamentais, cuja situação deverá ser solucionada mediante a utilização de critérios interpretativos e a ponderação entre os direitos envolvidos. Sobre isso, Patrícia Elias Cozzolino de Oliveira acrescenta:

> Assim, quando ocorrer colisão entre direitos fundamentais sem a existência de regras de equacionamento no próprio texto constitucional será necessária verdadeira ponderação de valores, a aplicação racional do princípio da proporcionalidade e critérios de integração e interpretação da norma constitucional, dentre outros, o que só será possível no caso concreto, consoante veremos na análise da jurisprudência da Corte Europeia de Direitos Humanos e do Supremo Tribunal Federal acerca da liberdade de religião.[145]

Inevitável no âmbito de uma sociedade plural o surgimento de polêmicas ou disputa entre direitos fundamentais consagrados, o que não deve levar ao questionamento da existência da laicidade. Diversamente, a convivência social e democrática se fortalece e amadurece em um espaço reflexivo, aprimorando a relação entre as diversas etnias religiosas.

---

[144] MINIUCI, Geraldo. Direito e religião ou as fronteiras entre o público e o privado. **Revista de Estudos Constitucionais, Hermenêutica e Teoria do Direito – RECHTD**, v. 2, n. 2, p. 112-126, jul.-dez. 2010.
[145] DE OLIVEIRA, Patrícia Elias Cozzolino. **A proteção constitucional e internacional do direito à liberdade de religião**. São Paulo: Verbatim, 2010, p. 51.

3.3. Laicidade como instrumento à paz social

A laicidade é fenômeno do mundo moderno e institucionaliza a separação de Igreja e Estado.

Proclama a neutralidade do Estado, ao mesmo tempo em que deve consagrar a igualdade de direitos e de expressão de todas as crenças e descrenças.

A concretude desse fenômeno mostra se tratar de caminho complexo, com exercício de verdadeira tolerância por parte dos cidadãos em um mundo multirracial, em que raia ampla diversidade cultural e religiosa.

A diretriz é o caminhar em evolução, buscando a equalização isonômica.

A Conferência Geral da Unesco, nesse sentido, aprovou a Declaração de Princípios sobre a Tolerância, e conceitua:

> Artigo 1º – Significado da tolerância
> 1.1 A tolerância é o respeito, a aceitação e o apreço da riqueza e da diversidade das culturas de nosso mundo, de nossos modos de expressão e de nossas maneiras de exprimir nossa qualidade de seres humanos. É fomentada pelo conhecimento, a abertura de espírito, a comunicação e a liberdade de pensamento, de consciência e de crença. A tolerância é a harmonia na diferença. Não só é um dever de ordem ética; é igualmente uma necessidade política e jurídica. A tolerância é uma virtude que torna a paz possível e contribui para substituir uma cultura de guerra por uma cultura de paz.[146]

São vários os princípios destinados à realização da tolerância e da paz. A Organização das Nações Unidas (ONU), em 2019, na mesma esteira, criou o Dia Internacional da Consciência: "A data, estabelecida pela Assembleia Geral em 2019, pretende mobilizar os esforços da comuni-

---

[146] ORGANIZAÇÃO DAS NAÇÕES UNIDAS PARA A EDUCAÇÃO, A CIÊNCIA E A CULTURA (UNESCO). **Declaração de Princípios sobre a Tolerância**. Paris, 16 nov. 1995 Disponível em: http://www.oas. org/dil/port/1995%20Declara%C3%A7%C3%A3o%20de%20 Princ%C3%ADpios%20sobre%20a%20Toler%C3%A2ncia%20da%20UNESCO.pdf. Acesso em: 15 jul. 2021.

dade internacional para promover a paz, tolerância, inclusão, compreensão e solidariedade".[147]

É preciso viver a cidadania, na busca de uma convivência pacífica entre as diversas culturas e religiões.

No Brasil, tais ideias têm se solidificado de forma a aprimorar maior harmonia em meio às diversidades.

A laicidade do Estado e o direito à liberdade de expressão e culto se mostram essenciais nessa busca, aptos a impedir atos discriminatórios e violentos que muitas vezes se voltam contra minorias vulneráveis. O equilíbrio social deve ser garantido por meio de uma atuação neutra do Estado, a partir de atos que proporcionem um tratamento isonômico e igualitário.

No Brasil, adotando tais premissas, foi criado o Dia Nacional de Combate à Intolerância Religiosa, instituído pela Lei Federal n. 11.635, de 27 de dezembro de 2007, havendo várias implementações, outrossim, que também buscam a preservação de culturas de minorias, como das religiões afro-brasileiras. O Iphan, a exemplificar, tem papel de destaque na defesa e preservação de locais destinados aos cultos de religiões afro-brasileiras:

> Ao longo das duas últimas décadas, o Iphan desenvolveu uma série de levantamentos de identificação de terreiros de matrizes africanas em diversos estados. A política de valorização e reconhecimento das práticas religiosas trabalha, desde 2009, de forma articulada com a Secretaria de Políticas e Promoção da Igualdade Racial (Seppir) e a Fundação Cultural Palmares (FCP).
>
> Está em estudo a proteção de mais uma dezena de espaços de celebração de religiões de matriz africana. Foram ainda identificados pelo Iphan 32 centros onde a religião afro-brasileira é praticada há mais de 30 anos e dois deles já estão em processo de tombamento. Só em Salvador, são mais de mil sedes de cultos afro-brasileiros.
>
> O inventário dos espaços foi apresentado de forma inédita no 1º Fórum dos Terreiros de Candomblé do Rio de Janeiro, em 2010. Além dele, existe um trabalho para inventariar terreiros no Distrito Federal e Entorno.

---

[147] ORGANIZAÇÃO DAS NAÇÕES UNIDAS (ONU). Dia Internacional da Consciência tem foco em paz, tolerância e solidariedade. **ONU News**, 5 abr. 2021. Disponível em: https://news.un.org/pt/story/2021/04/1746502. Acesso em: 4 jun. 2021.

O Iphan tem apoiado eventos como o Seminário Internacional para Políticas de Acautelamento de Terreiros, ocorrido em 2009, com desdobramentos operados até o presente momento pela instituição. Em 2012, lançou o livro *O Patrimônio Cultural dos Templos Afro-Brasileiros*.[148]

Esse cenário brasileiro demonstra, de modo inquestionável, a presença da laicidade no País. Claro que se trata de um ambiente em caminho de progressividade, com constantes desafios, com influências de matrizes católicas, mas o essencial é o desenrolar contínuo de avanços, com o fortalecimento das liberdades públicas e dos institutos democráticos, de forma a propiciar uma coexistência plural e harmoniosa.

Nesse universo há que inserir as imunidades tributárias dos templos de qualquer culto justamente como instrumento concretizador do direito à liberdade religiosa, que viabiliza tratamento isonômico entre as diversas religiões, tornando exequível um ambiente de maior complacência e brandura.

---

[148] VIANA, Rodrigo. Tombamento de terreiros protege práticas religiosas. **Desafios do Desenvolvimento**, ano 11, edição 82, dez. 2014. Disponível em: https://www.ipea.gov.br/desafios/index.php?option=comcontent&view= article&id=3128&catid=53&Itemid=23. Acesso em: 10 mar. 2021.

4. IMUNIDADE TRIBUTÁRIA DOS TEMPLOS DE QUALQUER CULTO

4.1. A imunidade tributária dos templos de qualquer culto no Brasil
No desenvolver deste trabalho, procurou-se demonstrar a concepção de liberdade, através de uma linha evolutiva do ponto de vista filosófico e histórico, e de liberdades públicas.

Buscou-se, ademais, delinear os conceitos de religião e de direito à liberdade de religião, que se encontram albergados pela CF/1988 ao lado de uma multiplicidade de liberdades, que configuram direitos fundamentais, restando demonstrar o dimensionamento desses direitos fundamentais em face do direito tributário e qual seria o papel reservado às imunidades.

Do ponto de vista do arcabouço jurídico constitucional, é possível afirmar que no Brasil encontra guarida, a consagrar e potencializar a estrutura de um Estado laico, o direito à imunidade tributária aos templos de qualquer culto e religião, por meio do art. 150, VI, "b", da CF/1988.

No Brasil no período imperial era reconhecida tão somente a religião católica como oficial. A Constituição de 1824 admitia a existência de outras religiões, contudo não era permitido o culto público dessas outras vertentes. Houve alteração com a República, através da Constituição de 1891, com o reconhecimento da separação entre Estado e Igreja.

Já a imunidade tributária aos templos religiosos veio a ser consagrada apenas na Constituição Federal de 1946, o que permaneceu nas subsequentes, inclusive na CF/1988, como proteção à liberdade de religião.[149]

---

[149] Havia, no entanto, em algumas situações, isenções por meio de legislações ordinárias.

Ruy Barbosa, no período da República, defendendo o direito à liberdade religiosa e a acertada separação entre o Estado e a Igreja, já idealizava a possibilidade de criação de imunidade dos templos religiosos, como bem nos lembra Patrícia Elias Cozzolino de Oliveira:

> Ruy Barbosa, ao comentar o dispositivo constante do § 2º, Art. 11, da Constituição de 1891, justifica a separação entre o Estado e a Igreja, para a prevalência do direito à liberdade de consciência, e jamais contrariamente à religião.
>
> O autor afirma que a "uniformidade ateia" que a República do Brasil esboçou com a Constituição de 1891 jamais foi o intuito de seus fundadores, mesmo o dele que desde 1876 já pregava a separação entre o Estado e a Igreja, demonstrando acreditar exagerada a expressão constitucional desta separação. Afirma, inclusive, que a vedação do ensino religioso pelo Estado é um respeito à liberdade de consciência, mas não impede o próprio Estado de animar a instrução religiosa por meio de imunidades tributárias às casas consagradas ao culto.[150]

Nada obstante, com a CF/1988, que representa um dos principais componentes da redemocratização do Brasil, houve a reafirmação da laicidade, nos moldes concebidos com o Estado Moderno, ao lado da consagração de ampla gama de direitos e garantias fundamentais, tanto que se tornou conhecida como uma Constituição cidadã.

Nesse diapasão, afirma José Afonso da Silva:

> O regime brasileiro da Constituição de 1988 funda-se no princípio democrático. O preâmbulo e o art. 1º o enunciam de maneira insofismável. Só por aí se vê que a Constituição instituiu um Estado Democrático de Direito, destinado a assegurar o exercício dos direitos sociais e individuais, a liberdade, a segurança, o bem-estar, o desenvolvimento, a igualdade e a justiça como valores supremos de uma sociedade fraterna, livre, justa e solidária e sem preconceitos (art. 3º, II e IV), com fundamento na soberania, na cidadania, na dignidade da pessoa humana, nos valores sociais do trabalho e da livre-iniciativa e no pluralismo político. Trata-se assim de um regime democrático fundado no princípio da soberania popular, segundo o qual

---

[150] DE OLIVEIRA, Patrícia Elias Cozzolino. **A proteção constitucional e internacional do direito à liberdade de religião**. São Paulo: Verbatim, 2010, p. 19.

todo o poder emana do povo, que o exerce por meio de representantes, ou indiretamente (parágrafo único do art. 1º).

Como já afirmado, restou mantida pela CF/1988 a garantia de imunidade a qualquer entidade religiosa. É preciso enfatizar, outrossim, que no direito internacional identicamente se verifica o reconhecimento da imunidade tributária aos templos, muitas vezes não veiculada por meio de normas constitucionais. A exemplificar, como bem ensina Ricardo Lobo Torres, nos Estados Unidos a proteção se dá pelo instituto da isenção, embora não fique desconectada da cláusula constitucional da liberdade religiosa, ao passo que na Alemanha, bem como no Uruguai e no Chile, exibe-se a intributabilidade via Constituição.[151]

Importa salientar, contudo, oferecer melhor salvaguarda a imunidade, assegurada por meio de normas constitucionais, especialmente em países como o Brasil, em que o exercício democrático não se mostra tão abalizado e sólido, sendo certo as legislações isentivas ficariam mais vulneráveis a medidas não isonômicas e tratamentos discriminatórios.

Vale lembrar que a imunidade, em regra, só pode ser alterada por Emenda Constitucional, excluídas as cláusulas pétreas, enquanto a isenção, veiculada por lei, pode ser revogada ou modificada a qualquer tempo, exceto se criada por prazo determinado.

A imunidade conferida às entidades religiosas, para que possa para atingir o escopo de maior segurança de um bem considerado axiologicamente relevante, deve mesmo estar ancorada por norma constitucional, que confere maior intangibilidade.

4.2. Imunidade dos templos de qualquer culto e natureza: garantia institucional

O enfrentamento, agora, que se deve fazer é no tocante à natureza da imunidade tributária dos templos de qualquer culto, bem como do direito à liberdade de religião, no sentido de concretizarem direitos fundamentais ou, ao revés, verdadeiras garantias institucionais.

Ricardo Lobo Torres apresenta como fundamento jurídico da imunidade dos templos a liberdade religiosa, a qual, na qualidade de "atri-

---

[151] TORRES, Ricardo Lobo. **Os direitos humanos e a tributação**. Rio de Janeiro: Renovar, 1995, p. 210.

buto da própria pessoa humana, é condição de validade dos direitos fundamentais".[152]

Nessa medida, o autor relaciona liberdade e tributo, afirmando que este nasce da *autolimitação da liberdade, é o preço da liberdade*, sendo assim "o tributo pode implicar opressão da liberdade se o não contiver a legalidade".[153]

Ao traçar a diferença de liberdade nos contextos históricos, revela que no Estado patrimonial as imunidades retratavam forma de limitação do poder da realeza e impossibilidade de tributação sobre senhorio e Igreja, e que depois das revoluções do século XVIII consolidou-se o Estado fiscal, com a configuração do Estado de Direito, momento em que houve uma mudança no conceito de imunidade:

> Deixa de ser forma de limitação do poder do Rei pela Igreja e pela nobreza para se transformar em limitação do poder tributário do Estado pelos direitos preexistentes do indivíduo. O Estado Moderno é um expropriador, que aboliu as imunidades do antigo regime e as substituiu pelas imunidades dos cidadãos. O mesmo significante – imunidade – passou a agasalhar um outro significado.[154]

A imunidade, para o autor, configura limitação do poder de tributar pela reserva dos direitos humanos:

> A imunidade há que ser vista como limitação absoluta do poder tributário do Estado pelas liberdades preexistentes. A liberdade individual é que se autolimita, abrindo espaço para a atuação limitada do poder fiscal. Há reserva dos direitos humanos diante da fiscalidade. A *imunidade é, portanto, intributabilidade, impossibilidade de o Estado criar tributos sobre o exercício dos direitos da liberdade, incompetência absoluta para decretar impostos sobre bens ou coisas indispensáveis à manifestação da liberdade, não incidência ditada pelos direitos humanos e absolutos anteriores ao pacto constitucional.*[155]

---

[152] TORRES, Ricardo Lobo. **Os direitos humanos e a tributação**. Rio de Janeiro: Renovar, 1995, p. 211.
[153] Ibidem, p. 4.
[154] Ibidem, p. 28.
[155] TORRES, Ricardo Lobo. **Os direitos humanos e a tributação**. Rio de Janeiro: Renovar, 1995, p. 36.

O autor entende que, por meio das imunidades, as liberdades se afirmam como "direitos absolutos" ante o poder tributário, e assevera: "a imunidade é a exteriorização ou a forma de validade dos direitos fundamentais diante do poder tributário".[156]

Este o questionamento que se pretende colocar: como delinear a liberdade à religião e a imunidade tributária dos templos religiosos: como direitos fundamentais, garantias institucionais ou, ainda, na linha de Ricardo Lobo Torres, como validade ou reserva de direitos fundamentais?

Antes de tudo, como afirma Paulo Bonavides, não se pode confundir o conceito de direitos com o de garantias fundamentais:

> A garantia – meio de defesa – se coloca então diante do direito, mas com este não se deve confundir. Ora, esse erro de confundir direitos e garantias, de fazer um sinônimo da outra, tem sido reprovado pela boa doutrina, que separa com nitidez os dois institutos, não incidindo em lapsos dessa ordem, tão frequentes entre alguns dicionaristas célebres.[157]

Jorge Miranda, em tal diapasão, também pontua a diferença entre direitos e garantias:

> Os direitos representam só por si certos bens, as garantias destinam-se a assegurar a fruição desses bens; os direitos são principais, as garantias são acessórias e, muitas delas, adjetivas (ainda que possam ser objeto de um regime constitucional substantivo); os direitos permitem a realização das pessoas e inserem-se direta e imediatamente, por isso, nas respectivas esferas jurídicas, as garantias só nelas se projetam pelo nexo que possuem com os direitos; na acepção jusracionalista inicial, os direitos declaram-se, as garantias estabelecem-se.[158]

Estabelecida a diferença, vale trazer à tona o conceito de garantia constitucional retratado pelo mesmo autor: "As garantias constitucionais tanto podem ser garantias da própria Constituição (acepção lata)

---

[156] Ibidem, p. 79.
[157] BONAVIDES, Paulo. **Curso de direito constitucional**. 35. ed. São Paulo: Malheiros Editores, 2020, p. 538.
[158] Ibidem, loc. cit. Apud BONAVIDES, Paulo. **Curso de direito constitucional**. 35. ed. São Paulo: Malheiros Editores, 2020, p. 540.

como garantias dos direitos subjetivos expressos ou outorgados na Carta Magna, portanto remédios jurisdicionais eficazes para a salvaguarda desses direitos (acepção estrita)".[159]

Paulo Bonavides pondera, para mais, que as garantias constitucionais, que tinham maior relação com a guarda dos direitos individuais no liberalismo, ganharam novos contornos, fazendo surgir as garantias institucionais:

> As atenções constitucionais do liberalismo convergiam para os polos da liberdade individual; a sociedade, os grupos, as instituições, o pluralismo das formações políticas e sociais, a ação intervencionista do Estado, os interesses organizados para o exercício das pressões sobre o Estado ainda não se haviam cristalizado nem muito menos se constituído com a força e a influência e o peso que viriam a ter com o Estado social do século XX, de maneira a reformar de certo modo a índole das Constituições e a dar aparentemente mais segurança aos direitos fundamentais, ampliando tecnicamente em número e variedade os instrumentos jurisdicionais de proteção àqueles direitos. De sorte que uma das maiores novidades constitucionais do século XX é o reconhecimento das garantias institucionais, tão importante para a compreensão dos fundamentos do Estado social quanto as clássicas garantias constitucionais do direito natural e do individualismo o foram para o Estado liberal.[160]

Paulo Bonavides, a partir desse ponto, passa a dar uma dimensão mais alargada ao conceito de garantia constitucional:

> Chegamos, portanto, à seguinte conclusão: a garantia constitucional é uma garantia que disciplina e tutela o exercício dos direitos fundamentais, ao mesmo passo que rege, com proteção adequada, nos limites da Constituição, o funcionamento de todas as instituições existentes no Estado.[161]

Em igual conta ressalta Jorge Miranda que as garantias institucionais detinham, efetivamente, uma acepção mais restrita no século XIX, em

---

[159] Ibidem, p. 545.
[160] BONAVIDES, Paulo. **Curso de direito constitucional**. 35. ed. São Paulo: Malheiros Editores, 2020, p. 549.
[161] Ibidem, p. 550.

uma "ambiência liberal", o que se alterou no decorrer do tempo, especialmente no século XX:

> Ao invés, no século XX, o dilatar do âmbito da Constituição material, a consciência de que o indivíduo vive situado em comunidades e instituições, as pressões dos grupos e a intervenção intensíssima do Estado nos domínios económico, social e cultural concorrem para fazer salientar constitucionalmente, a par dos direitos fundamentais, instituições numerosas, de cuja subsistência e de cujas condições de desenvolvimento curam norma específicas. E é em face dessas instituições ou, às vezes, mais simples e impropriamente, em face de grandes diretivas constitucionais destinadas a presidir à regulamentação legislativa de certas matérias, que se fala em garantias institucionais.
>
> O conceito entremostra-se, por isso, na análise da Constituição de Weimar, e vem a ser CARL SCHMITT (na sua teoria da Constituição, construída à volta desse texto) que o divulga em contraposição ao conceito de direitos fundamentais (tomado este, porém, de um ângulo excessivamente liberal). Após a segunda guerra mundial, e numa fase de consolidação e extensão do Estado de Direito, revestem-se as garantias institucionais de todos os meios de proteção inerentes à ordem constitucional de valores.[162]

Evidencia-se, portanto, o surgimento da teoria constitucional das garantias institucionais, conforme bem ilustra Paulo Bonavides:

> Foi essa teoria basicamente formulada pelos juristas da República de Weimar. Teve por ideia comum e fundamental, segundo Klaus Stern, o reconhecimento de que determinadas instituições jurídicas devem ser resguardadas de uma supressão ou ofensa ao seu conteúdo essencial ou esfera medular, por parte do Estado, sobretudo do legislador.
>
> Citando Gross, assevera Stern que se trata de uma garantia munida de qualidade jurídico-constitucional específica, garantia "contra o Estado e não através do Estado".[163]

---

[162] MIRANDA, Jorge. **Direitos fundamentais**. 2. ed. Coimbra: Almedina, 2017, p. 98.
[163] BONAVIDES, Paulo. **Curso de direito constitucional**. 35. ed. São Paulo: Malheiros Editores, 2020, p. 551.

Importante contribuição é dada por Luiz Alberto David Araujo e Vidal Serrano Nunes Júnior ao definir garantias institucionais:

> Um conceito importante, que surgiu com maior pujança na segunda metade do século passado, é o de garantias institucionais. Em suma, enxerga-se na comunidade um conjunto de instituições tidas como fundamentais à vida em sociedade, as quais, portanto, reclamam uma proteção específica da Constituição e da ordem jurídica, como um todo.[164]

Destacam os autores acerca dessa definição:

> Veja-se que o conceito exposto não faz das garantias institucionais antagonistas dos Direitos Fundamentais. Antes, entende-se que por meio delas é possível alcançar proteção mais adequada, e institucionalizada, dos Direitos Fundamentais.
>
> Dentre outras instituições garantidas, podemos citar a opinião pública livre, a família e a independência da magistratura e do Ministério Público.[165]

Já Jorge Miranda expõe duas acepções de garantia institucional, um conceito amplo e um restrito:

> I – Conhecem-se duas noções de garantia institucional: um conceito lato e impreciso de disposição constitucional em que se contempla e em que, portanto, se garante qualquer instituição no mais amplo sentido (abrangendo até qualquer direito tomado como instituição); e um conceito restrito de disposição constitucional consagradora de qualquer instituição ou de qualquer forma ou princípio objetivo de organização social que o Estado deva respeitar. No primeiro sentido, a liberdade religiosa ou a liberdade de imprensa podem ser vistas como garantias institucionais; no segundo, só o poderão ser a religião ou as confissões religiosas ou a imprensa.

E o autor, procurando estancar a dificuldade de identificar em algumas situações a adequada distinção entre os direitos fundamentais e as garantias institucionais, aponta alguns caminhos:

---

[164] ARAUJO, Luiz Alberto David; NUNES JÚNIOR, Vidal Serrano. **Curso de direito constitucional**. 23. ed. Santana de Parnaíba (SP): Manole, 2021, p. 154.
[165] Ibidem, loc. cit.

4. IMUNIDADE TRIBUTÁRIA DOS TEMPLOS DE QUALQUER CULTO

Para saber então se determinada norma se reporta a um direito ou a uma garantia institucional, haverá que indagar se ela estabelece uma faculdade de agir ou de exigir em favor de pessoas ou de grupos, se coloca na respectiva esfera jurídica uma situação ativa que uma pessoa ou um grupo possa exercer por si e invocar diretamente perante outras entidades – hipótese em que haverá um direito fundamental; ou se, pelo contrário, se confina a um sentido organizatório objetivo, independentemente de uma atribuição ou de uma atividade pessoal – caso em que haverá apenas uma garantia institucional.[166]

Possível identificar, por conseguinte, institutos diversos, quais sejam, direitos fundamentais, garantias constitucionais e as denominadas garantias institucionais.

As garantias constitucionais consubstanciam-se, pois, em dar eficácia e proteção a determinados direitos fundamentais; são instrumentos que viabilizam os direitos fundamentais.

Já as garantias institucionais têm por núcleo a proteção de determinadas instituições estruturantes do Estado, que se encontram asseguradas pela CF/1988, cuja eliminação comprometeria a condição de um Estado social e democrático.

O fato é que a sociedade, com relações cada vez mais complexas, passa a apresentar novos reclamos, com o surgimento de valores diferenciados, em um ambiente em constante mutação.

Essas transformações são contínuas, fazendo aparecer novos arranjos sociais, permeados pela globalização, que traz em si uma integração mundial, com o avanço da tecnologia e informações que são disseminadas rapidamente. Os direitos fundamentais, assim como as instituições, alteram-se, igualmente, e se engrandecem, sendo possível afirmar que a linha que os separa passa a ser, muitas vezes, tênue, embora se trate de conceitos diversos.

Essas mutações e transfigurações acabam por apresentar certa simbiose entre os direitos fundamentais e as garantias institucionais.

Em tal ponto, Gomes Canotilho aponta o duplo caráter de alguns direitos fundamentais:

---

[166] MIRANDA, Jorge. **Direitos fundamentais**. 2. ed. Coimbra: Almedina, 2017, p. 99.

Na explanação feita a propósito dos direitos fundamentais foi salientado o duplo caráter de alguns direitos fundamentais (direito subjetivo e garantia institucional). Quer isto dizer que as normas referentes aos direitos fundamentais e às garantias institucionais estão estreitamente ligadas. Assim, por exemplo, a Constituição, ao mesmo tempo que reconhece como direito fundamental o direito de constituir família e de contrair casamento (art. 36, n. 1), assegura a proteção da família como instituição. O mesmo se diga da maternidade (art. 68), do ensino (art. 73) etc.[167]

Na verdade, em algumas situações há uma conturbação, de tal forma que será possível verificar um direito fundamental que pode configurar também uma garantia institucional, dependendo da acepção em que são analisados ou verificados concretamente.

Assim, por dizer, o direito à liberdade de religião e a imunidade tributária de templos de qualquer culto constituem ao mesmo tempo um direito fundamental, como também garantia institucional.

Inegavelmente, materializam uma instituição essencial do Estado, na defesa do direito à liberdade de crença ou não crença, o direito à liberdade de expressão e de pensamento e o direito à transcendência, no bojo de uma democracia laica.

A imunidade tributária dos templos de qualquer culto significa neutralidade do Estado e tratamento isonômico em relação a todos os credos e religiões ou até mesmo a manifestação de não acreditar em nenhuma delas, com a ideia de proteger o cidadão e a liberdade que possui cada qual de professar uma religião ou não.

Tomada a acepção da defesa da laicidade e do direito de cada cidadão de ter liberdade de escolher sua religião ou seu credo ou até mesmo de não acreditar ou não aderir a nenhuma, no que diz respeito tanto à liberdade de religião como à imunidade dos templos, estar-se-á diante de uma garantia institucional, que se impõe em uma sociedade democrática e pluralista, na qual se faz imprescindível a convivência pacífica e sem quaisquer traços discriminatórios entre as diferentes religiões. Por revelar valores essenciais à democracia configuram núcleos duros, ou

---

[167] Apud BONAVIDES, Paulo. **Curso de direito constitucional**. 35. ed. São Paulo: Malheiros Editores, 2020, p. 557, e CANOTILHO, Joaquim José Gomes. **Direito constitucional**. 5. ed. Coimbra: Coimbra Editora, 1991, p. 195.

4. IMUNIDADE TRIBUTÁRIA DOS TEMPLOS DE QUALQUER CULTO

seja, cláusulas pétreas, institutos que não podem ser excluídos do sistema constitucional, nem mesmo por meio de emenda constitucional.

Não obstante, o direito à liberdade religiosa e a imunidade tributária dos templos de qualquer culto, se tomados na dimensão subjetiva do cidadão, enquadram-se perfeitamente em um direito fundamental, que pode se justapor às variadas dimensões.

Dessa feita, o direito à religião, bem como a imunidade tributária dos templos de qualquer culto, constituem-se verdadeiras garantias institucionais, muito embora possam configurar, se tomados em outra acepção, um direito fundamental.

Ademais, é possível agregar ao raciocínio ora firmado o entendimento de Ricardo Lobo Torres[168] em relação à imunidade tributária de ser fundamento da própria liberdade religiosa e condição de validade dos direitos fundamentais.

Agrega-se, contudo, que se trata em último substrato de garantias institucionais, não sendo teorias que se rivalizam.

Nesse contexto é que se colocam a imunidade tributária dos templos de qualquer culto e a liberdade à religião, albergadas pela CF/1988 como verdadeiras garantias institucionais, como instrumentos concretizadores da liberdade de religião e do Estado laico, elementos essenciais ao Estado Democrático de Direito.

Leandro Paulsen, contudo, defende a posição de que nem todas as imunidades tributárias configuram garantia institucional, apontando existir diferença axiológica entre a imunidade dos livros a impostos e a imunidade das receitas de exportação a contribuições sociais e interventivas:

> A primeira assegura a liberdade de manifestação do pensamento, preservando a democracia, o pluralismo, o acesso à informação, de modo que configura cláusula pétrea, não podendo ser revogada nem restringida pelo poder constituinte derivado. A segunda constitui simples elevação, em nível constitucional, da política de desoneração das exportações, podendo ser revogada ou alterada pelo constituinte derivado.[169]

---

[168] TORRES, Ricardo Lobo. **Os direitos humanos e a tributação**: imunidades e isonomia. Rio de Janeiro: Renovar, 1995.

[169] PAULSEN, Leandro. **Curso de direito tributário**. 11. ed. São Paulo: Saraiva, 2020, p. 122.

Com razão o autor, sendo possível afirmar que, efetivamente, as imunidades previstas no art. 150, VI e alíneas, da CF/1988 constituem garantias institucionais, o que inclui a imunidade dos templos de qualquer culto aqui tratada, ao passo que outras, tal qual a imunidade do Imposto sobre Transmissão de Bens Imóveis (ITBI), disposta no art. 156, § 2º, I, da CF/1988, a exemplificar, não possuem a mesma natureza.

4.3. Contextualização das imunidades tributárias: conceito e posições doutrinárias

Estabelecida a natureza, adequado se faz conceituar imunidade tributária, contextualizando o tema em contraponto com a atividade arrecadatória do Estado.

Importante consignar a essencialidade, na seara do direito tributário, da atividade arrecadatória do Estado, com intuito de fazer frente à realização de seus objetivos. E o direito tributário é a ciência de direito que tem por objeto justamente o estudo da instituição, arrecadação e fiscalização de tributos.

Em tal ponto, Leandro Paulsen bem pontua:

> O Estado, como instituição indispensável à existência de uma sociedade organizada, depende de recursos para sua manutenção e para a realização dos seus objetivos. Isso independe da ideologia que inspire as instituições políticas, tampouco do seu estágio de desenvolvimento. A tributação é inerente ao Estado, seja totalitário ou democrático. Independentemente de o Estado servir de instrumento da sociedade ou servir-se dela, a busca de recursos privados para a manutenção do Estado é uma constante na história.[170]

Historicamente, contudo, verifica-se que a tributação se originou de forma injusta e arbitrária, sem nenhum nexo de retributividade ao cidadão, com alguns traços já na Mesopotâmia:

> Peças de barro de 4000 a.C. encontrados na Mesopotâmia são os documentos escritos mais antigos que conhecemos. E o mais antigo desses documentos faz referência aos impostos. Se você acha que paga demais, agradeça por não viver naqueles dias. Além de entregar parte dos alimentos que pro-

---

[170] Ibidem, p. 22.

4. IMUNIDADE TRIBUTÁRIA DOS TEMPLOS DE QUALQUER CULTO

duziam ao governo, os Sumérios, um dos povos a viver por ali, eram obrigados a passar até cinco meses por ano trabalhando para o rei. Os menos afortunados entravam para o exército, com grandes chances de morrer em uma guerra. Quem era rico escapava: mandava escravos para fazer o serviço sujo. Assim que surgiu a moeda, eles tiveram a ideia de substituir a contribuição braçal por dinheiro.

Tonia Sharlach, arqueóloga da Universidade da Pensilvânia, nos Estados Unidos, afirma que já naquela época não havia garantia de contrapartida aos cidadãos. "Não sabemos quais os benefícios que as pessoas obtinham com o pagamento, mas presumimos que eles o faziam porque, caso contrário, o rei os mataria", diz.[171]

Na Antiguidade constata-se a existência de cobrança de impostos em decorrência de guerras, em relação aos vencidos, como também a tributação como troca de liberdade:

> No antigo Egito surge primeiramente a figura do contribuinte, que cumpria a obrigação tributária com o próprio corpo. No Egito antigo, entre os anos 4000 e 3000 a.C., cobravam-se tributos regulares nas formas indireta e direta. Na Pérsia e no Egito antigo, a tributação se desenvolveu como preço da liberdade, com a concepção pessoal de tributo nessa função.[172]

O que se denota, como aponta Fernando Aurelio Zilveti, é que, apesar da existência da tributação em si, não havia na Antiguidade um sistema tributário:

> Ao longo deste capítulo foi possível notar a grande evolução na tributação, tanto na Grécia antiga quanto em Roma. A questão do poder e seu exercício desmesurado impedem que se reconheça um Sistema Tributário, ao menos sob a perspectiva no capítulo conceitual supra. A frase da Caracala é significativa: "Ninguém exceto eu pode ter dinheiro, de modo que apenas eu possa presentear os soldados". A dimensão do poder expressa na

---

[171] VELLOSO, Rodrigo. Uma breve história dos impostos – conheça a movimentada e curiosa trajetória do instrumento de poder que determinou o curso da história. **Super Interessante**, 30 jun. 2003, atualizado em 11 abr. 2018. Disponível em: https://super.abril.com.br/historia/por-que-pagamos-impostos/. Acesso em: 20 maio 2021.
[172] ZILVETI, Fernando Aurelio. **A evolução histórica da teoria da tributação**. São Paulo: Saraiva, 2017, p. 62.

frase atribuída a Caracala simboliza como a dominação se exerceu por meio da tributação na Antiguidade.

Diversos traços sistêmicos foram observados, porém o poder incontido impede falar em Sistema Tributário. Essa forma de exercício do poder pode, inclusive, ter determinado a derrocada do império romano.[173]

Em igual passo, na era medieval, como aponta Regina Helena Costa, era claro o desrespeito a princípios básicos, como o da capacidade contributiva:

> Na Idade Média a tributação era, "além de extremamente onerosa, arbitrária e exigida dos vassalos no exclusivo interesse do suserano". O imposto mais comum era a capitação, que incidia num primeiro momento sem qualquer consideração à capacidade contributiva dos sujeitos, para depois submeter-se à graduação ou divisão por classes sociais.[174]

Essa falta de sistematização alcançava de igual modo as isenções e imunidades tributárias, valendo trazer à tona mais uma elucidação de Regina Helena Costa:

> Como observa Rosa Maria Garcia Barros, nessa época, "em total confronto com os princípios consagrados posteriormente no Estado Liberal, quais sejam, os da universalidade e da capacidade contributiva, eram os mais abonados que gozavam do privilégio da imunidade". A imunidade, assim, significava um autêntico privilégio dos nobres e da Igreja frente ao poder do Rei.
>
> A mesma situação ainda era verificada em França, no século XVIII, quando o Governo exigia impostos dos pobres, e não dos ricos. As classes privilegiadas – o clero e a nobreza – não admitiam que tivessem que pagar impostos como a gente comum, estando desobrigadas do pagamento de praticamente todas as taxas da época. Tal fator contribuiu, como sabido, para a deflagração da Revolução Francesa.[175]

---

[173] Ibidem, p. 99.
[174] COSTA, Regina Helena. **Imunidades tributárias**. 3. ed. São Paulo: Malheiros Editores, 2015, p. 32.
[175] Ibidem, p. 33.

4. IMUNIDADE TRIBUTÁRIA DOS TEMPLOS DE QUALQUER CULTO

Deveras, muitas formas de limitação ao poder de tributar foram desenvolvidas arbitrariamente, o que passou a sofrer alterações especialmente a partir das Revoluções Inglesa, Americana e Francesa, quando se verifica uma substancial evolução no sistema tributário:

> Na Declaração francesa dos Direitos do Homem e do Cidadão, de 1789, resta estampado que os tributos devem ser distribuídos entre os cidadãos e dimensionados conforme as suas possibilidades, tendo eles o direito de avaliar a necessidade das contribuições e com elas consentir através de seus representantes. Passou-se, assim, a compatibilizar a tributação – como poder do Estado de buscar recursos no patrimônio privado – com os direitos individuais. As constituições mais recentes enunciam a competência tributária com algum detalhamento e estabelecem limitações ao poder de tributar. Quando uma Constituição diz quais os tributos que podem ser instituídos, qual o veículo legislativo necessário para tanto e demais garantias a serem observadas, sabe-se, *a contrario sensu*, que o que dali desborda é inválido.[176]

As imunidades tributárias passam a ter o substrato de validade na defesa e garantia de direitos sociais e fundamentais, de forma a justificar excepcionalmente sua ocorrência.

A CF/1988, em tal seara, bem delimita a competência dos entes políticos para a instituição de tributos, sob a ótica do federalismo, por meio dos quais se dará a maior parte da captação de recursos utilizáveis a efetivar as atribuições e os objetivos perseguidos, como também circunscreve as imunidades tributárias.

Como Estado Democrático de Direito, é digno de observar que a carta constitucional brasileira dá ampla importância aos direitos e às garantias fundamentais, com vasta gama reconhecida, a supedanear o exercício de plena cidadania.

Atualmente, é possível reconhecer, inclusive, entre os direitos fundamentais, o próprio dever de cada cidadão de recolher devidamente os tributos que lhe cabem, como bem nos socorre Leandro Paulsen:

> Contribuir para as despesas públicas constitui obrigação de tal modo necessária no âmbito de um Estado de direito democrático, em que as

---

[176] PAULSEN, Leandro. **Curso de direito tributário.** 11. ed. São Paulo: Saraiva, 2020, p. 24.

receitas tributárias são a fonte primordial de custeio das atividades públicas, que se revela na Constituição enquanto dever fundamental de todos os integrantes da sociedade. Somos, efetivamente, responsáveis diretos por viabilizar a existência e o funcionamento das instituições públicas em consonância com os desígnios constitucionais. O dever de contribuir não é simples consequência do que estabelece a lei ao instituir tributos, senão seu fundamento, conforme já advertia BERLIRI em sua obra *Principi di diritto tributario*.[177]

Não se pode deixar de lembrar, entretanto, que, em contraponto ao dever de contribuir e ao poder de tributar, encontram-se os direitos fundamentais do homem como cidadão. Sobre isso, bem destaca Marconi Costa Albuquerque:

> As questões do Direito Tributário não podem, por sua vez, ficar distanciadas da temática relativa aos Direitos Fundamentais, posto que, assim não acontecendo, o mecanismo da tributação será desenvolvido muito mais como instrumento de dominação, levando à consequência perversa da concentração de renda e à exacerbação das desigualdades, do que, efetivamente, como elemento disseminador de justiça social.[178]

Exsurge no direito tributário como essencial o princípio da legalidade, consoante afirma Roque Antonio Carrazza: "1 – O princípio da legalidade é uma das mais importantes colunas sobre as quais se assenta o edifício do direito tributário. A raiz de todo ato administrativo tributário deve encontrar-se numa norma legal, nos termos expressos do art. 5º, II, da Constituição da República".[179]

Como decorrência, a repartição de competências se torna elemento essencial para o direito tributário, pois, se ao contrário fosse, teríamos algo desregrado, indutor de abusos, atendendo-se, outrossim, ao princípio da legalidade. Em tal ponto, bem assinala José Souto Maior Borges:

---

[177] PAULSEN, Leandro. **Curso de direito tributário**. 11. ed. São Paulo: Saraiva, 2020, p. 29.

[178] ALBUQUERQUE, Marconi Costa. Direitos fundamentais e tributação. *In*: SCAFF, Fernando Facury (org.). **Constitucionalismo, tributação e direitos humanos**. Rio de Janeiro: Renovar, 2007, p. 77.

[179] CARRAZZA, Roque Antonio. **Curso de direito constitucional tributário**. 31. ed. São Paulo: Malheiros Editores, 2017, p. 283.

4. IMUNIDADE TRIBUTÁRIA DOS TEMPLOS DE QUALQUER CULTO

O direito constitucional tributário ou direito tributário constitucional está constituído, então, por um complexo de regras constitucionais referentes à matéria tributária. Na justa observação de Albert Hensel, o direito tributário constitucional ocupa-se menos do poder tributário em si do que da sua limitação com a finalidade de construir um metódico sistema tributário complexo.

Integra o direito constitucional tributário o conjunto de preceitos estabelecidos na Constituição, que distribuem a competência tributária entre as pessoas jurídicas de direito público interno e disciplinam o exercício do poder de tributar. A observância dessas normas constitucionais de discriminação de rendas é, então, obrigatória para as diversas entidades cuja competência é discriminada. Lembra Rubens Gomes de Souza que, de todas as limitações constitucionais em matéria tributária, talvez a mais importante seja aquela que não é geralmente reconhecida como uma limitação, isto é, a própria discriminação de rendas. Nela se pensa mais como uma concessão de faculdades, quando, ao contrário, é uma limitação de poderes.[180]

De igual forma, a imunidade tributária encontra-se disposta no texto constitucional como meio a salvaguardar valores reconhecidos por relevantes, a constituir patamar de verdadeira garantia institucional, como já foi objeto de análise em tópico anterior, tal qual a imunidade dos templos de qualquer culto, por meio da qual se busca a proteção substancial do próprio direito à liberdade de religião.

Ricardo Lobo Torres, em tal ponto, afirma:

> Imunidade tributária, do ponto de vista conceptual, é uma relação jurídica que instrumentaliza os direitos fundamentais, ou uma qualidade da pessoa que lhe embasa o direito público subjetivo à não incidência tributária ou uma exteriorização dos direitos de liberdade que provoca a incompetência tributária do ente público.[181]

---

[180] BORGES, José Souto Maior. **Teoria geral da isenção tributária**. 3. ed. 2. tir. São Paulo: Malheiros Editores, 2007, p. 23.

[181] TORRES, Ricardo Lobo. As imunidades tributárias e os direitos humanos: problemas de legitimação. *In*: TORRES, Heleno (coord.). **Tratado de direito constitucional tributário**: estudos em homenagem a Paulo de Barros Carvalho. São Paulo: Saraiva, 2005, p. 305.

Circunscrita a razão de ser ou o elemento fundante da imunidade tributária, balizar o respectivo conceito não se traduz em matéria simples, não havendo convergência entre os doutrinadores, a partir do que há que se pontuar algumas linhas de pensamento.

Uma parcela da doutrina defende a imunidade tributária como limitação constitucional ao poder de tributar. Nesse sentido, o entendimento de Pontes de Miranda: "limitação constitucional à competência de editar regras jurídicas de imposição".[182]

Trilhando igual posição, José Souto Maior Borges assevera que "[não há, porém, hipóteses infraconstitucionais de imunidade, tecnicamente uma limitação constitucional do poder de tributar, na forma luminosa da Constituição Federal de 1988".[183]

Sob o mesmo entendimento, Rubens Gomes de Souza,[184] Aliomar Baleeiro[185] e Ives Gandra:

> Sendo a imunidade uma limitação ao poder de tributar, a expressão "atendidos os requisitos de lei", a que faz menção o texto constitucional, trata-se de normas gerais que necessitam ser disciplinadas por lei complementar, por força do art. 146, II, da CF, que dispõe: "Art. 146 – Cabe à lei complementar: [...] II – regular as limitações constitucionais ao poder de tributar;" [...].[186]

---

[182] PONTES DE MIRANDA, Francisco Cavalcanti. **Comentários à Constituição de 1967**. 2. ed. São Paulo: Revista dos Tribunais, 1970, p. 407.

[183] BORGES, José Souto Maior. **Teoria geral da isenção tributária**. 3. ed. 2. tir. São Paulo: Malheiros Editores, 2007, p. 345.

[184] SOUZA, Rubens Gomes de. **Compêndio de legislação tributária**. [S. l.]: Edições Financeiras, 1981.

[185] BALEEIRO, Aliomar. **Limitações constitucionais ao poder de tributar**. Rio de Janeiro: Revista Forense, 1951, p. 3.

[186] MARTINS, Ives Gandra da Silva; RODRIGUES, Marilene Talarico Martins. Atividades pastorais têm imunidade tributária. Parecer em consulta da CNBB. Disponível em: https://www.migalhas.com.br/arquivos/2017/12/art20171229-02.pdf##LS. Acesso em: 30 mar. 2021.

Humberto Ávila, em contrapartida, enuncia a imunidade como excludente do poder de tributar.[187] Já Alfredo Becker[188] e Amilcar de Araújo Falcão caracterizam a imunidade como hipótese de não incidência tributária: "A imunidade é, assim, uma forma de não incidência pela supressão da competência impositiva para tributar certos fatos, situações ou pessoas, por disposição constitucional".[189]

Merece destaque, por também ser partidário do entendimento de que a imunidade constitui não incidência, Ruy Barbosa Nogueira:

> Diferentemente da *Não Incidência* comum em nível de omissão voluntária ou lacuna na legislação ordinária, existe ainda a *Imunidade* que é uma *Não Incidência Qualificada*, porque as situações ou fatos são jurídica e previamente qualificados pela Constituição Federal como insuscetíveis de imposição. Dada a natureza e finalidade desses fatos ou relações fáticas eles são valorados pelo legislador constituinte em tal grau que sobre eles fica *vedada* ou *proibida*, não apenas a *cobrança* ou *exigência*, mas a própria *instituição* de imposto.[190]

Merece seja consignado, igualmente, o entendimento de imunidade como princípio constitucional de Márcio Pestana:

> O Princípio da Imunidade Tributária é o feixe de valores jurídicos, depositados na Constituição Federal, que permitem construir normas jurídicas que revelam a incompetência das pessoas políticas de direito constitucional

---

[187] ÁVILA, Humberto. **Sistema constitucional tributário**. São Paulo: Saraiva, 2012.

[188] BECKER, Alfredo Augusto. **Teoria geral do direito tributário**. São Paulo: Saraiva, 1963, p. 83: "O fenômeno da atuação dinâmica da regra jurídica, isto é, a incidência automática da regra jurídica sobre a sua hipótese de incidência, somente desencadeia-se depois da realização integral da hipótese de incidência e pelo acontecimento de todos os fatos nela previstos e que formam a composição específica àquela hipótese de incidência. Depois da incidência da regra jurídica é que ocorre a irradiação dos efeitos jurídicos, os quais consistem nas consequências (relação jurídica e seu conceito de direito e dever) predeterminadas pela regra que, juntamente com a hipótese de incidência, compõe a estrutura lógica da regra jurídica".

[189] FALCÃO, Amilcar de Araújo. **Fato gerador da obrigação tributária**. Rio de Janeiro: Forense, 1995, p. 117.

[190] NOGUEIRA, Ruy Barbosa. **Imunidades**. São Paulo: Instituto Brasileiro de Direito Tributário e Editora Resenha Tributária, 1990, p. 194.

interno para instituir tributos nas situações especificadas no Texto Constitucional.

A imunidade tributária é um dos valores lançados na ordem constitucional, sendo nele marcantes as características da *bipolaridade*, pois, a toda imunidade haverá, noutra face, a *não imunidade*; da *implicação*, pois no instante em que se expande a sua dimensão, comprime-se o seu valor reverso; da *preferibilidade*, pois, por ter um sentido, determina a conduta humana no sentido de não se gravar determinada situação com o encargo tributário.[191]

Ainda, Ricardo Lobo Torres, que trata as imunidades como "limitação absoluta ao poder tributário do Estado pelas liberdades preexistentes", destacando-se a reserva dos direitos humanos.[192]

Já Paulo de Barros Carvalho deduz entendimento mais concernente com o pensamento da doutrina moderna, no sentido de que a imunidade não exclui nem suprime competências tributárias, apenas as delimita, e conceitua:

> Classe finita e imediatamente determinável de normas jurídicas, contidas no texto da Constituição da República, e que estabelecem, de modo expresso, a incompetência das pessoas políticas de direito constitucional interno para expedir regras instituidoras de tributos que alcancem situações específicas e suficientemente caracterizadas.[193]

Para tanto, explicita o autor:

> Ora, entre as regras competenciais estão as de "imunidades", como preceitos delimitadores negativos do exercício legiferante. Quando se percorre o eixo temático das imunidades tributárias, ilustrando as prescrições constitucionais com a sequência do processo de positivação, até chegar às normas

---

[191] PESTANA, Márcio. **O princípio da imunidade tributária**. São Paulo: Revista dos Tribunais, 2001, p. 112.

[192] TORRES, Ricardo Lobo. **Os direitos humanos e a tributação**: imunidades e isonomia. Rio de Janeiro: Renovar, 1995, p. 36.

[193] CARVALHO, Paulo de Barros. **Direito tributário. Linguagem e método**. 7. ed. São Paulo: Noeses, 2018, p. 379.

individuais e concretas que dão sentido de eficácia ao sistema normativo, estar-se-á delineando o próprio desenho competencial pela Constituição.[194]

Estabelece, ademais, o autor, que se trata a imunidade de espécie normativa que "dispõe acerca da construção de outras regras",[195] portanto norma de estrutura.

Por assim dizer, Aurora Tomazini de Carvalho explana de forma didática acerca da diferença entre normas de estrutura e de comportamento, suscitando, ainda, autores que adotam a classificação, como Norberto Bobbio e Herbert Hart:

> Clássica é, na doutrina do direito, a divisão das regras jurídicas em dois grandes grupos: (i) normas de comportamento (ou de conduta); e (ii) normas de estrutura (ou de organização). As primeiras diretamente voltadas para as condutas interpessoais; e as segundas voltadas igualmente para as condutas das pessoas, porém, como objetivo final os comportamentos relacionados à produção de novas unidades jurídicas.[196]

A autora faz a importante ressalva de que as regras de estrutura dirigem-se também a condutas intersubjetivas, regulando o comportamento de produção, modificação e extinção de outras normas, e sintetiza:

> Nestes termos, são de estrutura as regras que instituem condições, fixam limites e prescrevem a conduta que servirá de meio para a construção de outras regras. São de comportamento as normas que prescrevem todas as outras relações intersubjetivas, reguladas juridicamente, desde que não referentes à formação e transformação de unidades jurídicas.[197]

Yoshiaki Ichihara também entende que a imunidade é norma que delimita negativamente a competência, ao contrário de normas de

---

[194] CARVALHO, Paulo de Barros. **Direito tributário. Linguagem e método**. 7. ed. São Paulo: Noeses, 2018, p. 383.
[195] Ibidem, p. 384.
[196] CARVALHO, Aurora Tomazini de. **Curso de teoria geral do direito**. São Paulo: Noeses, 2019, p. 367.
[197] Ibidem, p. 368.

atribuição de competência, mas observa que ela não se confunde com exclusões, limitações ou normas fundamentais:[198]

> Imunidades tributárias são normas da Constituição Federal, expressas e determinadas, que delimitam negativamente, descrevendo os contornos às normas atributivas e dentro do campo das competências tributárias, estabelecendo e criando uma área de incompetência, dirigidas às pessoas jurídicas de direito público destinatárias, com eficácia plena e aplicabilidade imediata, outorgando implicitamente direitos subjetivos aos destinatários beneficiados, não se confundindo com as normas fundamentais, vedações ou proibições expressas, com as limitações que decorrem dos princípios constitucionais, nem com a não incidência.[199]

Regina Helena Costa, de sua parte, esclarece apresentar a imunidade dúplice natureza: sob o prisma formal, "a imunidade excepciona o princípio da generalidade da tributação"; no aspecto material ou substancial, a imunidade "consiste no direito público subjetivo, de certas pessoas, de não se sujeitarem à tributação", nos termos delimitados pela CF/1988:

> A imunidade tributária, então, pode ser definida como a exoneração, fixada constitucionalmente, trazida em norma expressa impeditiva da atribuição de competência tributária ou extraível, necessariamente, de um ou mais princípios constitucionais, que confere direito público subjetivo a certas pessoas, nos termos por ela delimitados, de não se sujeitarem à tributação.[200]

A par do conceito supradestacado, a autora entende aplicável às imunidades a teoria da densificação de normas constitucionais desenvolvida por Canotilho, constituindo, dessa feita, instrumentos de realização de extrafiscalidade no plano constitucional:

---

[198] ICHIHARA, Yoshiaki. **Imunidades tributárias**. São Paulo: Atlas, 2000, p. 185. Para o autor, significa que "apenas fica implícito o aspecto espacial de aplicação, que é idêntico ao da norma atributiva de competência, já que as normas imunitórias delimitam negativamente sempre dentro do campo das competências tributárias, nunca fora dela".
[199] ICHIHARA, Yoshiaki. **Imunidades tributárias**. São Paulo: Atlas, 2000, p. 183.
[200] COSTA, Regina Helena. **Imunidades tributárias**. 3. ed. São Paulo: Malheiros Editores, 2015, p. 58.

4. IMUNIDADE TRIBUTÁRIA DOS TEMPLOS DE QUALQUER CULTO

Pode-se dizer, invocando os ensinamentos de Canotilho, que as normas imunizantes densificam *princípios estruturantes* – assim entendidos os constitutivos e indicativos de ideias diretivas básicas de toda a ordem constitucional, iluminando seu sentido jurídico-constitucional e político-constitucional.

Desse modo, parece-nos correto afirmar que os princípios federativo e da autonomia municipal são densificados pela imunidade recíproca; que o princípio da isonomia é densificado pela imunidade conferida às instituições de educação e de assistência social sem fins lucrativos; que o princípio do pluralismo partidário é densificado pela imunidade outorgada aos partidos políticos; que a liberdade de expressão e o livre acesso à cultura são densificados pela imunidade referente aos livros; que a liberdade de culto é densificada pela imunidade dos templos – e assim por diante.[201]

E arremata a autora com o duplo papel das imunidades, quais sejam, além de densificarem valores e princípios constitucionais, revelam-se como instrumentos de proteção de outros direitos fundamentais:

Assim, as imunidades tributárias desempenham duplo papel: além de densificarem valores e princípios constitucionais, conferindo autêntico direito público subjetivo de não sujeição à imposição fiscal, revelam-se, também, como instrumentos de proteção de outros direitos fundamentais – como, por exemplo, a liberdade de pensamento e de expressão.[202]

Já Leandro Paulsen compartilha do entendimento de se tratar a imunidade de norma de competência negativa: "Por se tratar de normas de competência, ainda que negativas, as imunidades têm foro exclusivo na Constituição, são *numerus clausus*".[203]

Contudo, acrescenta tratar-se a imunidade de norma negativa de competência, podendo, em algumas circunstâncias, configurar garantia fundamental:

As imunidades são normas negativas de competência tributária. Tem suporte constitucional, ainda, considerá-las como limitações ao poder de

---

[201] Ibidem, p. 79.
[202] COSTA, Regina Helena. **Imunidades tributárias**. 3. ed. São Paulo: Malheiros Editores, 2015, p. 364.
[203] PAULSEN, Leandro. **Curso de direito tributário**. 11. ed. São Paulo: Saraiva, 2020, p. 151.

tributar, sendo certo que a Constituição arrola as imunidades genéricas justamente na seção que cuida das limitações ao poder de tributar. Também podem ser percebidas e consideradas como garantias fundamentais quando estabelecidas com o escopo de proteger direitos fundamentais como o da liberdade de crença (imunidade dos templos) ou da manifestação do pensamento (imunidade dos livros). Tais imunidades compõem o estatuto jurídico-constitucional de tais garantias fundamentais, de modo que as integram.[204]

O autor ainda qualifica a imunidade como garantia fundamental quando veicula proteção de direitos fundamentais, o que não se daria com a imunidade prevista no art. 149, § 2º, I, da CF/1988.[205]

É possível averiguar, depois da análise das posições doutrinárias supradelineadas, que o entendimento moderno leva a circunscrever a imunidade tributária como regra de competência (negativa), prevista constitucionalmente, linha que será adotada.

Nessa linha mais moderna, também merece destaque Roque Antonio Carrazza, que conceitua as imunidades tributárias, pontuando ao largo que são "dotadas de forte carga axiológica", com "propriedade de aumentar a eficácia de direitos fundamentais":

> Sendo mais específicos, as imunidades tributárias acarretam, nas situações por elas descritas no texto constitucional, a incompetência das pessoas jurídicas de direito público interno, para expedirem regras que tenham por objeto a tributação. Nem o legislador, nem o administrador fazendário, nem mesmo o juiz, podem torná-las inócuas; muito menos, diminuir-lhes o alcance ou suprimi-las.[206]

---

[204] Ibidem, p. 152.
[205] Ibidem, loc. cit.: "Note-se que há uma enorme diferença axiológica entre a imunidade dos livros a impostos, prevista no art. 150, VI, *d*, da Constituição, e a imunidade das receitas de exportação a contribuições sociais e interventivas, prevista no art. 149, § 2º, I, da Constituição. A primeira assegura a liberdade de manifestação do pensamento, preservando a democracia, o pluralismo, o acesso à informação, de modo que configura cláusula pétrea, não podendo ser revogada nem restringida pelo poder constituinte derivado. A segunda constitui simples elevação, em nível constitucional, da política de desoneração das exportações, podendo ser revogada ou alterada pelo constituinte derivado".
[206] CARRAZZA, Roque Antonio. **Imunidades tributárias dos templos e instituições religiosas**. São Paulo: Noeses, 2015, p. 6-8.

4. IMUNIDADE TRIBUTÁRIA DOS TEMPLOS DE QUALQUER CULTO

E, ainda, explicita o autor:

Portanto, as regras de imunidade, defluindo diretamente da Carta Magna, sua única fonte, contribuem para dar a conformação final das competências tributárias das pessoas políticas. Ao fazê-lo, protegem da ação do próprio Poder Legislativo situações ou comportamentos que a ordem jurídica considera mais importantes do que o carreamento de dinheiro para os cofres públicos. Como corolário, impedem a ocorrência do fato imponível tributário, justamente porque vedam a criação da hipótese de incidência do tributo.[207]

De igual forma, vale citar entendimento de Aires F. Barreto:

Acompanhando a maioria da doutrina, dissemos em oportunidade anterior que a imunidade é uma exclusão da competência tributária. Reformulamos esse ponto de vista. Temos por certo, hoje, que, diferentemente, a competência tributária já nasce privada das áreas imunes. Não há nenhuma competência global, conferida no momento lógico ou cronológico (átimo 1) ao qual se segue uma subtração parcial pela imunidade (momento 2), para surgir, enfim, a competência líquida (instante 3) resultante da diminuição da imunidade do todo competência. Em outras palavras: não se pode falar em uma competência global (positiva) a ser reduzida pela imunidade (competência negativa), dando origem a um saldo de competência.[208]

Colocadas tais premissas, já se faz possível traçar um conceito de imunidade tributária como norma de delimitação negativa de competência, disciplinada pela CF/1988 e asseguradora de direitos e garantias fundamentais.

Assim é que, com base na ideia desenvolvida por Regina Helena Costa a partir da teoria da densificação das normas constitucionais de Canotilho, que assevera que as normas imunizantes densificam princípios e valores fundamentais, torna-se possível afirmar que as imunidades tributárias consubstanciam verdadeiras garantias institucionais na

---

[207] Ibidem, p. 7.
[208] BARRETO, Aires F.; BARRETO, Paulo Ayres. **ISS na Constituição e na lei**. 4. ed. Atualizado por Paulo Ayres Barreto. São Paulo: Noeses, 2018, p. 117.

medida em que albergam valores estruturantes, constituindo cláusulas pétreas, de acordo com o art. 60, § 4º, da CF/1988.

Em arremate, a imunidade tributária é norma de delimitação negativa de competência, disciplinada pela CF/1988, e asseguradora de direitos fundamentais, configurando-se, na medida em que representa a defesa de elementos constitutivos do Estado, garantia institucional e, nessa circunstância, como decorrência lógica, cláusula pétrea.

5. DA IMUNIDADE TRIBUTÁRIA E CRITÉRIOS DE INTERPRETAÇÃO

5.1. Das normas tributárias veiculadoras de imunidades tributárias e contraponto com as isenções tributárias: vetores de interpretação

A interpretação das normas imunizantes é alvo de acalorado debate na doutrina. Luís Roberto Barroso já faz entender a complexidade da interpretação das normas jurídicas:

> Já o direito se insere no campo das ciências sociais e tem, sobretudo, uma pretensão prescritiva: ele procura moldar a vida de acordo com suas normas. E normas jurídicas não são reveladas, mas, sim, criadas por decisões e escolhas políticas, tendo em vista determinadas circunstâncias e visando determinados fins. E, por terem caráter prospectivo, precisarão ser interpretadas no futuro, tendo em conta fatos e casos concretos.[209]

Para tanto, vale citar desde métodos tradicionais – gramatical, histórico, sistemático e teleológico, com base na teoria de Savigny – à hermenêutica mais moderna, no campo do direito constitucional, com a absorção de vários princípios, como os da unidade da Constituição, da força normativa da Constituição, da máxima efetividade, entre outros.

Luís Roberto Barroso alerta, outrossim, para a presença de conceitos jurídicos indeterminados, especialmente quando se trata de "princípios constitucionais, com intensa carga axiológica, como dignidade da pessoa humana, moralidade administrativa ou solidariedade social", além

---

[209] Barroso, Luís Roberto. **O controle de constitucionalidade no direito brasileiro**. 7. ed. São Paulo: Saraiva, 2016, p. 404.

de suscitar a questão do que se tem denominado "desacordo moral do razoável":

> Além dos problemas de ambiguidade da linguagem, que envolvem a determinação semântica de sentido de norma, existem, também, em uma sociedade pluralista e diversificada, o que se tem denominado de desacordo moral do razoável. Pessoas bem-intencionadas e esclarecidas, em relação a múltiplas matérias, pensam de maneira radicalmente contrária, sem conciliação possível. Cláusulas constitucionais como direito à vida, dignidade da pessoa humana ou igualdade dão margem a construções hermenêuticas distintas, por vezes contrapostas, de acordo com a pré-compreensão do intérprete. Esse fenômeno se revela em questões que são controvertidas em todo o mundo, inclusive no Brasil, como por exemplo, interrupção de gestação, pesquisas com células-tronco embrionárias, eutanásia/ortotanásia, uniões homoafetivas, em meio a inúmeras outras. Nessas matérias, como regra geral, o papel do direito e do Estado deve ser o de assegurar que cada pessoa possa viver sua autonomia da vontade e suas crenças. Ainda assim, inúmeras complexidades surgem, motivadas por visões filosóficas e religiosas diversas.[210]

Nesse cenário atual é que deve ser esmiuçada a questão da interpretação, se teria um condão literal e restritivo ou ampliativo, quando se tratar da aplicação das normas imunizantes.

Para tanto, anota-se, primeiro, que se aplica o critério adotado por Luiz Alberto David Araujo e Vidal Serrano Nunes Júnior, que classificam a interpretação, quanto à extensão, em declarativa, extensiva e restritiva.[211]

Para aclarar, faz-se relevante trazer à tona que parcela da doutrina, bem como integrantes da própria sociedade, carrega a ideia superada de que as imunidades e isenções tributárias consistiriam em um favor ou privilégio, talvez por questão até mesmo histórica, pois no passado realmente havia benefícios fiscais concedidos de forma arbitrária ou com base em privilégios pessoais.

---

[210] Ibidem, p. 405.
[211] ARAUJO, Luiz Alberto David; NUNES JÚNIOR, Vidal Serrano. **Curso de direito constitucional**. 23. ed. Santana de Parnaíba (SP): Manole, 2021, p. 100.

5. DA IMUNIDADE TRIBUTÁRIA E CRITÉRIOS DE INTERPRETAÇÃO

A conceber imunidade como privilégio, cite-se Fernando Lemme Weiss:

> O Constituinte criou as imunidades tributárias por não confiar no legislador, que sofre mais a influência do imediatismo arrecadador do Executivo. Esta decisão importou em um grave erro que afastou a possibilidade de ponderação pelo legislador entre a capacidade contributiva concreta tanto do contribuinte de fato (consumidor) quanto do de direito, que ocorre em todos os outros países. O engessamento causado pela colocação dos privilégios na Constituição proporciona fraudes, exageros, graves perdas de arrecadação e uma enorme concentração de renda, além da elevação da carga tributária sobre os que não conseguiram excluir-se.
>
> É difícil crer que só o Brasil tenha encontrado o caminho correto para a proteção dos direitos fundamentais, através da instituição das imunidades. Não é coincidência que o único país que optou por listar imunidades sofra com uma das mais injustas cargas tributárias, a maior taxa de juros, uma das maiores concentrações de renda e a maior dívida pública.[212]

No entanto, esse raciocínio já resta superado, como bem afirma José Souto Maior Borges:

> As isenções tributárias estão, hoje, sob regência do princípio constitucional de isonomia. Somente por uma "transmigração", "propagação" ou "contágio" do direito, como diria Uckmar, ainda se fala, esporadicamente, em doutrina, no "privilégio" da isenção. Esse tratamento do problema representa apenas um "resíduo" de concepções imperantes sob regimes historicamente superados. Está portanto em defasagem com a conceituação moderna do instituto da isenção.
>
> Falar em privilégio ou em favor, nessas hipóteses, dando aos termos sentido figurado, é introduzir na linguagem científica imprecisões e equívocos. O que se verifica, consoante exposto, é uma radical incompatibilidade entre os antigos privilégios e o ordenamento constitucional vigente no país.
>
> A doutrina nacional mais autorizada rechaça a concepção da isenção como privilégio legalmente instituído.[213]

---

[212] WEISS, Fernando Lemme. **Princípios tributários e financeiros**. Rio de Janeiro: Lumen Juris, 2006, p. 143.
[213] BORGES, José Souto Maior. **Teoria geral da isenção tributária**. São Paulo: Malheiros Editores, 2007, p. 68.

Por certo, parece se tratar de pensamento isolado e obsoleto, que retrata condição histórica já há muito ultrapassada. Ademais, é bom afirmar que há no Brasil problemas econômicos, culturais e sociais e mesmo de ordem tributária que decorrem de motivações desconectadas das imunidades e isenções tributárias. Pondere-se que, a exemplificar, uma das principais causas de desequilíbrio tributário no Brasil consiste na tributação que se efetiva intensamente na forma indireta, na contramão do que ocorre em outros países.

Inclusive, em estudo realizado pelos pesquisadores e professores Raphael Corbi, da USP, e Fábio Sanches, do Insper, há que se afastar, no caso dos templos de qualquer culto, a existência de potencial prejuízo arrecadatório, o que seria outro elemento a corroborar algumas posições contrárias à imunidade. Apesar da pesquisa estar voltada ao impacto da imunidade à expansão de pentecostais, com reflexo na representação legislativa, apuram que a taxação em tais casos não teria impacto expressivo:

> A taxação não teria, entretanto, impacto expressivo nas **contas públicas**. A aplicação de alíquotas de 10% a 40% sobre o rendimento resultaria na arrecadação de R$ 3,4 bilhões a R$ 5,8 bilhões anuais, montantes inferiores a 0,1% do Produto Interno Bruto (PIB).
>
> Para esses cálculos, foram consideradas estimativas de receita das igrejas feitas pelo Fisco. Segundo os pesquisadores, ainda que possam estar subestimados, os dados da Receita sugerem um potencial de arrecadação baixo.[214]

Assim é que as isenções e imunidades, em lugar de se tratar de favores ou privilégios, voltam-se, na verdade, a resguardar valores substanciais e vitais, que se tornam imprescindíveis até mesmo para fins de fazer valer o princípio da isonomia, para a defesa de minorias e de outros valores cruciais em determinado contexto político e econômico.

Questão de ordem que se faz relevante é estabelecer a diferença entre as isenções e imunidades tributárias, como explicita Luciano Amaro:

---

[214] *Imunidade tributária contribui para multiplicação de igrejas evangélicas.* https://www.insper.edu.br/conhecimento/politicas-publicas/imunidade-tributaria-contribui-para-multiplicacao-de-igrejas-evangelicas/

5. DA IMUNIDADE TRIBUTÁRIA E CRITÉRIOS DE INTERPRETAÇÃO

A imunidade e isenção distinguem-se em função do plano em que atuam. A primeira opera no plano da competência, e a segunda atua no plano da definição da incidência. Ou seja, a imunidade é técnica utilizada pelo constituinte no momento em que define o campo sobre o qual outorga competência. Diz, por exemplo, o constituinte: "Compete a União tributar a renda, exceto a das instituições de assistência". Logo, a renda dessas entidades não integra o conjunto de situações sobre que pode exercitar-se aquela competência. A imunidade, que reveste a hipótese excepcionada, atua, pois, no plano da competência tributária. Já a isenção se coloca no plano da definição da incidência do tributo, a ser implementada pela lei (geralmente ordinária) através da qual se exercite a competência tributária.[215]

Em decorrência da distinção estabelecida, é forçoso reconhecer que a imunidade, prevista constitucionalmente, em regra, é garantidora de direitos fundamentais, e não pode ser modificada nem mesmo por emenda constitucional, constituindo cláusula pétrea. Já a isenção decorre de norma infraconstitucional, e, na ausência de previsão, ou revogada a legislação, o tributo passa a incidir.

Tratando-se de institutos distintos e a partir do que dispõe o art. 111, II, do Código Tributário Nacional (CTN), parte da doutrina entende que a interpretação acerca das normas de tais institutos deve ser diferente, devendo as normas isentivas, por força legal, sofrer interpretação literal, o que não ocorreria com as imunidades tributárias.[216]

Há autores, por outro lado, que defendem uma interpretação restritiva das imunidades, tal qual ocorreria com as isenções.

Partilha desse entendimento Pontes de Miranda, que entende deve ser restritiva a interpretação das imunidades.[217]

A partir da disposição legal referendada, muitos autores entendem que, enquanto as isenções tributárias devem ser interpretadas restritivamente, as imunidades tributárias seriam interpretadas amplamente.

---

[215] AMARO, Luciano. **Direito tributário brasileiro**. 16. ed. São Paulo: Saraiva, 2010, p. 265.
[216] Art. 111 do CTN: "Interpreta-se literalmente a legislação tributária que disponha sobre: [...] II – outorga de isenção".
[217] PONTES DE MIRANDA, Francisco Cavalcanti. Comentários. Vol. 1º, p. 510. *In*: BALEEIRO, Aliomar. **Limitações constitucionais ao poder de tributar**. Rio de Janeiro: Revista Forense, 1951, p. 113.

Parte dos autores que defendem a interpretação ampliativa das imunidades argumenta tratar-se, justamente, de referenciar uma defesa dos direitos fundamentais que subsidiam.

Há que se atentar, nesse diapasão, o fim almejado pela CF/1988 quando albergou em seu bojo a imunidade tributária como proteção dos direitos fundamentais do cidadão, como valores eleitos como fundantes do Estado Democrático.

Esclarecedoras as palavras de Uadi Lammêgo Bulos:

> A expressão Estado Democrático de Direito, tal qual empregada pelo constituinte de 1988, serve para abranger os valores que informam a República Federativa do Brasil, dentre os quais a liberdade pessoal, a liberdade de consciência, a liberdade de pensamento em toda a sua extensão (liberdade de discurso, liberdade de imprensa, liberdade de manifestação do pensamento), a inviolabilidade da vida, do sigilo da correspondência, do domicílio, das comunicações, do devido processo legal (em toda sua extensão), da igualdade de todos perante a lei, da irretroatividade da lei penal, exceto para beneficiar o réu, a liberdade de culto, de locomoção, de associação, do direito de greve, dos direitos econômicos, sociais, trabalhistas, previdenciários etc.[218]

Efetivamente, não se pode examinar o instituto em apreço ou até mesmo interpretar as nomas imunizantes sem deixar de considerar os valores que abarcam. Alerta Caio de Azevedo Trindade:

> O afastamento da vinculação da imunidade tributária dos direitos humanos trouxe diversos pontos negativos. Tratada como simples limitação da competência tributária, a interpretação das imunidades desvinculou-se dos direitos fundamentais que visa proteger, possibilitando, com isso, o abuso do poder fiscal, seja pretendendo diminuir o aspecto de incidência das imunidades, seja conferindo interpretação restritiva ao instituto da Imunidade, seja, ainda, estabelecendo empecilhos legislativos à fruição das imunidades pelos contribuintes.

---

[218] BULOS, Uadi Lammêgo. **Constituição Federal anotada**. São Paulo: Saraiva, 2015, p. 55.

5. DA IMUNIDADE TRIBUTÁRIA E CRITÉRIOS DE INTERPRETAÇÃO

O que se deve ter em vista, porém, é que a interpretação da Imunidade Tributária tem de se dar exatamente na via oposta.[219]

Relata José Souto Maior Borges que a própria isenção, apesar do contido no art. 111, II, do CTN, pode ser objeto de interpretação extensiva ou analógica:

> Com toda a procedência, portanto, Vanoni criticou a falta de razão do princípio de vedação da interpretação extensiva ou analógica das leis que isentam de obrigações tributárias. A isenção não é um privilégio, mas o reconhecimento de menor capacidade para suportar o tributo. Repugna negar o tratamento mais favorável, admitido em lei para casos particulares, a hipótese de capacidade contributiva idêntica à dos casos nela expressamente previstos.[220]

Importa sublinhar, é claro, que os valores veiculados pelas imunidades e isenções tributárias são de ordens diversas, o que determinará o grau de extensão da interpretação da norma jurídica. Tal não significa afirmar devam as isenções sofrer interpretação restrita a definhar o direito do contribuinte e cidadão. Heleno Torres, a respeito do art. 111, II, do CTN, aclara:

> No Brasil, o legislador fez uma escolha para interpretar as normas de isenções tributárias, que foi o emprego do art. 111, II, do CTN, como dirigismo hermenêutico para estabelecer uma interpretação literal destas leis. Este é o seu sentido. Não quer dizer que se faça interpretação do texto por literalidade. Até porque a própria compreensão do que seja isenção ou redução de base de cálculo, como visto acima, já exige um esforço de hermenêutica especificadora.
>
> O que este texto prescreve, por razões de segurança, é o emprego de uma interpretação "literal" como equivalente de "interpretação especificadora", para evitar que o Fisco possa fazer uso de "interpretação extensiva" das restrições ou limites das isenções, para restringir seu aproveita-

---

[219] TRINDADE, Caio de Azevedo. A imunidade tributária como instrumento de garantia e efetivação dos direitos humanos. *In*: SCAFF, Fernando Facury (org.). **Constitucionalismo, tributação e direitos humanos**. Rio de Janeiro: Renovar, 2007, p. 92.
[220] BORGES, José Souto Maior. **Teoria geral da isenção tributária**. São Paulo: Malheiros Editores, 2007, p. 128.

mento; ou mesmo de "interpretação restritiva", no que concerne ao acesso e alcance da isenção.[221]

De modo consequente, é possível afirmar que a imunidade carrega uma maior carga valorativa, devendo, pois, sofrer interpretação ampliativa.

Nessa lógica, Aliomar Baleeiro já manifestava entendimento de que a imunidade deveria ter interpretação sem restrições, tal como dispunha em relação à imunidade dos templos de qualquer culto:

> A imunidade relativa aos "templos de qualquer culto" só produzirá todos os frutos almejados pela Constituição se for interpretada sem distinções sutis nem restrições mesquinhas. O culto não tem capacidade econômica. Não é fato econômico. O templo não deve ser apenas a igreja, sinagoga ou edifício principal, onde se celebra a cerimônia pública, mas também a dependência acaso contígua, o convento, os anexos por força de expressão, desde que não empregados em fins econômicos. Pontes de Miranda, entretanto, sustenta interpretação restritiva.[222]

Roque Antonio Carrazza, também por esse ângulo, entende aplicar-se às imunidades tributárias interpretação ampla:

> VII – Logo, desobedecer a uma regra de imunidade equivale a incidir em inconstitucionalidade. Ou, parafraseando Aliomar Baleeiro, "*as imunidades tornam inconstitucionais as leis ordinárias que as desafiam*".
> Aproveitando o mote, permitimo-nos acrescentar: *as imunidades tornam duplamente inconstitucionais as manifestações interpretativas e os atos administrativos que as desafiam.*
> De fato, se nem a lei pode anular ou restringir as situações de imunidade contempladas na Constituição, por muito maior razão não o poderão fazer o intérprete e o aplicador das normas tributárias.

---

[221] TORRES, Heleno. Interpretação literal das isenções é garantia de segurança jurídica. **ConJur**, 20 maio 2020. Disponível em: https://www.conjur.com.br/2020-mai-20/consultor--tributario-interpretacao-literal-isencoes-garan tia-seguranca-juridica. Acesso em: 25 mar. 2021.

[222] BALEEIRO, Aliomar. **Limitações constitucionais ao poder de tributar**. Rio de Janeiro: Revista Forense, 1951, p. 112.

5. DA IMUNIDADE TRIBUTÁRIA E CRITÉRIOS DE INTERPRETAÇÃO

Em suma, criar tributos, só a lei pode; violar imunidades tributárias, nem ela pode.

VIII – Por isso tudo, a interpretação, vale dizer, a construção do sentido dos preceitos imunizantes, há de ser *ampla e generosa* (Geraldo Ataliba), já que eles expressam a vontade do constituinte originário de preservar da tributação *valores* de particular significado político, social, religioso, econômico etc. Noutros torneios, as normas constitucionais que tratam do assunto devem ser interpretadas teleologicamente e da forma mais ampla possível (interpretação extensiva), em sintonia, de resto, com a regra "*in dubio pro immunitatem*". Nenhum artifício poderá ser criado, pelo legislador, em ordem a costear a *voluntas constitutionis*, com seus princípios e postulados.[223]

Regina Helena Costa, em posição diferenciada, aponta que a interpretação das normas imunizantes deva se dar na "exata medida", nem a interpretação ampla e extensiva, nem a literal:

Desse modo, a interpretação da norma imunitória deve ser efetuada na exata medida; naquela necessária a fazer dela exsurgir o princípio ou valor nela albergado. Sendo assim, não se apresenta legítima a interpretação ampla e extensiva, conducente a abrigar, sob o manto da norma imunizante, mais do que aquilo que quer a Constituição, nem a chamada "interpretação literal", destinada a estreitar, indevidamente, os limites da exoneração tributária. Em ambos os casos o querer constitucional estaria vulnerado.

Apresenta-se, então, superado, o entendimento segundo o qual a interpretação deve ser estrita e literal, pois, como garantia constitucional que é, a norma imunizante merece ser interpretada generosamente.[224]

Outrossim, com o intuito de configurar a interpretação das normas imunizantes, parte da doutrina, tal como Yoshiaki Ichihara, entende que as imunidades não "podem ser confundidas nem tratadas como direitos fundamentais, que estão relacionados com o respeito à dignidade

---

[223] CARRAZZA, Roque Antonio. **Imunidades tributárias dos templos e instituições religiosas**. São Paulo: Noeses, 2015, p. 15.
[224] COSTA, Regina Helena. **Imunidades tributárias**. 3. ed. São Paulo: Malheiros Editores, 2015, p. 127.

(= liberdade, igualdade e fraternidade) do homem",[225] diferentemente de outros, como Ricardo Lobo Torres, que afirma estarem as imunidades ligadas aos direitos fundamentais e, por isso, irrevogáveis,[226] ou, ainda, Roque Carrazza:

> Todavia, mesmo que se aceite este modo de pensar, é incontestável que, quando a imunidade tributária prestigia valores consagrados na Constituição Federal, não há espaço jurídico para emendas constitucionais que os fragilizem, restrinjam ou, pior, anulem. Por maior razão, isso não pode ser feito por meio de atos normativos infraconstitucionais ou interpretações "muito a propósito". Enfim, as situações de imunidade tributária jamais podem ser ignoradas.[227]

Essencial deixar clara a diferença entre os diversos institutos aqui trazidos à baila: normas imunizantes, direitos fundamentais e garantias institucionais.

Já foi objeto de análise no decorrer deste trabalho a definição de cada um dos institutos, ficando claro se tratar de institutos autônomos e distintos.

Não obstante se tratar de institutos distintos, fato é que as imunidades, aqui definidas como normas de delimitação negativa de competência, disciplinadas pela CF/1988 e asseguradoras de direitos e garantias fundamentais, albergam em si a defesa de direitos fundantes e diretrizes consagrados pela ordem constitucional do Brasil, como Estado Democrático de Direito, que tem por base estrutural a garantia da dignidade e cidadania dos cidadãos.

Decorre de tal entendimento que as imunidades tributárias encerram em si a veiculação de direitos fundamentais e consubstanciam garantias institucionais.[228]

---

[225] ICHIHARA, Yoshiaki. **Imunidades tributárias**. São Paulo: Atlas, 2000, p. 169.
[226] TORRES, Ricardo Lobo. **Os direitos humanos e a tributação**: imunidades e isonomia. Rio de Janeiro: Renovar, 1995.
[227] CARRAZZA, Roque Antonio. **Imunidades tributárias dos templos e instituições religiosas**. São Paulo: Noeses, 2015, p. 18.
[228] Verificar observação feita no item 4.2 acerca da imunidade tributária, por meio da qual algumas estariam circunscritas como garantia institucional e outras não.

5. DA IMUNIDADE TRIBUTÁRIA E CRITÉRIOS DE INTERPRETAÇÃO

Nesse seguimento, a interpretação das normas imunizantes, como vetor à consagração dos direitos fundamentais, em uma estrutura social pluralista, deve ser francamente ampliativa, o que deve se aplicar à imunidade dos templos de qualquer culto, como instrumento concretizador do direito à liberdade de religião.[229]

5.2. Dos templos de qualquer culto. Conceito e alcance da expressão para fins de imunidade tributária

A imunidade tributária dos templos de qualquer culto se encontra disciplinada pelo art. 150, VI, "b", da CF/1988, nos seguintes termos:

> Art. 150. Sem prejuízo de outras garantias asseguradas ao contribuinte, é vedado à União, aos Estados, ao Distrito Federal e aos Municípios:
> [...]
> VI – instituir impostos sobre:
> [...]
> b) templos de qualquer culto;

Não obstante, nenhuma indicação ou aclaramento há a respeito do termo "templo". De acordo com o dicionário Oxford Languages,[230] templo, substantivo masculino, seria: "1. na Roma antiga, espaço descoberto consagrado pelos áugures. 2. edifício público erigido em honra de uma ou mais divindades".

Na Antiguidade, como ressalta Márcio Mariguela, destacava-se o caráter divino do templo:

> [...] templo designava um espaço descoberto e delimitado consagrado pelos áugures (sacerdotes ou sacerdotisas que realizavam predições sobre os desígnios dos deuses). Era também um edifício público construído para

---

[229] Importa acrescentar que se trata de alteração de entendimento expressada em artigo publicado em: SERRANO, Mônica de A. Magalhães (org.). **Tratado das imunidades e isenções tributárias**. São Paulo: Verbatim, 2011, p. 283.

[230] TEMPLO. *In*: OXFORD LANGUAGES AND GOOGLE. Disponível em: https://www.google.com/search?q= templo+significado&rlz=1C1CHZN_pt-BRBR946BR946&oq=templo+&aqs=chrome.2.69i59l2j35i39j69i57j0i 433j69i60l3.3643j0j7&sourceid=chrome&ie=UTF-8., Acesso em: 31 mar. 2021.

honrar e cultuar uma ou mais divindades. Tinha por função ser o lugar onde o tempo futuro era predito pelo áugure.[231]

Efetivamente, não há como se desconectar de certo caráter de divindade ou espiritualidade para a definição de templo. Márcio Mariguela assim o conceitua:

> O templo eterniza a tensa relação entre o mundo dos deuses e o mundo dos homens. É o lugar onde a relação encontra sua definição: é o campo no qual ocorre o eterno jogo de forças entre o divino e o humano. O tempo deste jogo é indefinido e condição essencial para o exercício da espiritualidade através do qual o humano se torna transcendente quer pela criação do próprio templo no tempo, quer pela transformação de si como ato de superação de suas próprias forças.[232]

Outrossim, templo pode ser considerado o local onde se pratica o culto, sendo certo que muitas religiões adotam denominações próprias, tal como "igreja" para o cristianismo, "mesquita" para o islamismo, "pagode" para o budismo, "terreiro", "roça" ou "casa de candomblé" para as religiões afro-brasileiras, entre outras.

Resta, então, entender qual seria a extensão a ser adotada em relação à imunidade dos templos de qualquer culto para fins de imunidade tributária.

Para seguir o princípio da laicidade e acolher a pluralidade de religiões existentes em um país democrático como o Brasil, há que se tomar uma acepção ampla de templo e culto.

Nesse sentido, Paulo de Barros Carvalho, que bem distingue templo de culto:

> Dúvidas surgiram sobre a amplitude semântica do vocábulo *culto*, pois, na conformidade da acepção que tomarmos, a outra palavra – *templo* – ficará prejudicada. Somos por uma interpretação extremamente lassa da locução *culto religioso*. Cabem no campo de sua irradiação semântica todas as formas racionalmente possíveis de manifestação organizada de religiosidade, por

---

[231] MARIGUELA, Márcio. Tempo e o Templo (1). **Jornal de Piracicaba**, Caderno Cultura, 23 jun. 2014. Disponível em: https://marciomariguela.com.br/o-tempo-e-o-templo-1/. Acesso em: 31 mar. 2021.
[232] Ibidem.

5. DA IMUNIDADE TRIBUTÁRIA E CRITÉRIOS DE INTERPRETAÇÃO

mais estrambóticas, extravagantes ou exóticas que sejam. E as edificações onde se realizarem esses rituais haverão de ser consideradas *templos*. Prescindível dizer que o interesse da coletividade e todos os valores fundamentais tutelados pela ordem jurídica concorrem para estabelecer os limites de efusão da fé religiosa e a devida utilização dos templos onde se realize. E quanto ao âmbito de compreensão destes últimos (os templos), também há de prevalecer uma exegese bem larga, atentando-se, apenas, para os fins específicos de sua utilização.[233]

Atualmente, podem ser identificadas três linhas de entendimento acerca do significado e da extensão do termo "templo" para fins da imunidade tributária. Uma restritiva, a partir da qual o templo se restringe tão somente ao local do culto.

Uma segunda posição intermediária, defendida por Aliomar Baleeiro, a partir da qual a imunidade atingiria o local do culto e as demais instalações conexas a tal finalidade:

> 37. O "templo de qualquer culto" não é apenas a materialidade do edifício, que estaria sujeito tão só ao imposto predial do Município, se não existisse a franquia inserta na lei máxima. Um edifício só é templo se o completam as instalações ou pertenças adequadas àquele fim, ou se o utilizam efetivamente no culto ou prática religiosa.
>
> Destarte, "templo", no art. 31, V, "b", compreende o próprio culto e tudo quanto vincula o órgão à função.
>
> Por certo, nenhum governante em estado de saúde mental pensaria em tributar a missa ou o batismo, nem decretaria a Câmara de Vereadores licença ou taxa, pelo toque de sinos ou pelo número de círios acesos.[234]

E, mais atinente aos ideais modernos, uma posição que segue a interpretação de templo com ampla conotação.

Assim, na esteira da posição já externada no tocante à interpretação, que deve ser ampliativa, igualmente a acepção do vocábulo "templo" deve ser compreendida da forma mais ampla possível, sendo, por certo,

---

[233] CARVALHO, Paulo de Barros. **Direito tributário, linguagem e método**. 7. ed. São Paulo: Noeses, 2018, p. 388.
[234] BALEEIRO, Aliomar. **Limitações constitucionais ao poder de tributar**. Rio de Janeiro: Revista Forense, 1951, p. 112.

o entendimento que mais se coaduna com o Estado Social e Democrático de Direito.

Como bem menciona Caio de Azevedo Trindade:

> A Imunidade dos Templos de qualquer culto não se limita ao conceito de templo enquanto edificação, ou mesmo apenas local de oração. Deve-se identificá-la com a própria Religião, estendendo-se a proteção ao exercício do culto em todas as suas manifestações, assim como aos locais em que é praticado.[235]

Insta salientar que tomar o vocábulo nessa acepção ampla viabiliza a defesa do direito fundamental consistente na liberdade de consciência e de crença, que deve absorver o templo representativo de todas as religiões.

Já alertava Aliomar Baleeiro o risco de intolerâncias:

> Mas existe o perigo remoto da intolerância para com o culto das minorias, sobretudo se estas se formam de elementos étnicos diversos, hipótese perfeitamente possível num país de imigração, onde já se situaram núcleos protestantes, budistas, israelitas, maometanos, xintoístas e sempre existiram fetichistas de fundo afro-brasileiro. Na jurisprudência recente, há notícia de culto praticamente proibido a pretexto de que contrafazia, pela semelhança, outro culto, argumento que poderia servir para recíproco estorvo de tantos ritos protestantes bem pouco diferençáveis entre si.
>
> A imunidade relativa aos "templos de qualquer culto" só produzirá todos os frutos almejados pela Constituição se for interpretada sem distinções sutis nem restrições mesquinhas. O culto não tem capacidade econômica. Não é fato econômico. O templo não deve ser apenas a igreja, sinagoga ou edifício principal, onde se celebra a cerimônia pública, mas também a dependência acaso contígua, o convento, os anexos por força de compreensão, desde que não empregados em fins econômicos. Pontes de Miranda, entretanto, sustenta interpretação restritiva.[236]

---

[235] TRINDADE, Caio de Azevedo. A imunidade tributária como instrumento de garantia e efetivação dos direitos humanos. *In*: SCAFF, Fernando Facury (org.). **Constitucionalismo, tributação e direitos humanos**. Rio de Janeiro: Renovar, 2007, p. 101.

[236] BALEEIRO, Aliomar. **Limitações constitucionais ao poder de tributar**. Rio de Janeiro: Revista Forense, 1951, p. 112-113.

5. DA IMUNIDADE TRIBUTÁRIA E CRITÉRIOS DE INTERPRETAÇÃO

Há que se relembrar o direito fundamental à paz e ao pluralismo ideológico e religioso, a afastar condutas discriminatórias e intolerantes. Em tal ponto, Ricardo Lobo Torres suscita a necessidade de não excluir minorias, apesar de pontuar que deve haver respeito às finalidades essenciais dos templos:

> No que pertine ao templo como sujeito de relações jurídicas a compreensão da imunidade deve ser a mais ampla possível, para se evitar qualquer prejuízo à religião das minorias. O controle administrativo ou judicial, como vimos antes, se restringirá aos abusos e à extrapolação das fronteiras da religiosidade. Para a garantia dos direitos fundamentais não há necessidade de se interpretar a essência ou conteúdo da religião.
>
> Já no que concerne à extensão da imunidade o problema merece solução diferente. Impõe-se a interpretação que se afirme nos limites da possibilidade expressiva da nova fórmula constitucional referente às "finalidades essenciais" dos templos. O patrimônio, a renda e os serviços que não forem ligados essencialmente à finalidade religiosa não devem ser considerados imunes.[237]

Vale pontuar, contudo, que o respeito às finalidades essenciais dos templos, as quais, por assim dizer, presumem-se, não tira o caráter extensivo que a acepção do termo deve ter, de forma a absorver todas as religiões, sem quaisquer restrições ou caráter discriminatório. Em tal ponto, eventual desvio de função deve ser objeto de devida comprovação. A presunção, relativa, milita em favor da imunidade, de acordo, inclusive, com precedente do Superior Tribunal de Justiça (STJ)[238] e do STF:

> Assim, diante de vedação constitucional a incidência de imposto sobre o patrimônio relacionado com as finalidades essenciais de entidades de educação e de assistência social, impunha-se afastar a cobrança do aludido tributo. Sobre a matéria, a jurisprudência do SUPREMO TRIBUNAL FEDERAL é firme no sentido de que há presunção que milita em favor das entidades beneficiadas no tocante à regra imunizante contida na supracitada norma

---

[237] TORRES, Ricardo Lobo. **Os direitos humanos e a tributação**: imunidades e isonomia. Rio de Janeiro: Renovar, 1995, p. 216.
[238] AgRg no AREsp 239.268/MG, Agravo Regimental no Agravo em Recurso Especial 2012/0210082-0, Min. Mauro Campbell Marques, 2ª Turma, julgamento em 06/12/2012.

constitucional. Desse modo, cabe ao Fisco afastá-la com a finalidade de cobrar os impostos que lhe são devidos.[239]

Logo, a conotação das expressões "culto" e "templo", guardadas as distinções dos vocábulos, merece ampla interpretação. Em tal ponto, Roque Antonio Carrazza:

> Não é difícil perceber, pois, que a imunidade tributária dos templos de qualquer culto reforça e salvaguarda o *princípio da liberdade religiosa*. Tipifica, no dizer expressivo de Ricardo Lobo Torres, seu *contraponto fiscal*. Justamente por este motivo, a imunidade do art. 150, VI, *b*, da Constituição Federal, deve ser interpretada com vistas largas. Mais do que o templo propriamente dito, isto é, o local destinado a cerimônias religiosas, a desoneração constitucional alcança a própria entidade mantenedora (a Igreja), além de estender-se, como já vimos, a tudo o que se relacionar às liturgias.[240]

5.2.1. Da interpretação extensiva da imunidade dos templos de qualquer culto e algumas questões controversas

Demonstrou-se a aplicabilidade de interpretação extensiva tanto à imunidade tributária como garantia institucional da liberdade à religião e do próprio princípio de laicidade quanto aos vocábulos "culto" e "templos".

Há casos, contudo, que suscitam controvérsias no bojo da doutrina e da jurisprudência acerca da aplicabilidade da imunidade.

No tocante ao templo em si, restritamente falando, não pairam dúvidas sobre a aplicação da norma imunizante, mas algumas circunstâncias provocam dúvidas e debates, tal como se a imunidade alcança todos os bens pertencentes à igreja, como os imóveis alugados e respectivos rendimentos, a residência dos párocos ou pastores, entre outros. Vejamos alguns casos controversos.

A imunidade dos templos de qualquer culto, prevista no art. 150, VI, "b", da CF/1988, abrange os impostos incidentes sobre patrimônio, renda e serviços, relacionados às finalidades essenciais das entidades religiosas.

---

[239] ARE 1.129.395/RJ, Recurso Extraordinário com Agravo, Rel. Min. Alexandre de Moraes, julgamento em 07/05/2018.
[240] CARRAZZA, Roque Antonio. **Imunidades tributárias dos templos e instituições religiosas**. São Paulo: Noeses, 2015, p. 26.

5. DA IMUNIDADE TRIBUTÁRIA E CRITÉRIOS DE INTERPRETAÇÃO

Muito se debate acerca da interpretação a ser aplicada a tal dispositivo constitucional, a qual, como já afirmado, na linha de pensamento mais moderno, deve ser extensiva.

E a interpretação assim deve ser pois a imunidade tributária em questão visa resguardar, justamente, o direito à liberdade religiosa, como também a laicidade, os quais constituem elementos estruturantes de um Estado Democrático de Direito, no bojo do qual deve ser preservado o pluralismo religioso e cultural, em todos os seus aspectos.

Nesse sentido, é preciso firmar o entendimento de qual é o objeto e fundamento da imunidade tributária dos templos de qualquer culto.

Não se trata aqui de imunidade tributária, que tem por substrato a inexistência de capacidade contributiva.[241] Tal equívoco é retratado com eloquência por Regina Helena Costa:

> Em verdade, a imunidade pressupõe a existência de capacidade econômica. Com efeito, ausente tal capacidade, despindo-se o fato em foco de conteúdo econômico, a situação seria de mera não incidência, na dicção da doutrina tradicional; ou, como preferimos, de irrelevância para o Direito Tributário. Em outras palavras, tal situação traduzir-se-ia em "atipicidade", e não haveria sentido na instituição da imunidade. Não estaria presente, nesse contexto, a capacidade contributiva, em seu sentido objetivo.
>
> Essa afirmação, como visto, não significa a existência de capacidade contributiva dos sujeitos imunes. Pensamos que dentre os casos de imunidade estão, exatamente, os mais significativos exemplos de situação de existência de capacidade econômica, mas ausência de capacidade contributiva. Basta apenas lembrar a imunidade recíproca das pessoas políticas. Mesmo podendo verificar-se a existência de capacidade econômica de tais entes, certamente lhes falta aptidão para contribuir, pois que toda sua capacidade econômica deve ser vertida à consecução dos serviços que estão a seu cargo.[242]

O que importa verificar, pois, é que se trata de uma proteção ao patrimônio e à renda do templo propriamente dito, constituído para finalidade essencial. Desde que existente capacidade econômica, mas utili-

---

[241] Esse ponto é objeto de análise específica contida no item 7.1 deste trabalho.
[242] COSTA, Regina Helena. **Imunidades tributárias**. 3. ed. São Paulo: Malheiros Editores, 2015, p. 96.

zada pelo ente imune para a realização das finalidades para as quais foi constituída, deve ser reconhecida a imunidade.[243]

Nesse diapasão, a imunidade deverá abranger todo o patrimônio, extensivamente, e não somente o templo em si.

Assim, os imóveis locados pela entidade religiosa devem ser alcançados pela norma imunizante.

O STF, inclusive, já sedimentou entendimento no sentido de que deve incidir a imunidade tributária sobre impostos de imóveis alugados pela entidade religiosa, conforme voto de relatoria do Ministro Ilmar Galvão:

> Recurso extraordinário. 2. Imunidade tributária de templos de qualquer culto. Vedação de instituição de impostos sobre o patrimônio, renda e serviços relacionados com as finalidades essenciais das entidades. Artigo 150, VI, "b" e § 4º, da Constituição. 3. Instituição religiosa. IPTU sobre imóveis de sua propriedade que se encontram alugados. 4. A imunidade prevista no art. 150, VI, "b", CF, deve abranger não somente os prédios destinados ao culto, mas, também, o patrimônio, a renda e os serviços "relacionados com as finalidades essenciais das entidades nelas mencionadas". 5. O § 4º do dispositivo constitucional serve de vetor interpretativo das alíneas "b" e "c" do inciso VI do art. 150 da Constituição Federal. Equiparação entre as hipóteses das alíneas referidas. 6. Recurso extraordinário provido.[244]

---

[243] Nesse sentido, Roque Antonio Carrazza: "Ademais, como os templos, em si mesmos considerados, não possuem nem *renda*, nem *patrimônio*, nem prestam *serviços* (não, pelo menos, na acepção do art. 594, do Código Civil), segue-se, necessariamente, que a imunidade em tela subjetiva-se na Igreja, vale dizer, na pessoa jurídica, regularmente constituída, que mantém, com *finalidade essencial* (art. 150, § 4º, da CF), atividades religiosas. Aprofundando o assunto, está dentro das finalidades essenciais do templo de qualquer culto, sua construção, decoração e manutenção. Isso porque a imunidade em questão protege o patrimônio da Igreja, compreendendo seus bens, móveis e imóveis, corpóreos ou não, empregados no culto religioso ou na sua difusão" (CARRAZZA, Roque Antonio. **Imunidades tributárias dos templos e instituições religiosas**. São Paulo: Noeses, 2015, p. 27).

[244] RE 325.822, Tribunal Pleno, Rel. Min. Ilmar Galvão, Redator do acórdão Min. Gilmar Mendes, julgamento em 18/12/2002, publicação em 14/05/2004.

5. DA IMUNIDADE TRIBUTÁRIA E CRITÉRIOS DE INTERPRETAÇÃO

Igual entendimento deve se aplicar ao imóvel de propriedade de entidade religiosa que se encontre vago, tendo o STF seguido entendimento de incidência da imunidade tributária:

> Agravo regimental em recurso extraordinário com agravo. Imunidade tributária de templos religiosos. IPTU. Imóvel vago. Desoneração reconhecida. O Supremo Tribunal Federal consolidou o entendimento de que não cabe à entidade religiosa demonstrar que utiliza o bem de acordo com suas finalidades institucionais. Ao contrário, compete à Administração tributária demonstrar a eventual tredestinação do bem gravado pela imunidade. Nos termos da jurisprudência da Corte, a imunidade tributária em questão alcança não somente imóveis alugados, mas também imóveis vagos. Agravo regimental a que se nega provimento.[245]

Já no que concerne aos imóveis destinados à residência de párocos e pastores, bem como aos veículos utilizados pela entidade ou por membros, a doutrina e a jurisprudência nesse tópico seguem em sua maioria linha mais evolutiva e extensiva da imunidade tributária, o que coincide com a linha desenvolvida neste trabalho.

Roque Carrazza bem reforça essa linha de pensamento:

> Remarque-se que *patrimônio*, neste contexto, não é apenas a propriedade, mas todo e qualquer bem (móvel, imóvel ou, até incorpóreo), seja qual for o vínculo jurídico que a pessoa tenha com ele, que possua valor econômico, vale dizer, que seja apreciável monetariamente. Noutras palavras, é o bem que, suprimido, acarreta, a quem o detinha, diminuição econômica.
>
> Assim, a imunidade aos *"impostos sobre o patrimônio"*, que favorece as Igrejas, vai além dos ditos imobiliários (ITR e IPTU), para abranger os incidentes sobre a propriedade de veículos automotores (IPVA), as grandes fortunas (previsto no art. 155, VII, da CF, mas ainda não criado *in abstracto*), as transmissões de bens imóveis e direitos reais, a título oneroso (ITBI), entre outros.[246]

---

[245] ARE 800.395 AgR, 1ª Turma, Rel. Min. Roberto Barroso, julgamento em 28/10/2014, publicação em 14/11/2014.
[246] CARRAZZA, Roque Antonio. **Imunidades tributárias dos templos e instituições religiosas**. São Paulo: Noeses, 2015, p. 31.

Efetivamente, resta induvidoso que, no caso de imóvel que está sendo utilizado por pároco, pastor, entre outros, a função do bem está sendo revertida à finalidade essencial da entidade religiosa; aliás, muitas vezes se trata de local único que serve igualmente a cultos e demais atividades atinentes. O STF, no mesmo diapasão, firmou entendimento favorável à imunidade:

> Direito tributário. IPTU. Imunidade. Instituições religiosas. Imóveis. Templo e residência de membros. Constitucionalidade. Precedentes. 1. O fato de os imóveis estarem sendo utilizados como escritório e residência de membros da entidade não afasta a imunidade prevista no art. 150, VI, *c*, § 4º, da Constituição Federal. 2. Agravo regimental a que se nega provimento.[247]

O STF, recentemente, no tocante à utilização de veículo, retratou entendimento na mesma linha de pensamento, conforme voto do Ministro Ricardo Lewandowski (relator) reconhecendo a imunidade tributária, desde que respeitadas as finalidades institucionais, e afastando o pagamento de Imposto sobre Propriedade de Veículos Automotores (IPVA), que se mostraria indevido:

> Agravo regimental no recurso extraordinário com agravo. IPVA. Imunidade. Templos de qualquer culto. Utilização do bem em conformidade com suas finalidades institucionais. Necessidade de que o Estado demonstre eventual tredestinação do bem. Agravo a que se nega provimento. I – Como o Tribunal de origem entendeu estar comprovado nos autos que os veículos da agravada estão relacionados com suas finalidades essenciais, a imunidade tributária prevista no art. 150, VI, *b*, da Constituição deve prevalecer até que o Estado demonstre a eventual tredestinação dos bens. II – Agravo regimental a que se nega provimento.[248]

Inclusive, por meio desse julgamento, restou afirmado que, além do reconhecimento de cobrança indevida de IPVA, com a declaração de inexistência da respectiva relação jurídico-tributária, a não incidência não se limitaria ao exercício fiscal em concreto, atingindo exercícios

---

[247] ARE 895.972 AgR, 1ª Turma, Rel. Min. Roberto Barroso, julgamento em 02/02/2016, publicação em 24/02/2016.
[248] Ag. Reg. no Recurso Extraordinário com Agravo 1.096.439/PR, 2ª Turma, julgamento em 23/08/2019.

5. DA IMUNIDADE TRIBUTÁRIA E CRITÉRIOS DE INTERPRETAÇÃO

futuros até que sobrevenha modificação, com a observação de ser atribuição da Administração tributária demonstrar eventual desvio da finalidade.

Acolhendo uma vez mais a linha de interpretação extensiva, o STF consolidou o entendimento de que a imunidade abrange, igualmente, o ITBI quando a aquisição do imóvel se der para atender às finalidades da instituição religiosa, como no julgado a seguir, em que houve a aquisição de imóvel para construção de templo:

> Trata-se de agravo contra a decisão que não admitiu recurso extraordinário no qual se alega contrariedade ao artigo 150, inciso VI, alínea "b", e § 4º, da Constituição Federal. Insurge-se contra acórdão proferido pelo Tribunal de origem, assim ementado: "ITBI – Entidade religiosa – Imunidade tributária – Imóvel adquirido para construção de templo – Ausência de prova de que o imóvel foi utilizado para finalidade diversa – Ônus da prova que cabia à Municipalidade, nos termos do art. 333, II, do CPC. Recurso Provido".[249]

Outra questão que merece destaque é a relativa aos cemitérios, se seriam alcançados pela imunidade.

Os cemitérios, como extensões de entidades religiosas, agregam em si a situação de imunes, por força do art. 150, VI, "b", da CF/1988, por se tratar de atividade relacionada às finalidades precípuas, exceto se demonstrado eventual desvio.

Roque Antonio Carrazza manifesta seu entendimento em igual sentido:

> Exemplificando, consideram-se anexos dos templos, em termos de religião católica, a casa paroquial, o seminário, o convento, a abadia, o cemitério onde os religiosos ou membros das ordens terceiras são sepultados etc., desde que estes imóveis venham empregados – como observa Aliomar Baleeiro – nas atividades essenciais do culto.[250]

---

[249] ARE 1.060.988, Rel. Min. Dias Toffoli, julgamento em 23/08/2017, publicação em 29/08/2017.
[250] CARRAZZA, Roque Antonio. **Curso de direito constitucional tributário**. 31. ed. São Paulo: Malheiros Editores, 2017, p. 899.

No mesmo ponto de vista, entendimento do STF em voto da lavra do Ministro Eros Grau:

> Recurso extraordinário. Constitucional. Imunidade tributária. IPTU. Artigo 150, VI, "b", CB/88. Cemitério. Extensão de entidade de cunho religioso. 1. Os cemitérios que consubstanciam extensões de entidades de cunho religioso estão abrangidos pela garantia contemplada no artigo 150 da Constituição do Brasil. Impossibilidade da incidência de IPTU em relação a eles. 2. A imunidade aos tributos de que gozam os templos de qualquer culto é projetada a partir da interpretação da totalidade que o texto da Constituição é, sobretudo do disposto nos artigos 5º, VI, 19, I, e 150, VI, "b". 3. As áreas da incidência e da imunidade tributária são antípodas. Recurso extraordinário provido.[251]

Contudo, resta saber se, no tocante aos cemitérios privados, é possível a aplicabilidade da imunidade tributária, por entenderem alguns que os rituais fúnebres, incluindo os de cremação, estariam incluídos no vocábulo "culto", o que lhes daria caráter religioso. Ocorre que os cemitérios particulares atuam com objetivo eminentemente econômico e com fins lucrativos.

A exploração econômica acaba por desvirtuar a finalidade da norma imunizante em tal caso, ferindo o princípio da livre concorrência.

Aqui, não se trata de entidade religiosa perseguidora de suas finalidades. Ao contrário, cuida-se de ente privado, que atua para a obtenção de lucro. A concessão de imunidade tributária consistiria em ofensa ao princípio da livre concorrência. Portanto, a imunidade tributária em questão não agasalha os cemitérios privados.

Na mesma linha de raciocínio, vale frisar que a imunidade dos templos de qualquer culto deve atingir todo o patrimônio da instituição religiosa, de modo a compreender bens imóveis ou móveis e tudo que fizer referência à propagação do culto.

Em tal sentir, muito se discutiu sobre a imunidade alcançar os estacionamentos agregados aos cultos, mas mostra-se decorrência lógica que tal situação se volta às finalidades essenciais da entidade.

---

[251] RE 578.562/BA, Tribunal Pleno, Recurso Extraordinário, Rel. Min. Eros Grau, julgamento em 21/05/2008, publicação em 12/09/2008.

5. DA IMUNIDADE TRIBUTÁRIA E CRITÉRIOS DE INTERPRETAÇÃO

Em situação análoga, o STF entendeu que a renda obtida por instituição de assistência social, no caso concreto a Associação Hospital Oswaldo Cruz, com a cobrança de estacionamento em área interna, destinada ao custeio da própria entidade, está abrangida pela imunidade, o que deve se aplicar igualmente à entidade religiosa:

> Imunidade tributária. Art. 150, VI, "c", da Constituição. Instituição de assistência social. Exigência de Imposto sobre Serviço calculado sobre o preço cobrado em estacionamento de veículos no pátio interno da entidade. Ilegitimidade. Eventual renda obtida pela instituição de assistência social mediante cobrança de estacionamento de veículos em área interna da entidade, destinada ao custeio das atividades desta, está abrangida pela imunidade prevista no dispositivo sob destaque. Precedente da Corte: RE 116.188-4. Recurso conhecido e provido.[252]

Dessa feita, desde que não haja exploração de uma atividade mercantil e que a renda obtida pela entidade religiosa atenda às suas finalidades, prevalece a imunidade. Arremata, em tal sentido, Roque Antonio Carrazza:

> Desdobrando estas ideias, as rendas (provenientes de lucros, ganhos de capital e alugueres de imóveis), desde que "relacionadas às finalidades essenciais" do culto, são imunes ao IRPJ; os serviços prestados a título oneroso, desde que também revertam em benefício do culto, imunes ao ISS; o patrimônio da Igreja, que lhe dá visibilidade material, imune ao IPTU; e assim avante.[253]

A interpretação que se há de fazer, portanto, é ampliativa, tomando sempre por base o princípio teleológico da norma constitucional imunizante.

---

[252] RE 144.900/SP, 1ª Turma, Rel. Min. Ilmar Galvão, julgamento em 22/04/1997, publicação em 26/09/1997.
[253] CARRAZZA, Roque Antonio. **Curso de direito constitucional tributário**. 31. ed. São Paulo: Malheiros Editores, 2017, p. 903.

5.2.2. Imunidade tributária dos templos e atividades comerciais – impostos indiretos

Os tributos podem ser classificados, de acordo com diversas concepções, com o intuito de decifrá-los melhor. São vários os prismas que podem ser adotados; considerando o interesse em questão, para fins de averiguar a aplicabilidade da imunidade tributária aos impostos indiretos, buscar-se-á conceituar os tributos quanto ao ônus econômico, ou, no critério adotado por Fernando, Ricardo e Isabela Bonfá de Jesus quanto à possibilidade de repasse, a partir do que seriam os tributos diretos e indiretos:

> (i) Direto: A lei determina que o contribuinte de direito (quem deve ter o dever de pagar o tributo) proceda ao pagamento, não comportando a transferência do ônus financeiro a terceiro (contribuinte de fato). Exemplo: Imposto sobre a renda.
> (ii) Indireto: por sua natureza, esse tributo tem repercussão financeira, ou seja, seu encargo financeiro é suportado por terceiro (contribuinte de fato), e não, pelo contribuinte de direito. Exemplos: ICMS e IPI.[254]

Leandro Paulsen, de sua parte, fixa os parâmetros definidores dos tributos diretos ou indiretos:

> Os tributos que implicam carga tributária a ser suportada pelo contribuinte de direito, assim entendido aquele que por lei é colocado no polo passivo da relação jurídico-tributária enquanto devedor, são denominados tributos diretos. Já os tributos que incidem em determinados negócios jurídicos consubstanciados na venda de mercadorias e serviços e que compõem o valor total da operação, inclusive sendo destacados nos documentos fiscais respectivos, tendo, desse modo, repassado ao adquirente ou consumidor, que, por isso, é considerado contribuinte de fato, são denominados tributos indiretos.[255]

Já Regina Helena Costa salienta que o diferencial entre os impostos diretos e os indiretos seria o modo de absorção do impacto econômico

---

[254] DE JESUS, Isabela Bonfá; DE JESUS, Fernando Bonfá; DE JESUS, Ricardo Bonfá. **Manual de direito e processo tributário**. 5. ed. São Paulo: Revista dos Tribunais, 2019, p. 81.
[255] PAULSEN, Leandro. **Curso de direito tributário**. 12. ed. São Paulo: Saraiva, 2021, p. 195.

5. DA IMUNIDADE TRIBUTÁRIA E CRITÉRIOS DE INTERPRETAÇÃO

provocado pelo tributo, ocorrendo no imposto indireto o que se denomina fenômeno da "repercussão tributária" ou "translação", por meio do qual o contribuinte de direito repassa o impacto econômico do tributo ao contribuinte de fato.[256]

Oportunamente, Geraldo Ataliba bem coloca que essa "classificação nada tem de jurídica; seu critério é puramente econômico", apesar de posições contrárias.[257] Acrescenta o autor que esse critério teria relevância em alguns sistemas estrangeiros, tendo pouca repercussão e aplicabilidade no Brasil, com importância, contudo, para fins de interpretação da imunidade e isenção: "No Brasil, para os juristas, essa classificação é irrelevante, salvo para interpretar certas normas de imunidade ou isenção, pela consideração substancial sobre a carga tributária, em relação à pessoa que a suportará".[258]

E, desenhada a diferenciação, importa estabelecer se haveria aplicabilidade da imunidade tributária aos impostos indiretos. Colocada a premissa, oportuno descrever o surgimento das seguintes hipóteses: se a imunidade incide quando o ente imune assume a posição de contribuinte de fato ou quando se encontra como contribuinte de direito ou, ainda, nas duas circunstâncias.

Hugo de Brito Machado, acompanhando a jurisprudência majoritária, alinha-se pela imunidade que deve ser reconhecida pelo denominado "contribuinte de direito":

> Quanto a esse assunto, espera-se que incoerência seja superada nos termos em que parece estar caminhando a jurisprudência, que vem avançando para entender que a imunidade pode ser invocada quando detida pelo chamado "contribuinte de direito", mesmo diante da possibilidade de o ônus do tributo ser repassado ao consumidor final, não imune.[259]

---

[256] COSTA, Regina Helena. **Curso de direito tributário**. 11. ed. São Paulo: Saraiva, 2021, p. 150.
[257] Tomando posição contrária: NOGUEIRA, Ruy Barbosa. **Curso de direito tributário**. São Paulo: Saraiva, 1989, p. 163.
[258] ATALIBA, Geraldo. **Hipótese de incidência tributária**. 6. ed. 15. tir. São Paulo: Malheiros Editores, 2014, p. 143.
[259] MACHADO SEGUNDO, Hugo de Brito. **Manual de direito tributário**. 11. ed. São Paulo: Atlas, 2019, p. 82.

Em igual sentir, Leandro Paulsen:

> Importa para a verificação da existência ou não da imunidade, a **posição de contribuinte** de direito, nos moldes do raciocínio que inspirou a **Súmula 591** do STF. O STF tem reiterado que "A imunidade tributária subjetiva aplica-se a seus beneficiários na posição de contribuinte de direito, mas não na de simples contribuinte de fato, sendo irrelevante, para a verificação da existência do beneplácito constitucional, a repercussão econômica do tributo envolvido." Efetivamente, "É pacífico o entendimento desse Supremo Tribunal Federal no sentido de que o município não pode ser beneficiário da imunidade recíproca nas operações em que figurar como contribuinte de fato", sendo que "O repasse do ônus financeiro, típico dos tributos indiretos, não faz com que a condição jurídica ostentada pelo ente federativo na condição de sujeito passivo da relação jurídica tributária seja deslocada para a figura do consumidor da mercadoria ou serviço". Assim, a repercussão econômica não está em questão.[260]

Já para Aliomar Baleeiro, importa em tais circunstâncias o efeito econômico do tributo, quem efetivamente será atingido, ou seja, o contribuinte de fato.[261] Acompanhando esse entendimento, Regina Helena Costa:

> Em nosso pensamento, a imunidade recíproca deve abarcar quaisquer impostos, sejam diretos ou indiretos, que possam afetar o patrimônio, a renda ou os serviços do ente dela beneficiário. É preciso relembrar – para melhor compreender tal assertiva – que o caráter ontológico dessa imunidade advém não somente da adoção da forma federativa de Estado, mas também da ausência de capacidade contributiva desses entes.[262]

Sacha Calmon Navarro Coêlho também firmou posição em concordância com a tese de Aliomar Baleeiro:

---

[260] PAULSEN, Leandro. **Curso de direito tributário**. 12. ed. São Paulo: Saraiva, 2021, p. 126.
[261] BALEEIRO, Aliomar. **Limitações constitucionais ao poder de tributar**. Rio de Janeiro: Forense, 1951, p. 287.
[262] COSTA, Regina Helena. **Imunidades tributárias**. 3. ed. São Paulo: Malheiros Editores, 2015, p. 167.

5. DA IMUNIDADE TRIBUTÁRIA E CRITÉRIOS DE INTERPRETAÇÃO

Este modo de ver a imunidade intergovernamental recíproca é o mais acorde com a realidade. O "telos" do princípio imunitório é, precisamente, não permitir que a coisa pública venha a ser molestada pela tributação: o patrimônio (uma *universitas rerum*), as rendas, os serviços públicos.

As pessoas políticas não possuem *capacidade contributiva*. Ao revés, são dotadas de competência para tributar, não porém umas às outras.

De mais a mais, a questão entranha-se no intrico federativo. As pessoas políticas que convivem na Federação estão voltadas, todas elas, ao bem comum. Não é admissível que venham a se tributar mutuamente, estendendo-se a imunidade até as instrumentalidades dos Poderes Públicos. Aliás, foi por aí que a cogitação da imunidade teve início nos EUA. Entre nós, a coisa é diferente, *habemus suprema lex*. O *habitat* da imunidade é a Constituição.

De resto, parece ser esta a atual posição do STF, conforme se vê da ementa que damos transcrita: [...].[263-264]

Em que pesem posições que merecem respeito, parece acertada a posição de reconhecer a imunidade quando o ente imune se encontra na situação de contribuinte de direito, não se fazendo relevante a repercussão econômica, o que se aplica à imunidade dos templos de qualquer culto. Nesse sentido, vale citar o julgamento do Recurso Extraordinário (RE) 68.741, que afasta a imunidade fiscal recíproca, sob o entendimento de que não teria aplicabilidade na cobrança sobre produtos industrializados e que o contribuinte de fato seria estranho à relação tributária.[265]

Aplicando-se o mesmo entendimento para a imunidade dos templos de qualquer culto, cite-se o julgamento da Ação Direta de Inconstitucionalidade (ADI) 5.816:

> Constitucional. Tributário. Imunidade de igrejas e templos de qualquer crença. ICMS. Tributação indireta. Guerra fiscal. Concessão de benefício fiscal e análise de impacto orçamentário. Art. 113 do ADCT (redação

---

[263] COÊLHO, Sacha Calmon Navarro. **Curso de direito tributário brasileiro**. 15. ed. Rio de Janeiro: Forense, 2016, p. 254.
[264] Decisão referida pelo autor no Ac. un. do STF (Pleno, ACOr 468-3-MS, Rel. Min. Octávio Gallotti, julgamento em 11/11/1996, *DJU* 21/02/1997).
[265] RE 68.741, STF, 2ª Turma, Rel. Min. Bilac Pinto.

da EC 95/2016). Extensão a todos os entes federativos. Inconstitucionalidade. 1. A imunidade de templos não afasta a incidência de tributos sobre operações em que as entidades imunes figurem como contribuintes de fato. Precedentes. 2. A norma estadual, ao pretender ampliar o alcance da imunidade prevista na Constituição, veiculou benefício fiscal em matéria de ICMS, providência que, embora não viole o art. 155, § 2º, XII, "g", da CF – à luz do precedente da CORTE que afastou a caracterização de guerra fiscal nessa hipótese (ADI 3421, Rel. Min. Marco Aurélio, Tribunal Pleno, julgado em 5/5/2010, *DJ* de 58/5/2010) –, exige a apresentação da estimativa de impacto orçamentário e financeiro no curso do processo legislativo para a sua aprovação. 3. A Emenda Constitucional 95/2016, por meio da nova redação do art. 113 do ADCT, estabeleceu requisito adicional para a validade formal de leis que criem despesa ou concedam benefícios fiscais, requisitos esse [*sic*] que, por expressar medida indispensável para o equilíbrio da atividade financeira do Estado, dirigi-se [*sic*] a todos os níveis federativos. 4. Medida cautelar confirmada e Ação Direta julgada procedente."[266]

Verifica-se, dessa forma, que haverá a incidência da imunidade quando o ente imune estiver na condição de contribuinte de direito.

Em tal ponto, ainda, o verbete 591 do STF, extraído de julgamento objeto de repercussão geral: "A imunidade ou a isenção tributária do comprador não se estende ao produtor, contribuinte do imposto sobre produtos industrializados".[267]

Na mesma linha de raciocínio, haverá a observação da imunidade quando se tratar de importação de bens que se destinem à finalidade da entidade e para uso próprio, de acordo com entendimento firmado pelo STF, afastando a incidência de ICMS:

> Agravo regimental em recurso extraordinário com agravo. Direito tributário. ICMS Importação. **Imunidade** tributária. Contribuinte de direito.

---

[266] ADI 5.816, Tribunal Pleno, Rel. Min. Alexandre de Moraes, julgamento em 05/11/2019, publicação em 26/11/2019.

[267] "A imunidade tributária subjetiva aplica-se a seus beneficiários na posição de contribuinte de direito, mas não na de simples contribuinte de fato, sendo irrelevante para a verificação da existência do beneplácito constitucional a repercussão econômica do tributo envolvido" (Tese definida no RE 608.872, Rel. Min. Dias Tóffoli, P, julgamento em 23/02/2017, *DJe* 219, de 27/09/2017, Tema 342).

Igrejas e templos de qualquer culto. Reexame de fatos. Impossibilidade. 1. Nos termos da jurisprudência do STF, a **imunidade** tributária **religiosa** abrange o ICMS importação, desde que comprovado que os bens se destinam à finalidade essencial da entidade. 2. É inadmissível o recurso extraordinário quando eventual divergência em relação ao entendimento adotado pelo Colegiado de origem demandar o reexame do conjunto fático probatório dos autos. Súmula 279 do STF. Precedentes. 3. Agravo regimental a que se nega provimento.[268]

De igual monta, a imunidade dos templos de qualquer culto, sofrendo interpretação ampliativa, desde que atendidas as finalidades essenciais, estende-se aos impostos incidentes sobre doações ou aplicações financeiras.

5.2.3. Da possibilidade de extensão da imunidade tributária dos templos de qualquer culto à maçonaria

Há grande controvérsia sobre o tema no sentido de ser possível ou não o reconhecimento da imunidade tributária às lojas maçônicas.

Há quem afirme não se tratar de entidade religiosa, mas de um culto fechado. No entanto, como afirma Roque Antonio Carrazza:

> Note-se que o conceito de religião é aberto, abarcando qualquer crença transcendental de pessoas que se reúnem com a certeza íntima de que estão moralmente obrigadas pelos mandamentos que dela emanam.
>
> O valor intrínseco do culto e seus fundamentos morais, tanto quanto a essência ou o conteúdo da religião, escapam à análise do Poder Público, até para que não restem prejudicadas as crenças das minorias.[269]

Em tal sentido, é preciso afirmar que a concepção de culto e templo, para fins de imunidade tributária, deve ser ampla, a agasalhar a finalidade precípua, qual seja, garantir a liberdade de religião de qualquer religião, ou não religião, sob o manto do Estado laico e democrático.

---

[268] ARE 1.244.093 AgR, 2ª Turma, Rel. Min. Edson Fachin, julgamento em 15/05/2020, publicação em 17/06/2020.

[269] CARRAZZA, Roque Antonio. **Imunidades tributárias dos templos e instituições religiosas**. São Paulo: Noeses, 2015, p. 25.

José Eduardo Soares de Melo bem dimensiona a imunidade dos templos:

> A imunidade dos templos de qualquer culto (art. 150, VI, *b*, CF) significa que as atividades religiosas em igrejas, casas paroquiais etc. podem ser exercidas sem a exigência de impostos, propiciando a prática da crença religiosa diversificada (católica, protestante, israelita, budista, maometana, evangélica, xintoísta etc.).[270]

É preciso buscar o conteúdo do preceito normativo imunizante. Efetivamente, a CF/1988, ao albergar a imunidade tributária dos templos de qualquer culto, pretendeu, sob o princípio da laicidade, acolher toda e qualquer religião, sem ato discriminatório, em um ambiente pluralista e democrático.

Contudo, importa dizer que o STF tem entendimento no sentido de afastar a imunidade das lojas maçônicas. Cite-se recente julgado da lavra do eminente Ministro Luiz Fux:

> Agravo regimental no mandado de injunção. Direito constitucional e tributário. Imunidade tributária. Artigo 150, VI, "b", da Constituição Federal. Templos de qualquer culto. Maçonaria. Inexistência de imposição constitucional expressa do dever de legislar. Agravo regimental a que se nega provimento. 1. O mandado de injunção ostenta a função precípua de viabilizar o exercício de direitos, de liberdades e de prerrogativas diretamente outorgados pelo constituinte, no afã de impedir que a inércia do legislador frustre a eficácia de hipóteses tuteladas pela Lei Fundamental. 2. O mandado de injunção reclama uma necessária correlação entre a imposição constitucional de legislar e o consequente reconhecimento do direito público subjetivo à legislação. Precedentes: MI 6.591 AgR, Rel. Min. Luiz Fux, Tribunal Pleno, *DJe* de 30/6/2016 e MI 766 AgR, Rel. Min. Joaquim Barbosa, Tribunal Pleno, *DJe* de 13/11/2009. 3. A jurisprudência do Supremo Tribunal Federal predica que a referência a "templos de qualquer culto" na alínea "b", inciso VI, do art. 150, da Constituição Federal, não alcança a maçonaria. Precedentes: RE 562.351, Rel. Min. Ricardo Lewandowski, Primeira Turma, *DJ* de 14/12/2012, ARE 866.402 AgR, Rel. Min. Celso de Mello, Segunda

---

[270] PAULSEN, Leandro; MELO, José Eduardo Soares de. **Impostos federais, estaduais e municipais**. 11. ed. São Paulo: Saraiva, 2018, p. 425.

Turma, *DJe* de 20/4/2015, e MI 6.631 AgR, Rel. Min. Celso de Mello, Tribunal Pleno, *DJe* de 9/5/2019. 4. A concessão da imunidade tributária prevista no art. 150, VI, "b", da Constituição Federal não se aplica aos templos maçônicos, o que torna incabível a imputação de omissão legislativa e, consectariamente, a utilização adequada do remédio injuncional. 5. Nego provimento ao agravo regimental.[271]

Em que pese o entendimento firmado pelo STF, há que se considerar o sustentáculo da imunidade tributária aos templos, que teria por objeto a intributabilidade dos entes religiosos de qualquer seita ou culto, com tratamento isonômico.

A razão de ser da imunidade tributária é justamente a instrumentalização e concretização da liberdade à religião, em um ambiente laico e pluralista, não havendo nenhum fundamento lógico que pudesse levar à não aplicabilidade da norma imunizante às lojas maçônicas.

5.2.4. Da remuneração de ministros de confissão e imunidade tributária

As atividades prestadas pelos ministros religiosos envolvem um conjunto de questões intrincadas, que merecem claramente a fim de analisar se a imunidade tributária dos templos de qualquer culto é extensiva ou não à remuneração daí advinda.

A Portaria Ministerial n. 397 aprovou a Classificação Brasileira de Ocupações (CBO) 2002, na qual se encontra a descrição da função exercida pelos ministros religiosos:

> Realizam liturgias, celebrações, cultos e ritos; dirigem e administram comunidades; formam pessoas segundo preceitos religiosos das diferentes tradições; orientam pessoas; realizam ação social na comunidade; pesquisam a doutrina religiosa; transmitem ensinamentos religiosos; praticam vida contemplativa e meditativa; preservam a tradição e, para isso, é essencial o exercício contínuo de competências pessoais específicas.[272]

---

[271] MI 7.069 AgR, Tribunal Pleno, Rel. Min. Luiz Fux, publicação em 12/05/2020.
[272] Classificação Brasileira de Ocupações (CBO). CBO 2631-05. Ministro de culto religioso. Disponível em: https://www.ocupacoes.com.br/cbo-mte/263105-ministro-de-culto-religioso. Acesso em: 22 jun. 2021.

A CBO, ademais, expressa nomenclatura ampla de líderes religiosos diversificados, a contemplar em seu conteúdo clara decorrência do princípio da laicidade e do pluralismo religioso, tais como abade, agente pastoral, axogum, daiosho, dirigente espiritual de umbanda, frei, padre, entre outros. Vale anotar que não há por parte da CBO nenhuma regulamentação das profissões, apenas a classificação do exercício de determinada ocupação.

Partindo da descrição supra, evidencia-se que a atividade desenvolvida pelos ministros religiosos, quaisquer que sejam as religiões praticantes, dá-se em decorrência da vocação de sua fé, não tendo por objetivo remuneração.

Destarte, decorre desse entendimento que as atividades daqueles que ministram a fé não caracterizam relação típica de trabalho.

O Acordo entre a Santa Sé e a República Federativa do Brasil, de 13 de novembro de 2008, promulgado por meio do Decreto da Presidência da República n. 7.107, de 11 de fevereiro de 2010,[273] corrobora a ausência de caráter típico de trabalho:

> Dado o caráter peculiar religioso e beneficente da Igreja Católica e de suas instituições: I – O vínculo entre os ministros ordenados ou fiéis consagrados mediante votos e as Dioceses ou Institutos Religiosos e equiparados é de caráter religioso e portanto, observado o disposto na legislação trabalhista brasileira, não gera, por si mesmo, vínculo empregatício, a não ser que seja provado o desvirtuamento da instituição eclesiástica. II – As tarefas de índole apostólica, pastoral, litúrgica, catequética, assistencial, de promoção humana e semelhantes poderão ser realizadas a título voluntário, observado o disposto na legislação trabalhista brasileira.[274]

De igual modo, as atividades realizadas pelos ministros de fé não caracterizam vínculo trabalhista, de acordo com os elementos desenha-

---

[273] Tratado internacional, aprovado pelo Congresso Nacional por meio do Decreto Legislativo n. 698, de 7 de outubro de 2009.

[274] SOARES FILHO, José. Relações trabalhistas entre ministros eclesiásticos e instituições religiosas, em face do acordo Brasil-Santa Sé. **Revista CEJ**, Brasília, ano XIX, n. 65, p. 77-83, jan.-abr. 2015. Disponível em: https:// www.corte idh.or.cr/tablas/r35863.pdf. Acesso em: 22 jun. 2021.

dos como necessários pelas normas explicitadas pela Consolidação das Leis do Trabalho (CLT).[275]

Inclusive, esse entendimento é refletido na doutrina e na jurisprudência, que anotam como única exceção a caracterização de eventual desvirtuamento da função eclesiástica.[276]

Isso não significa dizer que as igrejas ou organizações religiosas, *lato sensu*, não possam firmar, caso queiram, contrato de trabalho quando do exercício de tais atividades, até mesmo porque não se trata de ato vedado por lei, muito embora não se mostre conveniente tal caminho ante as peculiaridades apresentadas e já expostas.

A atividade eclesial, outrossim, pode conter em si alguma conotação laborativa, o que não lhe retira as características próprias, como explicam Thiago Rafael Vieira e Jean Marques Regina:

> Tal reconhecimento tem de derivar justamente do fato de que todo o trabalhador – seja aquele com reconhecido vínculo de emprego ou exercendo demais modalidades laborativas lícitas – está envolvido e protegido por esta garantia social que a Constituição lhe outorga. Logo, a liberdade de viver sua vocação religiosa também o obriga a fazer dela seu mister diário, e desse mister também prover seu sustento e, quando for o caso, da família por si constituída.[277]

Em decorrência da natureza da atividade desenvolvida, que não revela subordinação hierárquica ou onerosidade, denota-se que a relação mantida pelo ministro com a instituição religiosa é mero instrumento para o exercício de vocação divina, razão pela qual a remuneração recebida pelos ministros religiosos não deve ser considerada salário.

Os ministros de fé exercem função de caráter eminentemente religioso e de divulgação de dogmas de fé, e recebem, por conseguinte, valores que são voltados aos elementos básicos de manutenção, como alimentação, vestimenta, saúde e moradia, denominados prebenda, sustento pastoral ou, no caso dos párocos, "côngrua", por força do Código

---

[275] Art. 3º da CLT.
[276] Nesse sentido, TRT 2ª Região, 1ª Turma, Proc. 1001281-53.2019.5.02.0704/SP, 26/06/2020, ou TST-RR, 7ª Turma, Proc. 1000-31.2012.5.01.0432, 14/03/2016.
[277] VIEIRA, Thiago Rafael; REGINA, Jean Marques. **Direito religioso**: questões práticas e teóricas. 3. ed. São Paulo: Vida Nova, 2020. Versão Kindle, p. 376.

de Direito Canônico, criado em 1917, entre outros, mas não consubstanciam salário, na acepção técnica do termo.

Igualmente, os ministros religiosos não recebem outras vantagens trabalhistas, divergindo doutrina e jurisprudência acerca da possibilidade de o ministro religioso fazer jus ou não ao recebimento de férias remuneradas, décimo terceiro ou fundo de garantia. A exemplificar, Tais Amorim de Andrade Piccinini entende ser inviável o recebimento em razão de se tratar de benefícios específicos e decorrentes de relação com vínculo trabalhista.[278]

Já Thiago Rafael Vieira e Jean Marques Regina partilham do entendimento de que teriam os eclesiásticos direito a décimo terceiro e a férias remuneradas, alegando tratar-se de benefícios e vantagens constitucionais devidos a todos os trabalhadores.[279]

Finalmente, a figurar mais um elemento peculiar das atividades prestadas, o ministro religioso, para que possa ser englobado no sistema previdenciário e ter garantia e segurança de aposentadoria, deve cadastrar-se no sistema como contribuinte individual, por meio de inscrição própria, arcando com a respectiva contribuição, como segurado facultativo, o que, mesmo assim, só foi possibilitado a partir da Lei n. 6.696/79.

Não obstante tais características, a Receita Federal do Brasil (RFB) mantém entendimento a despeito do qual deve existir incidência de Imposto de Renda da Pessoa Física (IRPF) sobre os rendimentos auferidos pelos ministros religiosos, de acordo com o Regulamento do Imposto de Renda (Decreto n. 9.580/2018) e a Solução de Consulta Cosit 254 da RFB, de 26 de maio de 2017: "Assunto: Obrigações acessórias. Retenção na fonte. Ministros de confissão religiosa. Estão sujeitos à incidência do Imposto sobre a Renda na Fonte os valores despendidos pelas entidades religiosas com ministros de confissão religiosa, conforme a tabela progressiva do IRRF".

E justifica, ainda, a RFB que a incidência deve ocorrer por se tratar de rendimento de trabalho não assalariado, sem vínculo trabalhista: "Observe-se que os ministros religiosos não têm vínculo empregatício

---

[278] PICCININI, Tais Amorim de Andrade. **Manual prático de direito eclesiástico**. São Paulo: Saraiva, 2013, p. 113.

[279] VIEIRA, Thiago Rafael; REGINA, Jean Marques. **Direito religioso**: questões práticas e teóricas. 3. ed. São Paulo: Vida Nova, 2020. Versão Kindle, p. 388.

5. DA IMUNIDADE TRIBUTÁRIA E CRITÉRIOS DE INTERPRETAÇÃO

com a pessoa jurídica pagadora (igreja, etc.), pois inexiste contrato de trabalho com a organização religiosa, sendo os valores por eles recebidos caracterizados como rendimentos do trabalho não assalariado".

Defendendo igualmente a sujeição da renda do ministro religioso à incidência de IRPF, Roque Antonio Carrazza: "XXIV – Evidentemente, os rendimentos dos ministros de confissão religiosa e membros de institutos de vida consagrada, de congregações ou de ordens religiosas, ainda que proporcionados pela própria entidade, sujeitam-se à tributação por meio de imposto sobre a renda de pessoa física (IRPF)".[280]

Sustenta o autor que o tributo em questão é informado pelo critério da generalidade, em decorrência do art. 153, § 2º, I, da CF/1988, e assim explicita:

> XXIVa – Entende-se por generalidade, que o imposto deve alcançar todas as pessoas que realizam seu fato imponível (fato gerador *in concreto*). E isso independentemente de raça, sexo, convicções políticas, credo religioso, cargos ocupados etc. Noutros falares, este critério veda discriminações e privilégios entre os contribuintes.
>
> Ademais, seria anti-isonômico que alguns contribuintes fossem total ou parcialmente dispensados de suportar a carga financeira do imposto sobre a renda, enquanto outros, na mesma situação econômica, viessem a arcá-la em sua totalidade.[281]

No mesmo sentido, a posição de Thiago Rafael Vieira e Jean Marques Regina:

> Por mais que as organizações religiosas gozem de imunidade tributária incondicionada, ela não alcança àqueles que lhe prestam serviços, inclusive os ministros de confissão religiosa, por mais que seria possível fazer uma digressão contrária. Também não se exime das obrigações acessórias previstas na legislação, como o caso da Escrituração Contábil (ECF), vista acima.[282]

---

[280] CARRAZZA, Roque Antonio. **Imunidades tributárias dos templos e instituições religiosas**. São Paulo: Noeses, 2015, p. 59.
[281] Ibidem, p. 60.
[282] VIEIRA, Thiago Rafael; REGINA, Jean Marques. **Direito religioso**: questões práticas e teóricas. 3. ed. São Paulo: Vida Nova, 2020. Versão Kindle, p. 405.

Na verdade, é possível constatar uma prestação de serviços *sui generis*. Efetivamente, não se trata de relação que detenha vínculo trabalhista ou quaisquer características de relação de emprego. O ministro de confissão exerce atividade religiosa em razão de vocação de fé, recebendo, a partir de sua dedicação, que geralmente se dá em tempo integral e caráter abnegado, remuneração ou ajuda de custo para a subsistência própria.

Identifica-se, dessa forma, atividade realizada pelo eclesiástico para propagação da fé abraçada, realização de cultos e celebrações, orientação a seguidores e promoção do bem social à comunidade a que pertence, devendo ser considerada toda sorte de religiões, de onde se extrai não se tratar de relação com intuito de lucro, ganho ou caráter mercantil.

Possível identificar que o ministro religioso, justamente pela ausência de caráter trabalhista e de subordinação das atividades que exerce, não possui contrato ou regulamento de trabalho, nem salário, nem faz mister a qualquer benefício ou vantagem trabalhista.

Assim colocada a questão, resta saber se os valores recebidos em prol de sustento próprio caracterizam renda ou proventos, a justificar a incidência de imposto de renda de pessoa física.

A CF/1988 dispõe sobre a questão de atribuição de competências tributárias e, por força do art. 153, III, confere à União Federal a competência para instituir imposto sobre rendas e proventos de qualquer natureza, delimitando os critérios e princípios que devem reger a espécie.

Disciplina, ainda, a CF/1988, os critérios do imposto sobre rendas e proventos de qualquer natureza, quais sejam, o da generalidade, universalidade e progressividade,[283] traçando o CTN as normas gerais por meio dos arts. 43 a 45.

Dispõe o art. 43 do CTN:

> Art. 43. O imposto, de competência da União, sobre a renda e proventos de qualquer natureza tem como fato gerador a aquisição da disponibilidade econômica ou jurídica:
> I – de renda, assim entendido o produto do capital, do trabalho ou da combinação de ambos;

---
[283] Art. 153, § 2º, I, da CF/1988.

II – de proventos de qualquer natureza, assim entendidos os acréscimos patrimoniais não compreendidos no inciso anterior.

Assim, é delimitada como fato gerador do imposto a "aquisição da disponibilidade econômica ou jurídica" a partir da configuração de renda ou proventos.

No entanto, para melhor decifrar o fato gerador, imprescindível também buscar o significado de renda e proventos de qualquer natureza.

Nesse sentido, precisa a lição de Leandro Paulsen:

> A extensão dos termos **"renda" e "proventos de qualquer natureza"** dá o contorno do que pode ser tributado e do que não pode ser tributado a tal título. Na instituição do imposto, o legislador ordinário não pode extrapolar a amplitude de tais conceitos, sob pena de inconstitucionalidade.
>
> A **renda** é o acréscimo patrimonial produto do capital ou do trabalho. **Proventos** são os acréscimos patrimoniais decorrentes de uma atividade que já cessou. **"Acréscimo patrimonial"**, portanto, é o elemento comum e nuclear dos conceitos de renda e de proventos, ressaltado pelo próprio art. 43 do CTN na definição do fato gerador de tal imposto.[284]

Assim, evidente, por força da CF/1988 e do CTN, a necessidade de acréscimo patrimonial para a configuração e incidência do tributo, em decorrência de renda ou proventos, além dos critérios que devem se materializar por meio dos princípios da universalidade, da progressividade e da generalidade, com destaque ao último, que, alcançando o tributo todos os contribuintes, reclama tratamento igualitário entre eles.

Desenhada a hipótese de incidência tributária do imposto sob estudo, verifica-se necessária a existência de proventos ou renda, aliada à ocorrência de acréscimo patrimonial.

Em tal conjuntura é que se deve dar a análise da possibilidade de incidência do imposto sobre rendas e proventos de qualquer natureza sobre os valores recebidos pelos ministros religiosos.

Vale lembrar que os ministros eclesiásticos exercem atividade destituída de qualquer natureza trabalhista, não recebendo os benefícios advindos dessa relação, pois não atuam com a intenção de lucro ou

---

[284] PAULSEN, Leandro. **Curso de direito tributário**. 12. ed. São Paulo: Saraiva, 2021, p. 417.

renda. Em razão de ofício que se dá a partir da fé, atuam em favor da concretude do exercício do direito à liberdade de religião.

Em tal ponto, recebem os ministros de fé valores que não se compatibilizam com salário ou renda, mas que apenas servem ao seu custeio.

Não se caracteriza, portanto, em razão da natureza da atividade desenvolvida, a hipótese tributária para fins de incidência do imposto sobre rendas e proventos de qualquer natureza.

Para tanto, deveria ser inequívoco o acréscimo patrimonial como ponto crucial a possibilitar a incidência, o que não se faz presente, ao menos em regra.

Em princípio, o que se mostra caracterizado é o recebimento de valores voltados à própria subsistência, o que estaria, inclusive, protegido pelo núcleo reservado ao mínimo vital à existência do cidadão e do contribuinte.

Nesse sentir, importante lembrar as lições de Roque Antonio Carrazza:

> VII – Por outro lado, os recursos econômicos indispensáveis à satisfação das necessidades básicas das pessoas (mínimo vital), garantidas pela Constituição, especialmente em seus arts. 6º e 7º (alimentação, vestuário, lazer, cultura, saúde, educação, previdência social, transporte, etc.), não podem ser alcançados pelos impostos. Tais recursos devem ser salvaguardados pela cuidadosa criação de situações de não incidência ou mediante oportunas deduções, legislativamente autorizadas.[285]

Assim, trata-se de atividade em que não há vínculo trabalhista, sem que se tenha os benefícios remuneratórios daí advindos, sejam previdenciários, sejam indenizatórios. Igualmente, não há recebimento de salário, mas mero recebimento de valores para fins de subsistência. Dessarte, não se faz presente a hipótese de incidência para fins de imposto sobre rendas e proventos de qualquer natureza.

O ponto fundamental para a incidência de IR seria, justamente, o acréscimo patrimonial, que se mostra incompatível com a natureza da atividade.

---

[285] CARRAZZA, Roque Antonio. **Curso de direito constitucional tributário**. 31. ed. São Paulo: Malheiros Editores, 2017, p. 123.

5. DA IMUNIDADE TRIBUTÁRIA E CRITÉRIOS DE INTERPRETAÇÃO

Vale notar que, havendo situação de fraude ou desvio de finalidade eclesiástica, com eventual enriquecimento ilícito, caberá o apuramento por vias próprias, o que não pode tornar a exceção a aplicação de regra em descompasso com as normas constitucionais.

Assim é que o regulamento do imposto de renda, as ordens normativas da RFB e a Solução de Consulta Cosit 254 da RFB, de 26 de maio de 2017, no sentido de fazerem incidir IRPF sobre os rendimentos auferidos pelos ministros religiosos, incorrem em inconstitucionalidade por ferirem duas ordens de normas constitucionais.

Primeiro, não se fazem presentes os requisitos autorizadores para a incidência do IRPF, especialmente ante a ausência de renda ou proventos e de quaisquer acréscimos patrimoniais, ou seja, não há fato gerador para a incidência do tributo.

Ao contrário, trata-se de situação que deve ser objeto de proteção constitucional para fins de não incidência tributária, a amparar o núcleo fundamental, qual seja, preservar o exercício de dignidade e sobrevivência, que configure um mínimo existencial. Nesse sentido, havendo mero recebimento de valores voltados à subsistência dos ministros de fé, não haveria falar em tributação.

Em um segundo ponto, a incidência de IRPF está a impor limitação, apequenando o princípio da laicidade, bem como o direito à livre expressão religiosa e à imunidade dos templos de qualquer culto, que constituem verdadeiras garantias institucionais.

Claro se tratar a atividade do ministro religioso de atitude que se faz entrelaçada ao direito à liberdade e de livre expressão da crença e direito ao culto. Por força de interpretação ampliativa em decorrência dos princípios constitucionais albergados pela CF/1988, a imunidade ora tratada é extensível ao IRPF dos rendimentos recebidos pelos ministros de fé, a albergar aqui todas as religiões.

Ademais, caso assim não fosse, ficariam onerados os ministros religiosos, de forma desproporcional e irrazoável, ferindo os princípios constitucionais essenciais, visto que, a um tempo, exercem atividade em razão da fé que processam, mas não comungam de direitos e benefícios extensivos de forma igualitária a todos os trabalhadores, por não exercerem função de vínculo trabalhista, mas são onerados tal como se fossem.

À guisa de conclusão, os regulamentos e as instruções normativas editados pela RFB, no sentido de fazerem incidir IR sobre os valores recebidos por ministros religiosos, por qualquer ângulo que se faça a análise, ressentem-se de inconstitucionalidade.

5.3. Aplicabilidade das normas veiculadoras de imunidade tributária a impostos e extensão a outros tributos

A doutrina traz embate no tocante à imunidade ser extensiva a todos os tributos ou estar circunscrita aos impostos.

Antes, importa delimitar quais são as espécies tributárias para identificar se as imunidades seriam extensivas ou não a todos os tributos.

Como bem relata Leandro Paulsen, essencial classificar as diversas espécies, pois "a Constituição revela suas características intrínsecas e aponta o regime jurídico específico que lhes é aplicável".[286]

Dessa maneira, diversas teorias foram desenvolvidas para fins de classificação dos tributos.

Alfredo Augusto Becker apresenta uma classificação bipartida (teoria dualista), a partir da qual indica como critério objetivo e jurídico para a determinação da natureza jurídica do tributo a base de cálculo:

> Demonstrar-se-á que o critério *objetivo e jurídico* é o da *base de cálculo* (base imponível). Este, sempre e necessariamente, é o *único* elemento que confere o *gênero* jurídico do tributo. Noutras palavras, ao se investigar o *gênero* jurídico do tributo, não interessa saber quais os elementos que compõem o pressuposto material ou quais as suas decorrências necessárias, nem importa encontrar qual o mais importante daqueles elementos ou decorrências. Basta verificar a base de cálculo; a natureza desta conferirá, sempre e necessariamente, o gênero jurídico do tributo.[287]

E, ainda:

> O critério de investigação da natureza jurídica do tributo que se demonstrará ser o único verdadeiramente objetivo e jurídico, parte da *base de cálculo* para chegar ao conceito do tributo. Este só poderá ter uma *única* base de cálculo. A sua conversão em cifra é que poderá variar de método: ou peso e/ou medida e/ou valor. Quando o método é o do valor, surge facil-

---

[286] PAULSEN, Leandro. **Curso de direito tributário**. 12. ed. São Paulo: Saraiva, 2021, p. 55.
[287] BECKER, Alfredo Augusto. **Teoria geral do direito tributário**. São Paulo: Saraiva, 1963, p. 338.

mente o perigo de se procurar atingir este valor mediante a valorização de outro elemento que consistirá, logicamente, *outra* base de cálculo e com isto, "ipso facto", desvirtuou-se o pretendido gênero jurídico do tributo. *Haverá tantos distintos gêneros jurídicos de tributos, quantas diferentes bases de cálculo existirem.*[288]

E o autor conclui as espécies tributárias pelos impostos e pelas taxas: "No plano jurídico, todo e qualquer tributo pertencerá a uma destas duas categorias: imposto ou taxa".[289]

Já Roque Carrazza apresenta posição diversa, externando que os tributos seriam de três espécies:

> Podemos, portanto, dizer que, no Brasil, o tributo é o gênero, do qual o imposto, a taxa e a contribuição de melhoria são as espécies. A esse respeito, a doutrina nacional não pode sequer disputar. Tal classificação, porque apadrinhada pelo próprio Código Supremo, há de ser considerada por todos quantos se disponham a estudar as espécies e subespécies tributárias, em nosso País. É o Texto Excelso – repetimos – que prescreve que a União, os Estados, os Municípios e o Distrito Federal estão credenciados a criar *impostos* (art. 145, I), *taxas* (art. 145, II) e *contribuição de melhoria* (art. 145, III).[290]

Paulo de Barros Carvalho, de sua parte, da mesma forma partidário da classificação tripartida ou tricotômica, intranormativa, com identificação dos tributos a partir da regra matriz de incidência, assevera:

> Feita a decomposição analítica da definição estipulativa de tributo, veiculada pelo art. 3º, do CTN, impõe-se, neste passo, discorrer acerca das espécies tributárias. No contexto, tributo é gênero do qual imposto, taxa e contribuição de melhoria são espécies, de acordo com a disposição inserta no artigo 145, da Constituição da República Federativa do Brasil.[291]

---

[288] BECKER, Alfredo Augusto. **Teoria geral do direito tributário**. São Paulo: Saraiva, 1963, p. 339.
[289] Ibidem, p. 345-346.
[290] CARRAZZA, Roque Antonio. **Curso de direito constitucional tributário**. 31. ed. São Paulo: Malheiros Editores, 2017, p. 624.
[291] CARVALHO, Paulo de Barros. **Direito tributário, linguagem e método**. 7. ed. São Paulo: Noeses, 2018, p. 422.

Para os autores adeptos da denominada teoria tricotômica, os empréstimos compulsórios e as contribuições sociais não configurariam espécie tributária autônoma, podendo revelar a característica de uma das três espécies do gênero tributo.

Estevão Horvath, em tal sentido, defende a existência de cinco espécies de tributos: imposto, taxa, contribuição de melhoria, empréstimo compulsório e outras contribuições.[292]

Regina Helena Costa, igualmente, revendo posição anteriormente defendida, de que seriam apenas três espécies, manifesta entendimento de serem cinco as espécies tributárias.[293]

Em igual tom, Leandro Paulsen: "São cinco as espécies tributárias estabelecidas pela Constituição: imposto, taxa, contribuição de melhoria, empréstimo compulsório e a contribuição especial".[294]

Assim colocados o tema e as posições doutrinárias, importa verificar que, efetivamente, os empréstimos compulsórios e as contribuições apresentam traços e facetas que os diferenciam das demais espécies tributárias. Seguindo a posição de Regina Helena Costa,[295] há que se considerar a existência de cinco espécies tributárias, a partir do que será enfrentada a questão de as imunidades tributárias serem extensivas ou não a todas as espécies tributárias.

Como já verificado, as imunidades tributárias encontram-se dispostas na CF/1988, e, nas palavras de Paulo de Barros Carvalho, são "preceitos delimitadores negativos do exercício legiferante".[296]

Porém, as imunidades tributárias se referem apenas a impostos ou seriam extensivas às demais hipóteses tributárias?

É a própria CF/1988 que fornece o parâmetro e a medida. Efetivamente, o texto constitucional brasileiro dispõe sobre imunidades que correspondem tanto a impostos quanto a taxas e contribuições.

---

[292] HORVATH, Estevão. **O princípio do não confisco no direito tributário**. São Paulo: Dialética, 2002.
[293] COSTA, Regina Helena. **Curso de direito tributário**. 11. ed. São Paulo: Saraiva, 2021, p. 145.
[294] PAULSEN, Leandro. **Curso de direito tributário**. 12. ed. São Paulo: Saraiva, 2021, p. 58.
[295] COSTA, Regina Helena. Op. cit., p. 140.
[296] CARVALHO, Paulo de Barros. **Direito tributário, linguagem e método**. 7. ed. São Paulo: Noeses, 2018, p. 383.

5. DA IMUNIDADE TRIBUTÁRIA E CRITÉRIOS DE INTERPRETAÇÃO

Por esse ângulo, o art. 5º, XXXIV, da CF/1988 contempla, a exemplificar, imunidade de taxa para a obtenção de certidão e do exercício de petição, como também o art. 195, I, "b", da CF/1988, dispõe sobre a imunidade de contribuições para a seguridade sobre a receita ou o faturamento que decorrer de exportação.

Nesse sentido, Roque Carrazza:

> Agora estamos convencidos, pois, de que, ao lume de nosso direito constitucional positivo, não procede a assertiva de que a imunidade tributária, no Brasil, somente alcança os impostos.
>
> Todavia, continuamos entendendo que as situações de imunidade mais emblemáticas e significativas giram em torno dos impostos. De fato, forjadas pelo constituinte, em nome do povo brasileiro, objetivam preservar valores religiosos, educacionais, sociais etc., colocando a salvo de impostos algumas pessoas.[297]

De igual modo, assevera Paulo de Barros Carvalho:

> Querem, quase todos, que a imunidade seja uma instituição jurídica que diga respeito unicamente aos impostos, forrando-se a ela os demais tributos. Tudo sobre o fundamento de que o texto do Diploma Básico, ao transmitir as hipóteses clássicas veiculadas pelo art. 150, VI, cita, nominalmente, a espécie de tributos que Geraldo Ataliba qualifica de não vinculados. Além do mais, insistem alguns na circunstância das despesas gerais que o Estado se propõe, ao passo que as taxas e a contribuição de melhoria, antessupondo uma prestação direta, imediata e pessoal do interessado, não comportariam o benefício da imunidade, por todos os títulos incompatível com aqueles tipos impositivos.
>
> Nada mais infundado! A redação é descabida, transparecendo como o produto de exame meramente literal (e apressado) ou como o resultado de considerações metajurídicas, que não se prendem ao contexto do direito positivo que vige.[298]

---

[297] CARRAZZA, Roque Antonio. **Curso de direito constitucional tributário**. 31. ed. São Paulo: Malheiros Editores, 2017, p. 868.
[298] CARVALHO, Paulo de Barros. **Direito tributário, linguagem e método**. 7. ed. São Paulo: Noeses, 2018, p. 357.

Por conseguinte, apesar de ser grande o número de imunidades afetas a impostos, é possível afirmar que a imunidade pode ser extensiva a quaisquer espécies tributárias.

5.4. Da eficácia das normas veiculadoras de imunidades tributárias
No tocante à eficácia das normas constitucionais, é possível constatar diversas posições, mas tomar-se-á como base a classificação desenvolvida por José Afonso da Silva, que as divide em: normas de eficácia plena, que não demandam nenhuma integração infraconstitucional para que possam irradiar os efeitos para os quais foram concebidas; normas de eficácia contida, ou seja, aquelas que possuem todos os elementos necessários para a produção de todos os efeitos a que estão predispostas, mas que admitem a futura superveniência de integração infraconstitucional com o objetivo de restringir o campo de seu alcance e eficácia; e normas de eficácia limitada, que requerem uma integração legislativa infraconstitucional e se subdividem em normas constitucionais de princípio institutivo (que reclamam integração legislativa infraconstitucional) e normas constitucionais de princípio programático (que fixam diretrizes, programas e metas dirigidas ao poder público).[299]

As normas imunizantes consubstanciam, em princípio, normas de eficácia plena.

Em tal sentir, pondera Regina Helena Costa:

> Sendo assim, é preciso lembrar que advoga a Hermenêutica que normas proibitivas ou vedatórias prescindem de regulamentação.
>
> Como preleciona José Afonso da Silva, as normas constitucionais que constituem vedações ou proibições possuem eficácia plena. Todavia, esta regra comporta, naturalmente, exceção, quando a própria Lei Maior prevê a edição de lei (complementar) para restringir ou implementar comando normativo, no caso de proibições de eficácia contida e de eficácia limitada, respectivamente.
>
> Nesses casos, não obstante cuidar-se de preceito proibitivo, a intermediação legislativa é cabível por exigência constitucional. Nas demais hipóte-

---

[299] SILVA, José Afonso da. **Aplicabilidade das normas constitucionais.** 3. ed. São Paulo: Malheiros Editores, 1998.

ses, quando a Constituição não indicar, expressamente, a lei complementar para regular a limitação ao poder de tributar, a regulação é facultativa.[300]

Já Ives Gandra da Silva Martins e Marilene Talarico Martins Rodrigues classificam as imunidades, no tocante à eficácia, em duas modalidades, a saber, condicionadas e incondicionadas:

> Do rol das imunidades acima mencionadas constam duas modalidades: as incondicionadas e as condicionadas. As imunidades incondicionadas são aquelas que independem de qualquer integração da norma infraconstitucional para ser usufruída. A Constituição não estabelece qualquer requisito, qualquer condição para sua eficácia plena. São as imunidades recíprocas (art. 150, VI, *a*); a imunidade dos templos (art. 150, VI, *b*) e imunidade do livro, do jornal, do periódico e do papel destinado a sua impressão (art. 150, VI, *d*). As imunidades condicionadas dependem de norma infraconstitucional integrativa para disciplinar a matéria, mediante lei complementar nos termos do art. 146, II, da CF.[301]

Afirmam os autores que, mesmo quando a CF/1988 prevê legislação complementar, como no caso da imunidade contida no art. 150, VI, "c", ou no art. 195, § 7º, há que se resguardar a finalidade da desoneração: "Além de deverem estar previstos em lei complementar, os requisitos só podem consistir em condições que visem assegurar a teleologia do benefício; que sejam compatíveis com a finalidade para a qual a desoneração foi instituída pelo legislador supremo".[302]

Importa concluir que, entre as imunidades genéricas dispostas no art. 150, VI, da CF/1988, a única que contém a ressalva de legislação integrativa infraconstitucional é a imunidade tributária prevista no art. 150, VI,

---

[300] COSTA, Regina Helena. **Imunidades tributárias**. 3. ed. São Paulo: Malheiros Editores, 2015, p. 105.

[301] MARTINS, Ives Gandra da Silva; RODRIGUES, Marilene Talarico Martins. Imunidades tributárias. **Revista CIEE Alma Mater**, ago. 2014. Disponível em: http://www.gandra-martins.adv.br/project/ives-gandra/public/up loads/2014/09/03/ff6bd03revista_do_ciee_alma_mater_agosto2014.pdf. Acesso em: 8 abr. 2021.

[302] MARTINS, Ives Gandra da Silva; RODRIGUES, Marilene Talarico Martins. Imunidades tributárias. **Revista CIEE Alma Mater**, ago. 2014. Disponível em: http://www.gandra-martins.adv.br/project/ives-gandra/public/ uploads/2014/09/03/ff6bd03revista_do_ciee_alma_mater_agosto2014.pdf. Acesso em: 8 abr. 2021.

"c", da CF/1988, disso decorrendo, portanto, que as demais consistem em imunidades tributárias de eficácia plena, e independem de integração, o que ocorre com a imunidade tributária dos templos de qualquer culto.

No que diz respeito às imunidades que dependem de integração legislativa infraconstitucional, prescreve a CF/1988, no art. 146, II, que caberá à lei complementar regular as limitações constitucionais ao poder de tributar, qual seja, o CTN, por meio de seu art. 14 e incisos.

O STF, em decisão de relatoria do Ministro Marco Aurélio na qual foi conferida a tese relativa ao tema de repercussão geral (Tema 32) no bojo do *leading case* RE 566.622, firmou entendimento de que a lei complementar é forma exigível para a definição do modo beneficente de atuação das entidades de assistência social contempladas pelo art. 195, § 7º, da CF/1988, especialmente no que se refere à instituição de contrapartidas a serem por elas observadas. Porém, opostos embargos de declaração, fixou-se a tese, por maioria, prevalecendo voto da Ministra Rosa Weber de que a Constituição reserva à lei complementar o tratamento de limitações constitucionais no tocante aos aspectos materiais das atividades das entidades imunes, mas que aspectos meramente procedimentais podem ser veiculados por lei ordinária.

Importa, contudo, observar que a melhor doutrina destaca que a lei complementar que servirá à regulamentação da imunidade tributária contemplada pela CF/1988 só poderá dispor sobre aspectos formais, não sendo possível afastar os aspectos substanciais, sendo essa a posição que rege o presente.[303]

---

[303] Em tal sentido: COSTA, Regina Helena. **Imunidades tributárias**. 3. ed. São Paulo: Malheiros Editores, 2015, p. 106.

6. DA SISTEMATIZAÇÃO DA CLASSIFICAÇÃO DA IMUNIDADE DOS TEMPLOS DE QUALQUER CULTO

6.1. Da classificação como imunidade genérica
A doutrina exibe várias classificações das normas veiculadoras de imunidade, de tal forma que será analisada a imunidade dos templos de qualquer culto sob o enfoque das principais vertentes.

Há que se delimitar inicialmente a imunidade dos templos de qualquer culto como imunidade genérica.

De acordo com classificação apresentada por Regina Helena Costa, "quanto aos valores constitucionais protegidos ou quanto ao grau de intensidade e amplitude",[304] é possível afirmar que as imunidades podem ser gerais ou genéricas, e específicas ou especiais. Assim explicita a autora:

> As imunidades gerais ou genéricas, contempladas no art. 150, VI, da Constituição da República, dirigem vedações a todas as pessoas políticas e abrangem todo e qualquer imposto que recaia sobre o patrimônio, a renda ou os serviços das entidades mencionadas – daí a denominação que recebem. Protegem ou promovem valores constitucionais básicos, têm como diretriz hermenêutica a salvaguarda da liberdade religiosa, política, de informação etc. São dotadas de intensa carga axiológica, uma vez que o constituinte elegeu um ou mais valores para estribá-las.
>
> As imunidades específicas, tópicas ou especiais, por sua vez, são circunscritas, em geral restritas a um único tributo – que pode ser um imposto, taxa

---
[304] COSTA, Regina Helena. **Imunidades tributárias**. 3. ed. São Paulo: Malheiros Editores, 2015, p. 138.

ou contribuição –, e servem a valores mais limitados ou conveniências especiais.[305]

Leandro Paulsen, em tal sentir, aponta a mesma classificação, mas sob a denominação de imunidades "quanto aos tributos abrangidos": "As imunidades, quanto aos tributos abrangidos, ora dizem respeito aos impostos em geral ou a um único imposto, ora a outras espécies tributárias em caráter geral ou específico, o que depende da redação de cada norma constitucional proibitiva de tributação".[306]

Para o autor, a exemplificar, as imunidades do art. 150, VI, da CF/1988 seriam genéricas pois limitam-se a negar competência para a instituição de impostos. Parece mais técnica a fundamentação de Regina Helena Costa por não restringir a classificação das imunidades tributárias ao tipo de tributo abrangido, até mesmo porque as normas veiculadoras de imunidades podem referir-se a qualquer tributo.[307]

Paulo de Barros Carvalho, nesse sentido, afirma categoricamente que "as imunidades transcendem os impostos, alcançando taxas e contribuições" e a "comprovação empírica" decorre de situações que relaciona, tais como imunidade para os maiores de 65 anos sempre que o serviço de transporte coletivo urbano for remunerado por via de taxa, a que se refere o art. 230, § 2º, da CF/1988; imunidade de custas judiciais (taxas) para o cidadão que propuser ação popular, nos termos do art. 5º, LXXIII, da CF/1988; imunidade de taxas do registro civil de casamento e da certidão de óbito àqueles reconhecidamente pobres, por determinação do art. 5º, LXXVI, "a" e "b", da CF/1988, entre outras.[308]

---

[305] Ibidem, loc. cit.

[306] PAULSEN, Leandro. **Curso de direito tributário.** 12. ed. São Paulo: Saraiva, 2021, p. 123.

[307] A autora aponta a classificação das imunidades em excludentes e incisivas, partilhando de entendimento de Geraldo Ataliba no tocante à abrangência da vedação nelas contida: "As imunidades excludentes reservam certa situação à tributação por um tipo de imposto, excluindo outros impostos ou tributos [...] As imunidades incisivas, por seu turno, são as que preveem que certa situação só possa ser tributada por alguns impostos, excluindo os demais" (COSTA, Regina Helena. **Imunidades tributárias.** 3. ed. São Paulo: Malheiros Editores, 2015, p. 138).

[308] CARVALHO, Paulo de Barros. **Direito tributário, linguagem e método.** 7. ed. São Paulo: Noeses, 2018, p. 392.

Assim é que, nesse particular, partindo da classificação de Regina Helena Costa, pode-se concluir, como afirmado, ser a imunidade dos templos de qualquer culto imunidade genérica, obstando a instituição de impostos, na defesa de relevante valor constitucional.

6.2. Das imunidades objetivas e subjetivas, implícitas ou explícitas. Da classificação da imunidade dos templos de qualquer culto como imunidade ontológica

Importa, igualmente, trazer à baila distinção relativa à natureza objetiva ou subjetiva da imunidade dos templos de qualquer culto.

Em tal ponto, Leandro Paulsen bem diferencia as imunidades objetivas das subjetivas:

> A imunidade objetiva é aquela em que se exclui da tributação determinado bem, riqueza ou operação considerado de modo objetivo, sem atenção ao seu titular. É o caso da imunidade dos livros, jornais e periódicos, que só alcança as operações com esses instrumentos de manifestação do pensamento e das ideias, não se estendendo aos autores, às editoras e às livrarias. Subjetiva, de outro lado, é a imunidade outorgada em função da pessoa do contribuinte, como a imunidade dos templos (instituições religiosas) e dos partidos políticos.[309]

Ressalva o autor, contudo, que essa classificação não deve ser considerada em caráter absoluto, pois muitas vezes as imunidades apresentam caráter misto ou híbrido ao combinar critérios objetivos e subjetivos. Vale trazer à tona entendimento de Roque Carrazza, que acrescenta à classificação a imunidade mista, que conteria os dois critérios, muito embora entenda o autor que, rigorosamente, "*a imunidade é sempre subjetiva*, já que invariavelmente beneficia pessoas, quer por sua natureza jurídica, quer pela relação que guardam com determinados fatos, bens ou situações":

> O que estamos querendo expressar é que mesmo a chamada *imunidade objetiva* alcança pessoas, só que não por suas qualidades, características ou tipo de atividade que desempenham, mas porque relacionadas com determinados fatos, bens ou situações (*v.g.*, a imunidade do art. 150, VI, "d", da

---

[309] PAULSEN, Leandro. **Curso de direito tributário**. 12. ed. São Paulo: Saraiva, 2021, p. 123.

CF). Já, a denominada *imunidade subjetiva* alcança pessoas pela sua própria natureza jurídica (por exemplo, a imunidade do art. 150, VI, "a", da CF). E, finalmente, a imunidade mista alcança pessoas por sua natureza jurídica e porque relacionadas com determinados fatos, bens ou situações (*e.g.*, a imunidade do art. 153, § 4º, da CF).[310]

De toda forma, decorre logicamente do raciocínio tratar-se a imunidade dos templos de imunidade subjetiva.

Ricardo Lobo Torres classifica as imunidades em explícitas ou implícitas. Anota o autor que, apesar de a maior parte das imunidades no Brasil estar explicitada na CF/1988, ao contrário, por exemplo, das imunidades no direito americano, outras imunidades estariam implícitas na Constituição, tal como se dá com "os mecanismos da isenção ou dos descontos do imposto de renda".[311]

Regina Helena Costa, de sua parte, de forma didática, distingue as imunidades em explícitas e implícitas e ontológicas e políticas. Para a autora, as imunidades explícitas estão hospedadas em normas expressas, citando como exemplo todas as imunidades políticas, enquanto as imunidades implícitas "são aquelas que, mesmo diante da ausência de norma expressa que as abrigue, são extraíveis de princípios contemplados no ordenamento jurídico". Ilustra com a imunidade recíproca, derivada da ausência de capacidade contributiva das pessoas políticas e da aplicação dos princípios federativos da autonomia municipal, bem como a imunidade das instituições de educação e de assistência social sem fins lucrativos, também por fundamento de falta de capacidade contributiva.[312]

Ressalta a autora, outrossim, serem implícitas as imunidades ontológicas: "Perante o Direito Positivo, implícitas são as imunidades ontológicas, porquanto em ambas as hipóteses de normas imunizantes

---

[310] CARRAZZA, Roque Antonio. **Curso de direito constitucional tributário**. 31. ed. São Paulo: Malheiros Editores, 2017, p. 852.

[311] TORRES, Ricardo Lobo. **Os direitos humanos e a tributação**: imunidades e isonomia. Rio de Janeiro: Renovar, 1995, p. 72.

[312] COSTA, Regina Helena. **Imunidades tributárias**. 3. ed. São Paulo: Malheiros Editores, 2015, p. 144.

dedutíveis de princípios jurídicos verifica-se a ausência de capacidade contributiva dos entes imunes".[313]

Distingue, em seguimento, as imunidades ontológicas das políticas, retratando as primeiras, "reconhecidas *de jure*, como consequência necessária de um princípio constitucional"; na outra face estariam as imunidades políticas, que não constituem consequência necessária de um princípio, mas "são outorgadas para prestigiar outros princípios constitucionais".[314]

Em referendo, a autora faz menção a Misabel Derzi, para acompanhá-la, no sentido de ser ontológica também a imunidade conferida às instituições de educação e assistência social sem fins lucrativos:

> [...] conquanto possam deter capacidade econômica, não possuem aptidão para contribuir, pois seus recursos – no mais das vezes escassos, canalizam-se ao desenvolvimento de suas atividades institucionais. O primado da igualdade, então, está implementado diante da diversidade de tratamento dispensado àqueles entes que não possuem aptidão para contribuir com as despesas do Estado e desempenham atividades de relevante interesse público.[315-316]

Contudo, Regina Helena Costa circunscreve à imunidade dos templos de qualquer culto a natureza de imunidade política:

> As imunidades políticas, diversamente, sem constituírem consequência necessária de um princípio, são outorgadas para prestigiar outros princípios constitucionais. Beneficiam, eventualmente, pessoas que detêm capacidade de contribuir. Podem ser retiradas do Texto Fundamental – tão somente mediante o exercício do Poder Constituinte Originário –, não podendo ser reconhecidas ante a ausência de preceito expresso que as acolha – o que

---

[313] Ibidem, loc. cit.
[314] Ibidem, p. 142-143.
[315] Ibidem, p. 143.
[316] DERZI, Misabel. A imunidade recíproca, o princípio federal e a Emenda Constitucional n. 3, de 1993. **Revista de Direito Tributário – RDT**, n. 62, p. 76-98, 1994: Os princípios federativo e de igualdade "são irreversíveis e fundamentais porque não podem ser afastados por emenda à Constituição, as referidas imunidades teriam de ser deduzidas ainda que inexistisse menção expressa na Carta Magna".

equivale a dizer que a competência tributária pode voltar a ser exercida nessas situações.

São dessa espécie as imunidades dos templos, das entidades sindicais de trabalhadores e dos partidos políticos e suas fundações, bem como a conferida aos livros, jornais, periódicos e ao papel destinado à sua impressão.[317]

Embora brilhante tal posição, vale ressaltar que, adotando a classificação supra, como também a linha exposta por Misabel Derzi, no sentido de que a imunidade ontológica conferida às instituições de educação e de assistência social sem fins lucrativos deriva da ausência de capacidade contributiva, sendo, ainda, consequência expressa ou implícita (se necessário) de um princípio, não há como deixar de qualificar a imunidade dos templos de qualquer culto, igualmente, como imunidade ontológica.

Utilizando essa linha de raciocínio, é possível afirmar que, apesar de algumas instituições religiosas possuírem capacidade econômica, os respectivos recursos são destinados às suas finalidades. A razão de ser da imunidade não se relaciona à capacidade econômica, mas aos objetivos perseguidos, esse o cerne da imunidade, de tal forma que canalizam eventual renda ou patrimônio à realização das atividades relevantes que desempenham.

Ademais, a imunidade tributária dos templos religiosos se afigura consequência obrigatória dos princípios da laicidade e da liberdade à religião, como elemento essencial à cidadania, no bojo de um Estado Democrático de Direito.

Há que se considerar em tal sentido a imunidade dos templos de qualquer culto, além de imunidade genérica, subjetiva e expressa, também imunidade ontológica.

6.3. Da aplicabilidade e sistematização da classificação das imunidades dos templos de qualquer culto

Ao abordar as imunidades implícitas, Ricardo Lobo Torres destaca posicionamento que reafirma a posição veiculada neste trabalho, a partir da

---

[317] COSTA, Regina Helena. **Imunidades tributárias**. 3. ed. São Paulo: Malheiros Editores, 2015, p. 143.

qual atribui aos direitos fundamentais a condição de intributáveis, absolutamente:

> Demais disso, o art. 150, sede constitucional das imunidades, é o contraponto fiscal do art. 5º, que declara os direitos da liberdade. Assim sendo, cada qual dos direitos fundamentais declarados no art. 5º exibe, como uma sua qualidade essencial, a intributabilidade absoluta por parte da União, dos Estados e dos Municípios, ainda que o não diga o art. 150.[318]

Ademais, o autor afirma que os direitos fundamentais não seriam exaustivos, decorrendo outros da CF/1988, figurando, ademais, "a imunidade tributária predicado essencial", e conclui:

> É aberto e incompleto o elenco das imunidades aos tributos. Todos os direitos enumerados no art. 5º estão protegidos contra a incidência de impostos, taxas e contribuições, da mesma forma que os deduzidos dos princípios constitucionais e da natureza do regime.[319]

Já Regina Helena Costa, em lugar de apontar elenco aberto e incompleto das imunidades, entende ser mais adequado invocar o que denomina *princípio da não obstância do exercício de direitos fundamentais por via da tributação*:

> Implícito no Texto Fundamental, esse princípio, como visto, preconiza que os diversos direitos e liberdades nele contemplados devem conviver harmonicamente com a atividade tributante do Estado. Assegura que o exercício de direitos constitucionalmente amparados não possa ser amesquinhado ou inviabilizado pela tributação.[320]

A partir desse raciocínio, as imunidades tributárias podem ser condicionadas ou incondicionadas, no tocante à aplicabilidade da norma constitucional que as agasalha. Importa dizer que será condicionada a

---

[318] TORRES, Ricardo Lobo. **Os direitos humanos e a tributação**: imunidades e isonomia. Rio de Janeiro: Renovar, 1995, p. 175.
[319] Ibidem, p. 176.
[320] COSTA, Regina Helena. **Imunidades tributárias**. 3. ed. São Paulo: Malheiros Editores, 2015, p. 144.

imunidade cuja norma constitucional que a abriga prescrever condições ou requisitos para o seu exercício.

Vale aqui suscitar o alerta de Leandro Paulsen no tocante às imunidades incondicionadas, que não devem ser absolutas e devem servir ao sentido finalístico:

> Cabe observar, porém, que sempre teremos o condicionamento ao menos à preservação do valor que inspira a regra de imunidade. Desse modo, mesmo a imunidade das instituições religiosas – a princípio incondicionada – só se justifica em face da manifestação da religiosidade e das atividades que lhe são inerentes ou correlatas, mantido o sentido finalístico, sob pena de se desvirtuar a garantia constitucional. A invocação do caráter incondicionado de determinada imunidade não se presta, por exemplo, para estendê-la a atividades econômicas, mesmo que os recursos venham a ser aplicados na atividade-fim. Permitir que a imunidade implique desequilíbrios no mercado violaria o princípio da livre-iniciativa e concorrência, que pressupõe isonomia tributária.[321]

Efetivamente, não se pode imputar à imunidade incondicionada caráter absoluto, merecendo proteção o valor protegido pela norma constitucional, que se afasta, por exemplo, ante a ocorrência de fraudes, simulação ou atividades irregulares.

Dessa maneira, finalizando, já se faz possível uma sistematização quanto à classificação da imunidade dos templos de qualquer culto.

Em decorrência do que foi deduzido até o momento, a imunidade dos templos de qualquer culto deve ser classificada em genérica, subjetiva, explícita e incondicionada.

Importa, ainda, explicitar o fundamento da imunidade dos templos, como assinala Ricardo Lobo Torres:

> O fundamento jurídico da imunidade dos templos é a liberdade religiosa, um dos pilares do liberalismo e do Estado de Direito. O cidadão pode praticar a religião que quiser – ou não praticar nenhuma – sem que esteja sujeito ao pagamento de qualquer tributo. A imunidade fiscal, no caso, é um

---

[321] PAULSEN, Leandro. **Curso de direito tributário.** 12. ed. São Paulo: Saraiva, 2021, p. 123.

6. DA SISTEMATIZAÇÃO DA CLASSIFICAÇÃO DA IMUNIDADE DOS TEMPLOS...

atributo da própria pessoa humana, é condição de validade dos direitos fundamentais.[322]

Isso colocado, há que se dizer que a imunidade dos templos de qualquer culto trata-se, ademais, de imunidade ontológica, que decorre necessariamente dos princípios da laicidade e da liberdade religiosa, estruturantes do Estado de Direito laico e democrático.

---

[322] TORRES, Ricardo Lobo. **Os direitos humanos e a tributação**: imunidades e isonomia. Rio de Janeiro: Renovar, 1995, p. 211.

7. DO NÚCLEO ESSENCIAL E OBJETO DA IMUNIDADE DOS TEMPLOS DE QUALQUER CULTO

7.1. A capacidade contributiva como não referencial lógico da imunidade dos templos de qualquer culto
Importante frisar o referencial lógico que dá sustentáculo à imunidade tributária dos templos de qualquer culto, que consiste no fim almejado pela norma negativa de competência descrita pela CF/1988.

A imunidade tributária tem por propósito justamente alicerçar direitos essenciais ao cidadão e valores prestigiados pela ordem constitucional. No caso da imunidade dos templos de qualquer culto, o desígnio pretendido é a defesa e a instrumentalização do direito à liberdade de religião e de expressão, no bojo de um Estado laico e democrático.

Muito bem explicita essa questão Roque Antonio Carrazza:

> De fato, quando a Constituição Federal prescreve serem imunes aos impostos os templos de qualquer culto (art. 150, VI, *b*), ela não está senão dando efetividade ao direito fundamental à liberdade de consciência e de crença, que se manifesta no livre e amplo exercício das práticas religiosas e na consecução dos superiores objetivos da Igreja que os realiza.[323]

E arremata o autor:

> Daí que o fundamento da imunidade dos "*templos de qualquer culto*" não é a ausência de capacidade contributiva (aptidão econômica para contribuir com os gastos da coletividade), mas a proteção da liberdade dos indiví-

---

[323] CARRAZZA, Roque Antonio. **Imunidades tributárias dos templos e instituições religiosas.** São Paulo: Noeses, 2015, p. 30.

duos, que restaria tolhida, caso as Igrejas tivessem que suportar os impostos incidentes *"sobre o patrimônio, a renda ou os serviços"*, mesmo quando tais fatos jurídico-econômicos guardassem sintonia com as *"finalidade essenciais"* (art. 150, § 4º, da CF) do culto.[324]

Verifica-se, justamente, que a imunidade tributária não se evidencia, portanto, pela ausência de capacidade contributiva, apesar de esta configurar princípio essencial ao sistema tributário nacional.

Efetivamente, a CF/1988 delineia os princípios que devem reger a matéria, tais como o princípio da legalidade, o princípio da irretroatividade e o princípio da capacidade contributiva, estando este relacionado ao princípio da isonomia e à própria ideia de realização de justiça no âmbito da função arrecadatória do Estado.

Destacam Julcira Maria de Mello Vianna Lisboa e Claudio de Abreu esse liame entre os princípios da capacidade contributiva e da isonomia:

> O entrelaçamento entre o princípio da capacidade contributiva e o princípio da isonomia, previsto no artigo 150, inciso II, da Constituição, advém do termo *caráter pessoal* dos impostos, o que significa reconhecer que todas as pessoas, naturais ou jurídicas, que se encontrarem em situação jurídica idêntica estarão sujeitas à incidência tributária relativa aos impostos segundo a respectiva *capacidade econômica*.[325]

O intento é de que todos devem contribuir para suprir os gastos advindos da coletividade, mas na medida da capacidade contributiva, sob pena até mesmo de se configurar confisco, sendo a imunidade tributária uma exceção.

Nesse quesito, o art. 145, § 1º, da CF/1988 dispõe que os impostos, cuja arrecadação é destinada aos gastos da sociedade em geral, sempre que possível, serão graduados segundo a capacidade econômica do contribuinte.

Exprime o contido no princípio da capacidade contributiva Paulo de Barros Carvalho:

---

[324] Ibidem, loc. cit.
[325] LISBOA, Julcira Maria de Mello Vianna; ABREU, Claudio de. **Direito tributário**: Constituição e processo: garantias ao contribuinte. Rio de Janeiro: Lumen Juris, 2018, p. 48.

7. DO NÚCLEO ESSENCIAL E OBJETO DA IMUNIDADE DOS TEMPLOS DE QUALQUER CULTO

Podemos resumir o que dissemos em duas proposições afirmativas bem sintéticas: realizar o princípio pré-jurídico da capacidade contributiva absoluta ou objetiva retrata a eleição, pela autoridade legislativa competente, de fatos que ostentem signos de riqueza; por outro lado, tornar efetivo o princípio da capacidade contributiva relativa ou subjetiva quer expressar a repartição do impacto tributário, de tal modo que os participantes do acontecimento contribuam de acordo com o tamanho econômico do evento.[326]

Pode-se dizer, ainda, com Leandro Paulsen, que o princípio da capacidade contributiva seria "a graduação dos tributos conforme as possibilidades de cada um, sem incorrer na tributação do mínimo vital, de um lado, tampouco em confisco, de outro".[327]

Cumpre desde logo demarcar a distinção entre princípios e imunidades, como limitações ao poder de tributar, segundo Regina Helena Costa:

> Sabemos que os *princípios jurídicos* são normas fundantes de um sistema, tipificadas pelo *forte conteúdo axiológico* e pelo *alto grau de generalidade e abstração*, ensejadores do amplo alcance de seus efeitos, que cumprem o papel fundamental de *orientar a interpretação* e a *aplicação de outras normas*.
>
> Já as *imunidades* são normas aplicáveis *a situações específicas*, perfeitamente identificadas na Lei Maior. Nesse aspecto, pois, reside a primeira distinção entre os princípios e as imunidades. À generalidade e à abstração ínsitas aos princípios contrapõe-se a especificidade das normas imunizantes.
>
> Em segundo lugar, verifica-se que, enquanto as imunidades *denegam a própria competência*, vedando a sua atribuição em relação a certas hipóteses, os princípios orientam o *adequado exercício da competência tributária*. Os princípios tributários pressupõem, assim, a *existência* de competência tributária; as imunidades, por seu turno, pressupõem a *inexistência* dessa competência.[328]

Não se trata aqui de estabelecer a importância de cada instituto, apenas de estremar os contornos próprios de cada qual. São institutos diver-

---

[326] CARVALHO, Paulo de Barros. **Direito tributário, linguagem e método.** São Paulo: Noeses, 2018, p. 343.
[327] PAULSEN, Leandro. **Curso de direito tributário.** São Paulo: Saraiva, 2021, p. 81.
[328] COSTA, Regina Helena. **Curso de direito tributário.** 11. ed. São Paulo: Saraiva, 2021, p. 87.

sos, e, quando se trata de imunidades tributárias, o sopesamento não passa necessariamente pelos princípios que orientam em geral o poder de tributar, entre eles a capacidade contributiva. O cerne da imunidade tributária se localiza no fundamento da própria norma imunizante, que resguarda o exercício de um direito fundamental.

Dessa maneira, a análise e a pertinência da imunidade tributária não se compatibilizam necessariamente com a inexistência de capacidade contributiva.

Luís Eduardo Schoueri, em tal ponto, traz clara elucidação sobre o tema, sob o entendimento de que nem todas as imunidades teriam igual fundamentação e peso, ou seja, a imunidade não seria "monolítica", não havendo uma única imunidade, e de que a norma concernente à imunidade decorrerá da confluência de diversos dispositivos. Importa, assim, se o ente atua no âmbito público ou no âmbito econômico:

> Se a norma de imunidade decorre da junção de dispositivos que revelam valores tão altos como liberdades fundamentais e capacidade contributiva, então igualmente ampla é a norma de imunidade. Por outro lado, se a norma de imunidade não se revela suportada por exigência de Capacidade Contributiva, tendo mera função técnica e sistematizadora, apenas a tanto se prestará o raciocínio do intérprete aplicador.[329]

Para o autor, atuando o ente imune fora do domínio econômico e, ainda que exista recursos, desde que destinados às finalidades para a qual foi criada e prevista, a norma imune terá maior abrangência, não havendo que se cogitar do princípio da capacidade contributiva. Nesse caso, o ente imune pode ter capacidade econômica, recursos, mas que se destinam à realização de seus objetivos.

Estando no domínio econômico, há que se questionar acerca do princípio da capacidade contributiva e do princípio da livre concorrência.[330]

---

[329] SCHOUERI, Luís Eduardo. Imunidade tributária e ordem econômica. In: ROCHA, Valdir de Oliveira. **Grandes questões atuais do direito tributário.** São Paulo: Dialética, 2011. v. 5, p. 235.

[330] SCHOUERI, Luís Eduardo. Imunidade tributária e ordem econômica. In: ROCHA, Valdir de Oliveira. **Grandes questões atuais do direito tributário.** São Paulo: Dialética, 2011. v. 5, p. 234.

7. DO NÚCLEO ESSENCIAL E OBJETO DA IMUNIDADE DOS TEMPLOS DE QUALQUER CULTO

Assim retrata o autor a situação específica da imunidade dos templos de qualquer culto:

> Não é difícil identificar o elemento axiológico da imunidade no princípio da liberdade religiosa, base do Estado contemporâneo, assim consagrado entre os direitos e deveres individuais (art. 5º, VI, da Constituição Federal): "é inviolável a liberdade de consciência e de crença, sendo assegurado o livre exercício dos cultos religiosos e garantida, na forma da lei, a proteção aos locais de culto e suas liturgias". Também aqui, constata-se, ademais, a ausência de capacidade contributiva, já que a atividade do templo, conquanto relacionada à sua finalidade essencial (aquela não pode ser exercida, com igual proveito, por terceiros), mantém-se fora do Domínio Econômico, no setor público.[331]

Releva aqui trazer mais uma vez os ensinamentos de Regina Helena Costa, em igual sentido, que traça diferencial entre os conceitos de capacidade econômica e capacidade contributiva, impactando na questão das entidades imunes:

> Em verdade, a imunidade pressupõe a existência de capacidade econômica. Com efeito, ausente tal capacidade, despindo-se o fato em foco de conteúdo econômico, a situação seria de mera não incidência, na dicção da doutrina tradicional; ou, como preferimos, de irrelevância para o Direito Tributário. Em outras palavras, tal situação traduzir-se-ia em "atipicidade", e não haveria sentido na instituição da imunidade. Não estaria presente, nesse contexto, a capacidade contributiva, em seu sentido objetivo.[332]

Por conseguinte, as imunidades tributárias se aplicariam, em regra, mesmo diante de situação de capacidade econômica, desde que a norma imunizante esteja disposta em norma constitucional e que o ente imune atue para a realização de suas finalidades, e fora do domínio econômico. Em tal situação, não há falar na incidência do princípio da capacidade contributiva.

---

[331] Ibidem, p. 233.
[332] COSTA, Regina Helena. **Imunidades tributárias**. 3. ed. São Paulo: Malheiros Editores, 2015, p. 96.

É o caso das entidades de educação e assistência social, entidades religiosas e outras. Trata-se de situações consideradas pela ordem constitucional relevantes à vida social e democrática do Estado, que respaldam as hipóteses de imunidades tributárias, exceto se atuantes em área mercantil e econômica.

7.2. A liberdade à religião e o papel instrumentalizador da imunidade tributária em uma sociedade pluralista como elemento à harmonia e pacificação social

Por meio da imunidade aos templos de qualquer culto, o que se busca salvaguardar e proteger é a liberdade de religião e a laicidade do Estado.

Roque Antonio Carrazza, em tal diapasão, esclarece:

> Daí que o fundamento da imunidade dos *"templos de qualquer culto"* não é a ausência de *capacidade contributiva* (aptidão econômica para contribuir com os gastos da coletividade), mas a proteção da liberdade dos indivíduos, que restaria tolhida, caso as Igrejas tivessem que suportar os impostos incidentes *"sobre o patrimônio", a renda ou os serviços"*, mesmo quando tais fatos jurídico-econômicos guardassem sintonia com as *"finalidades essenciais"* (art. 150 § 4º, da CF) do culto.[333]

Para melhor compreensão, melhor seria afastar uma aplicação mais contundente da estrutura hierárquica da teoria kelseniana, sem pretender adicionar qualquer elemento desmerecedor à grandeza da teoria pura do direito, cujas ideias permanecem latentes, mas, como bem afirma Pérez Luño, se desenvolviam de forma "nomodinâmica" por meio da conjugação de três postulados, quais sejam, a unidade, a plenitude e a coerência, que não carregam mais suficiência ante as mudanças dinâmicas do mundo atual:

> Como se percebe, as notas básicas conformadoras dos sistemas jurídicos do presente sofreram uma profunda metamorfose, cujos aspectos principais no âmbito dos direitos fundamentais têm sido objeto das reflexões que se

---

[333] CARRAZZA, Roque Antonio. **Imunidades tributárias dos templos e instituições religiosas**. São Paulo: Noeses, 2015, p. 30.

7. DO NÚCLEO ESSENCIAL E OBJETO DA IMUNIDADE DOS TEMPLOS DE QUALQUER CULTO

antecedem. Objetiva-se, agora, a questão inafastável da aptidão da teoria pura do direito para dar conta dessas mutações.[334]

Argumenta o autor, ademais, que, em lugar da estrutura piramidal, deva-se fazer frente a nova representação, como forma de interação, com um novo enfoque exigido por um cenário pluralista:

> Esta nova perspectiva metodológica, para assumir o significado atual dos sistemas jurídicos, denuncia a crise do juspositivismo kelseniano. Impõe substituir a imagem piramidal, quer dizer, hierarquizada do ordenamento normativo, por um horizonte em que a totalidade do sistema se obterá pela intersecção de uma pluralidade de estruturas normativas, de procedência heterogênea e que, em conjunto, formarão um panorama do ordenamento jurídico bastante parecido a uma abóbada.[335]

Em tal ponto, a teoria das imunidades tributárias requer esse olhar voltado a um mundo em constante mudança, pontuado pelo pluralismo cultural e religioso e pelas controvérsias e embates daí advindos.

A razão de ser de um Estado laico e democrático é justamente a tentativa de convivência harmoniosa entre tantos leques existentes envoltos ao pensamento religioso, respeitada a liberdade de confessar uma religião, de não aderir a nenhuma ou de se vincular ao ateísmo.

O que embasa a imunidade dos templos de qualquer culto é proporcionar o exercício contínuo de uma cidadania saudável em ambiente pluralista, de aceitação e convivência com o pensar diferente.

Não se trata de crer ou não em algo transcendental, mas de fazer a sociedade se deparar com o dessemelhante ao próprio pensamento.

A postura neutra do Estado em tal ponto se faz imprescindível, sendo a imunidade tributária dos templos o caminho proporcionador de uniformidade entre tantas crenças e não crenças.

---

[334] LUÑO, Antonio Enrique Pérez. **Perspectivas e tendências atuais do estado constitucional.** Tradução José Luis Bolzan de Morais e Valéria Ribas do Nascimento. Porto Alegre: Livraria do Advogado, 2012, p. 37.

[335] LUÑO, Antonio Enrique Pérez. **Perspectivas e tendências atuais do estado constitucional.** Tradução José Luis Bolzan de Morais e Valéria Ribas do Nascimento. Porto Alegre: Livraria do Advogado, 2012, p. 38.

É um exercício democrático e contínuo que deve ser amadurecido, de maneira prospectiva, com a finalidade precípua de resguardar as liberdades e o direito de expressão de cada cidadão, em ambiente de tolerância e paz.

Stephen Holmes e Cass R. Sunstein, proporcionam lição valiosa no sentido de que o exercício de direitos adviria de uma estratégia de gestão de conflitos, em decorrência da ideia de um contrato social:

> Assim, o contrato social norte-americano não deve ser descrito somente como uma troca de direitos por cooperação, na qual o Estado oferece os direitos e os cidadãos respondem com a cooperação. O contrato social norte-americano envolve uma negociação mais deliberativa e reflexiva entre os próprios cidadãos que respeitam o direito – entre os ricos e os pobres, por exemplo, e entre os membros de grupos religiosos discordantes.[336]

Nesse contexto, os autores retratam a liberdade religiosa ou de consciência como "direito liberal clássico dotado de muitas justificativas abstratas ou filosóficas e surgiu em grande medida como resultado de um processo de negociação entre grupos sociais particulares que visavam assegurar uma união política interdenominacional, a tolerância mútua e a cooperação social".[337]

Apontam, ainda, que o exercício da liberdade religiosa impõe um custo ao Estado e a toda a coletividade, como ocorre quando se faz necessária a repressão ou o monitoramento de determinada entidade religiosa para evitar conflitos ou tensões graves. E demanda custos tanto quanto outros direitos fundamentais:

> No entanto, não se deve permitir que a contribuição da liberdade religiosa para a autonomia individual obscureça o fato de que ela também tem origem numa coexistência social pacífica e contribui para essa coexistência. Ao mesmo tempo em que nos dá autonomia no que se refere às nossas

---

[336] HOLMES, Stephen; SUSTEIN, Cass R. **O custo dos direitos**: por que a liberdade depende dos impostos. 1. ed. 3. tir. São Paulo: WMF Martins Fontes, 2020, p. 150.

[337] Ibidem, p. 151. Vale trazer à tona esclarecimento dos autores no sentido de que *"grosso modo*, os teóricos da democracia dividem-se em duas categorias: os que encaram a política como um processo de negociações entre grupos de interesses particulares e os que a veem como um processo de deliberação e apresentação de razões", mas que ambos desempenham papel significativo e construtivo.

7. DO NÚCLEO ESSENCIAL E OBJETO DA IMUNIDADE DOS TEMPLOS DE QUALQUER CULTO

mais profundas convicções, a liberdade religiosa depende essencialmente do bom funcionamento de um certo tipo de autoridade política legítima. Além disso, na medida em que desempenha um papel de estabilização e estimula a harmonia social, ela permite que nossa sociedade religiosamente heterogênea funcione razoavelmente bem. Sua utilidade evidente numa sociedade religiosamente heterogênea ajuda a explicar o reconhecimento original desse direito, sua importância nos Estados Unidos e em outros países e a evidente boa vontade dos contribuintes em pagar os custos que ele acarreta.[338]

Assim é que o exercício da liberdade religiosa, no Brasil, instrumentaliza-se por meio da imunidade tributária, traduzida em norma negativa de competência, que tem como aspecto fundante o cumprimento e a observância das finalidades precípuas traçadas pela própria CF/1988.

Roque Antonio Carrazza, em igual sentido, explicita:

> Desdobrando estas ideias, as aquisições de bens móveis ou imóveis e as rendas (provenientes de lucros, ganhos de capital e alugueres de imóveis), desde que "relacionadas às finalidades essenciais" do culto, passam ao largo dos impostos que, de regra, incidem sobre estas operações jurídicas. Sendo ainda mais explícitos, as rendas da Igreja, se diretamente relacionadas às finalidades essenciais do culto, são imunes ao IRPJ; os serviços por ela prestados a título oneroso, desde que também revertam em benefício do culto, imunes ao ISS; seu patrimônio, que lhe dá visibilidade material e reforça a fé de seus adeptos, imune ao imposto sobre a importação, ao IPTU, ao ITBI, ao IPI, ao ICMS; e assim por diante.[339]

Firma idêntica posição Aires F. Barreto, mesmo quando se tratar de prestação de serviços:

> Para nós, a questão encontra resposta direta, na própria Constituição. O § 4º, do art. 150, deixa claro que a imunidade alcança os serviços relacionados com as finalidades essenciais das entidades nele mencionadas. Assim, basta que o serviço seja relacionado com suas finalidades essenciais, como

---

[338] Ibidem, p. 153.
[339] CARRAZZA, Roque Antonio. **Imunidades tributárias dos templos e instituições religiosas**. São Paulo: Noeses, 2015, p. 50.

é o caso dos que se processam na sacristia, na residência do pastor, no convento, mosteiro ou em seus anexos, para que seja imune. Se não se trata de bem a ele relacionado, imunidade não há.

A título de prestação de serviços, nenhuma exigência pode ser feita relativamente a templos. Lembre-se que, nesse caso, não há nenhuma restrição ao alcance da imunidade; dela não excetua nenhum tipo ou espécie de templo, nenhuma modalidade de crença, nenhuma espécie de edificação, nenhuma forma pela qual se desenvolva o culto respectivo. Consequentemente, nenhum ISS pode ser exigido por serviços relativos aos cultos processados nos templos respectivos. A Constituição não se compadece com a tributação de qualquer serviço. Tolerá-la implicaria discriminação odiosa. Qualquer que seja o culto, quaisquer que sejam as modalidades de serviço, ou variações ditadas pela espécie de crença ou modalidade das venerações esposadas, sempre haverá imunidade do ISS.[340]

De toda forma, importa dizer que não se trata de averiguar a presença de capacidade contributiva tributável para que se identifique a imunidade tributária dos templos de qualquer culto, mas, ao contrário, deve ser examinado o cumprimento das finalidades essenciais estabelecidas pela Constituição, havendo que ser superada a ideia de que as imunidades veiculam privilégios injustos. Se positiva a observância das finalidades pelo ente imune, a imunidade se configura para fins de cumprimento da vontade estrutural do Estado e como implemento de direito essencial do cidadão a exprimir seu direito de expressão e crença ou de não crença, exceto se configurado desvio de finalidade ou fraude na atuação da entidade imune, o que perpassa por outros caminhos, ainda que implique algum custo público, mas que se faz em razão da efetivação de um bem maior, a pacificidade.

Importante anotar a posição de alguns autores no sentido de que estaria afastada a imunidade tributária desde logo quando se tratar de típica atividade de comércio, com objetivo de lucro, com desrespeito ao princípio da livre concorrência, o que se mostra adequado, desde que presentes tais elementos que desconfiguram a base da imunidade tribu-

---

[340] BARRETO, Aires F.; BARRETO, Paulo Ayres. **ISS na Constituição e na lei**. 4. ed. Atualizado por Paulo Ayres Barreto. São Paulo: Noeses, 2018, p. 1271.

tária, ficando a cargo da Administração Pública a prova em tal sentido. Citem-se Leandro Paulsen e José Eduardo Soares de Melo:

> É evidente que a vedação impositiva ao patrimônio relacionado às finalidades essenciais dos templos (art. 150, § 4º) não será considerada no caso de manterem atividades mercantis (supermercados nos imóveis pertencentes às entidades), decorrendo obrigação tributária.[341]

Não se pode, outrossim, negligenciar e desperceber o bem comum maior a ser almejado pela efetividade do direito à religião e o instrumentador papel da imunidade tributária, qual seja, propiciar uma convivência harmônica e igualitária em uma sociedade plural, do ponto de vista tanto cultural como religioso.

É preciso fazer uma reflexão do papel desempenhado pelas entidades religiosas, de diversificadas matizes, inclusive no fomento social, em cooperação com o Estado, por meio de obras de assistência e de solidariedade, como hospitais, asilos, núcleos de atendimentos, entre outros, o que só potencializa esse papel propiciador de pacificação social.

No âmbito da Igreja Católica, podem ser citados vários implementos de ações caritativas, tal como o Fundo Nacional de Solidariedade e o Fundo Diocesano de Solidariedade, criado em 1998 pela Conferência Nacional dos Bispos do Brasil (CNBB) para atender a demandas de projetos sociais e empreendimentos sustentáveis e para o desenvolvimento comunitário com base nas necessidades práticas e culturas locais. No ano de 2021 foi lançado projeto relacionado a questões emergenciais ligadas à segurança alimentar, geração de renda e prevenção da pandemia.[342]

Outras entidades religiosas igualmente praticam atividades de cunho social, como o budismo, cujo movimento ficou conhecido como "budismo engajado". Atuou em defesa de direitos humanos e no auxí-

---

[341] PAULSEN, Leandro; MELO, José Eduardo Soares de. **Impostos federais, estaduais e municipais**. 11. ed. São Paulo: Saraiva, 2018, p. 425.

[342] CONFERÊNCIA NACIONAL DOS BISPOS DO BRASIL (CNBB). Lançado o edital do FNS 2021; podem se inscrever projetos ligados à fome e aos cuidados sanitários na pandemia. 18 maio 2021. Disponível em: https://www.cnbb.org.br/lancado-edital-do-fns-2021-podem-se-inscrever-projetos-ligados-a-seguranca-alimenta r-e-a-prevencao-da-pandemia/. Acesso em: 7 jul. 2021.

lio a aidéticos, com a criação, inclusive, de hospitais. O mais famoso é o mosteiro Wat Thamkrabok, na Tailândia: "Desde 1957, os monges e monjas desse mosteiro mantêm um programa muito estrito, mas bem-sucedido de desintoxicação de viciados em drogas. O programa se baseia em princípios budistas".[343]

O hinduísmo, de igual sorte, revela ser uma religião de cunho pacífico, que tem por base a servidão ao próximo e a igualdade espiritual. Exerce papel de importância, com contribuição na área de proteção ambiental.[344]

É relevante o trabalho de tais instituições, que podem ser constituídas sob a designação de organizações religiosas ou fundações por propiciarem atividades de relevância social, a integrar o denominado terceiro setor.[345]

Desse modo, inestimáveis os valores constitucionalmente consagrados, consubstanciados no direito à liberdade de religião e nas garantias instrumentalizadoras, especialmente a imunidade tributária dos templos de qualquer culto, a implementar o exercício da tolerância em uma ambiência harmônica na contextualização de um Estado laico, democrático e pluralista.

---

[343] HAWKINS, John. **A história das religiões**. São Paulo: M. Books Brasil, 2018, p. 174.
[344] Ibidem, p. 147.
[345] A Lei n. 10.825/2003 alterou o Código Civil de 2002 para incluir no inciso IV do art. 44 desse diploma legal as organizações religiosas como pessoa jurídica de direito privado, assegurando, ainda, em seu § 1º, que "são livres a criação, a organização, a estruturação interna e o funcionamento das organizações religiosas, sendo vedado ao poder público negar-lhes reconhecimento ou registro dos atos constitutivos necessários ao seu funcionamento".

CONCLUSÃO

A concepção de liberdade é objeto de constante e acalorado debate e tem contornos diversificados dependendo da corrente filosófica ou do contexto histórico ou social.

Dessa feita, partindo de uma evolução histórica, a liberdade é objeto de estudo desde a Antiguidade, associada ao pensamento e à filosofia, seguindo até os dias atuais, em que a conotação se apresenta diferente, com acepção mais ampla.

Na Antiguidade, a liberdade se fazia expressar por meio dos debates públicos, em uma seara política, e desse contexto foi possível extrair contribuições valorosas, mas restrita aos contornos coletivos, não sendo possível deixar de destacar que se tratava de uma sociedade que, apesar de democrática, era escravocrata, com exclusão de vários membros, como mulheres e estrangeiros.

Com o estoicismo, surge uma conotação mais subjetiva da liberdade, em consonância com o universo, a natureza, que se tornou mais contundente após o cristianismo.

Esse o ponto que passou a distinguir a liberdade dos antigos da dos modernos, quando se constata a importância da liberdade individual de cada ser humano, com a construção do que se denominou livre-arbítrio.

Surgem, a partir de então, os pensadores cristãos, que fortaleceram a ideia do homem como ser capaz de tomar decisões, tal como São Tomás de Aquino.

Com a passagem da Idade Média para a Modernidade, advêm novas alterações sociais e históricas, com a queda da visão teocêntrica.

Eclode o movimento da reforma luterana, dando início a vários conflitos religiosos e a novas crenças, como a protestante, além de embates entre ciência e religião, adentrando-se já no iluminismo.

Sob a defesa cega da ciência e da razão, filósofos como Thomas Hobbes apequenam a liberdade e a própria democracia, apontando o contrato social e o poder absoluto como formas de equilíbrio social.

Já outros contratualistas, como John Locke, jusnaturalista, defende a liberdade dos cidadãos e figura como precursor do liberalismo.

Também o contratualista Jean-Jacques Rousseau destaca, no tocante à liberdade, a limitação sofrida pela sociedade, realçando a necessidade de uma democracia direta.

Com a Revolução Francesa e os ideários de liberdade, igualdade e fraternidade, direitos sociais e liberdades individuais se consagram mediante o rompimento com os regimes absolutistas, com destaque para vários filósofos, como Immanuel Kant.

Toma corpo o positivismo, com Auguste Comte e a ideologia que denominava Lei dos Três Estados e com John Stuart Mill, defensor do liberalismo e do princípio do dano, segundo o qual cada um poderia agir como quisesse, desde que não atingisse ou prejudicasse terceiros.

No vértice do desenvolvimento do positivismo há que se pontuar a clássica Teoria Pura do Direito, de Hans Kelsen, para quem a liberdade teria uma configuração de caráter primário negativo, sendo livre de forma absoluta quem vive fora da sociedade. A liberdade, assim, seria a liberdade possível no contexto e no âmbito social. Apesar do brilhantismo da teoria desenvolvida por Kelsen, ela sofreu críticas de opositores fervorosos, como Karl Marx, Theodor Adorno e Max Horkheimer. Para Marx, por exemplo, a liberdade não estaria circunscrita ao direito, por isso o capitalismo deveria ser combatido.

Depois das guerras mundiais e da eclosão de várias crises econômicas, como a de 1929, a desigualdade social, a fome e a miséria passam a traçar novos contornos sociais e uma nova concepção de liberdade.

Ergue-se a figura do Estado de Bem-Estar Social, brotando novos pensadores, como Hannah Arendt, para quem a liberdade verdadeira e substancial estaria no espaço político, devendo o indivíduo estar capacitado de ponto de vista de uma educação formal e consciência crítica para esse exercício.

Contudo, com o neoliberalismo, as condições políticas e econômicas do capitalismo se renovam e se questiona, efetivamente, se o indivíduo é capaz de realizar e exercer uma plena liberdade.

A liberdade, assim, passa a exigir uma conotação mais ampla, e, para que seja estabelecida de forma substancial, há que se fazer adensarem a ela necessidades primárias como o acesso à educação e à cultura e a ausência de doenças ou misérias, tudo a fim de levar dignidade ao cidadão.

Questiona-se aqui qual liberdade restaria ao hipossuficiente, aos excluídos socialmente ou aos refugiados. Talvez seja uma liberdade meramente formal, como bem dimensiona Zygmunt Bauman quando desenvolve o que chama de "modernidade líquida".

Nos dias atuais, a liberdade requer um conceito aberto, que deve estar conectado à realização de direitos essenciais e de subsistência, a proporcionar o exercício de uma vida cidadã e digna, permitindo, assim, que o indivíduo possa, concretamente, exercer a liberdade sem contingências ou condicionantes.

Assim, a partir da delimitação formal, faz-se uma análise das várias liberdades postas pelo sistema constitucional brasileiro, contrapondo-se os direitos e as garantias fundamentais que elas configuram com o poder de tributar, a fim de apontar qual o papel e a relevância das imunidades tributárias.

O trabalho tratou da liberdade de ação como base a partir da qual se configuraram várias liberdades públicas consubstanciadas pela CF/1988.

Assim, a expressão "liberdades públicas" é utilizada no sentido conotativo amplo, a significar várias espécies de liberdades, como direitos fundamentais, a incluir os direitos sociais, difusos, entre outros, afastando-se qualquer acepção restrita ao conteúdo restrito de liberdade individual subjetiva, a partir do que se desenvolverão várias espécies de liberdades, tal como a liberdade de religião e a caracterização dela como direito fundamental.

Para tanto, preliminarmente, colocou-se a questão conceitual entre direito fundamental e direitos humanos, bem como a justificativa pela qual será utilizada, para a linha evolutiva de direitos fundamentais, que melhor a alberga, como dimensões, sem deixar de apontar os respectivos pressupostos e atributos.

Feita essa digressão, constatam-se direitos fundamentais de várias dimensões, inclusive de quarta dimensão, incluídos aí os direitos à democracia e ao pluralismo, além do direito à convivência harmônica multirracial e religiosa.

Nesse contexto, lembrando que a expressão "liberdades públicas" é utilizada em conotação ampla e não como liberdade individual sob os influxos do liberalismo, apontam-se no texto constitucional várias espécies de liberdades, a constituírem direitos fundamentais, tal qual a liberdade à religião, de consciência e crença.

Nesse diapasão, o direito à liberdade de religião contém várias formas de expressão: a liberdade de crença em si, a incluir aqui a opção de não ter crença, de ser agnóstico ou ateu; a liberdade para exteriorizar a crença por meio de culto ou de outras manifestações; e a liberdade de organização religiosa.

Vê-se que do direito à liberdade de religião decorrem direitos fundamentais que podem ser consubstanciados em múltiplas dimensões.

Se analisado em uma dimensão individual, em caráter negativo, quando se exige uma conduta de abstenção estatal, configurar-se-á um direito de primeira dimensão.

Já em uma concepção de direito de segunda geração, clama esse direito por uma atividade do Estado para fins de viabilizar e assegurar o cumprimento e salvaguardar o direito à religião. Se se configurarem direitos ligados à solidariedade, à fraternidade ou à defesa de patrimônio da humanidade, ficariam consubstanciados direitos fundamentais de terceira geração.

Finalmente, se considerado o direito à liberdade religiosa e de organização religiosa concernente ao exercício de democracia em um mundo pluralista, que requer a defesa plena da convivência harmônica multirracial e religiosa, já se faz caracterizar um direito de quarta geração.

O direito à liberdade de religião, portanto, envolve múltiplos direitos, que se consubstanciam em direitos fundamentais de primeira, de segunda ou até mesmo de quarta geração, dependendo da perspectiva adotada.

Importante, outrossim, circunscrever o conceito de liberdade à religião na seara do Estado Moderno, em compasso com a laicidade e com um ambiente democrático.

Nessa lógica, buscou-se primeiro a apropriação do significado de religião, em um sentido amplo e moderno, a incluir a autonomia de cada indivíduo em suas escolhas, envolvendo crentes e não crentes, tais

CONCLUSÃO

como os ateus e agnósticos, que se compatibiliza com a existência da laicidade.

O Estado laico adotado pelo Brasil invoca esse conceito lato de religião, acolhendo uma pluralidade de crenças, tais como catolicismo, protestantismo, judaísmo, religiões afro-brasileiras, entre outras, e não crenças.

Ser um Estado laico significa dizer que inexiste adoção de uma religião oficial, com postura neutra em relação às crenças religiosas e clara separação entre Estado e Igreja. Ademais, imprescindível existir tratamento igualitário e liberdade no exercício efetivo das diversas religiões, sem qualquer tipo de discriminação, situação típica em sociedades pluralistas e democráticas.

No Brasil, passou a ser acolhida a separação entre Estado e Igreja a partir da Constituição Federal de 1891, mas foi com a CF/1988 que se consagrou plenamente a laicidade no âmbito de um ambiente democrático de direito, densificando-se a liberdade religiosa como direito fundamental do cidadão.

Existem, contudo, críticas acerca da existência de uma substancial laicidade no País em virtude da citação de Deus no Preâmbulo da CF/1988 ou da utilização de símbolos católicos em órgãos públicos.

Apesar de ser um Estado laico, não se pode negar a forte tradição católica existente no Brasil, o que provoca inevitável influência cultural.

O Brasil, historicamente, carrega importante patrimônio da cultura cristã, encontrando-se muitos na lista de patrimônios tombados pela Unesco. Inclusive, há pontos de grande interesse para o turismo, como o Santuário de Nossa Senhora Aparecida do Norte e a Estátua do Cristo Redentor.

Assim, com uma população majoritária de católicos no País, ainda se faz importante, a exemplificar, a permanência de feriados religiosos, até mesmo por uma questão de costume e tradição, o que não parece ferir a laicidade do Estado, porquanto preservada a separação entre igreja e questões políticas, e a tolerância para com as demais crenças ou não crenças.

Outra questão polêmica refere-se ao Preâmbulo da CF/1988, que contém menção a Deus, o que poderia desqualificar a laicidade do Estado, mas não é o que parecer ocorrer.

Insta ponderar, primeiro, sobre a natureza do Preâmbulo. Em que pesem algumas posições divergentes, adota-se posição de Jorge Miranda, que assevera tratar-se de elemento integrante da Constituição Federal, não tendo, porém, a mesma eficácia das normas constitucionais.

Isso colocado, verifica-se que a menção a Deus no Preâmbulo da CF/1988 não tem força cogente individual, tampouco aplicabilidade ou eficácia prática.

Igualmente, a existência de símbolos religiosos em órgãos públicos, que parece mais refletir uma representação cultural do País, não instabiliza a questão da neutralidade estatal.

Inclusive, o CNJ revelou entendimento no sentido de que o uso de símbolos em órgãos da Justiça não fere a laicidade.

Ademais, encontra-se bem delimitada no texto constitucional a laicidade do País, com exigência expressa de atuação neutra do Estado no tocante à liberdade de religião, inclusive de não professar qualquer religião.

Fato é, porém, que se torna difícil pontuar o exato limite da presença do Estado, que assegure a neutralidade necessária sem beneficiar quaisquer atividades religiosas, reprimir ou discriminar outras tantas liberdades de expressão e de crença ou de não crença.

A neutralidade do Estado deve refletir uma conduta imparcial, o que não precisa se traduzir em um secularismo duro, que também poderia significar uma atuação antidemocrática e discriminatória.

E aqui foi preciso definir alguns conceitos para bem distinguir a laicidade, o laicismo e o secularismo.

Parte da doutrina, inclusive, sob o manto de defesa da laicidade, postula um absoluto isolamento e privatização das instituições religiosas, o que também não se faz adequado.

Importa, sim, ao contrário, a convivência harmônica em um ambiente pluralista, com práticas que atendam ao princípio da isonomia, afastando-se, ainda, condutas extremistas, e com oportunidade de exteriorização e exercício de fala a todos os núcleos sociais no embate público no mundo moderno, inevitavelmente pluralista.

Esse exercício é que refletirá uma democracia mais madura e fortalecida, em um ambiente harmônico.

Figura o Brasil, certamente, como um Estado laico, o que não significa que não haverá embates envolvendo o direito à liberdade religiosa, como ocorre em outras nações em que se mostra consagrada a neutralidade religiosa, tal como nos Estados Unidos e na França, onde existem inúmeros conflitos e controvérsias que são levados ao Judiciário.

A laicidade, pois, é fenômeno do mundo moderno e institucionaliza a separação entre Igreja e Estado, consagrando a igualdade de direitos e de expressão de todas as crenças e descrenças.

É um exercício de cidadania, no bojo de uma democracia, e de verdadeira tolerância, em um mundo multirracial, em que raia o pluralismo cultural e religioso. É um caminho delicado e complexo, claro, mas que deve prosseguir em constante evolução, a fim de buscar uma convivência harmoniosa.

Nessa quadra, pontua-se a imunidade tributária dos templos de qualquer culto como elemento concretizador da liberdade à religião.

Ato contínuo, fixa-se a natureza da imunidade dos templos e da liberdade à religião como verdadeira garantia institucional, por representar elemento essencial ao Estado laico e Democrático de Direito.

A partir de doutrina especializada, chega-se à conceituação de imunidade tributária como norma de delimitação negativa de competência, disciplinada pela CF/1988 e asseguradora de direitos fundamentais, configurando-se, quando se fizer presente a defesa de elementos constitutivos do Estado, garantia institucional e, nessa circunstância, cláusula pétrea.

Insta esclarecer, nesse contexto, que as imunidades previstas no art. 150, VI e alíneas, da CF/1988 constituem garantias institucionais, o que inclui a imunidade dos templos de qualquer culto, enquanto outras, tal qual a imunidade do ITBI, disposta no art. 156, I, § 2º, da CF/1988, não se qualificam assim.

Além dos contornos acerca da natureza e conceituação, enfrentou-se a questão da interpretação das normas imunizantes como vetor à consagração dos direitos fundamentais, a qual, apesar dos grandes embates doutrinários e jurisprudenciais, deve ser francamente ampliativa, devendo estender-se o mesmo entendimento aos templos de qualquer culto como instrumento concretizador do direito à liberdade de religião em uma estrutura social pluralista.

Em decorrência, de igual forma a conotação das expressões "culto" e "templo", para fins de aplicabilidade da imunidade tributária, guardadas as distinções dos vocábulos, merece ampla interpretação, tendo sido trazidos a lume casos concretos controvertidos, recorrendo-se, para tanto, à jurisprudência dos tribunais superiores.

Configurados a natureza e o conceito das normas imunizantes, bem como delimitada a extensão da interpretação, estabeleceu-se que a aplicabilidade das normas veiculadores de imunidade tributária pode ser extensível a outros tributos e não só a impostos, com o esboço, afinal, de uma sistematização da classificação da imunidade dos templos de qualquer culto: genérica, subjetiva, explícita, incondicionada e ontológica.

À guisa de finalização, desvenda-se o núcleo central e objeto da imunidade tributária de qualquer culto, que não perpassa pela capacidade contributiva como referencial lógico de sustentabilidade, ao contrário, o que a estrutura é o objetivo da norma negativa de competência descrita pela CF/1988.

Desse modo, o exercício da liberdade religiosa no Brasil instrumentaliza-se por meio da imunidade tributária dos templos de qualquer culto, que tem por aspecto fundante o cumprimento e a observância das finalidades precípuas traçadas pela CF/1988.

Esses elementos mostram-se essenciais à configuração de um Estado Democrático de Direito, sendo certo que a liberdade à religião e a imunidade tributária apresentam-se como caminho à harmonia e à pacificação social em uma sociedade pluralista.

REFERÊNCIAS

A IMPORTÂNCIA do patrimônio cultural para a identidade das cidades. 3 ago. 2020. Disponível em: https://capitalmundialdaarquitetura.rio/rio-capital-mundial-da-arquitetura/a-importancia-do-patrimonio-cultural-para-a-identidade-das-cidades/. Acesso em: 14 jul. 2021.

"As RELIGIÕES estão se tornando cada vez mais globais." Entrevista com José Casanova. **Instituto Humanitas Unisinos**, 9 abr. 2012. Disponível em: http://www.ihu.unisinos.br/entrevistas/508258-as-religioes-estao-se-tornando-cada-vez-mais-globais-entrevista-especial-com-jose-casanova. Acesso em: 6 jul. 2021.

AGOSTINHO, Santo. **O livre-arbítrio**. Patrística. São Paulo: Paulus, 1997. v. 8.

ALBUQUERQUE, Marconi Costa. Direitos fundamentais e tributação. *In*: SCAFF, Fernando Facury (org.). **Constitucionalismo, tributação e direitos humanos**. Rio de Janeiro: Renovar, 2007.

ALVES, Pedro Henrique. Introdução ao conservadorismo: conceitos gerais de um pensar conservador. **Burke: Instituto Conservador**, 19 mar. 2019. Disponível em: https://www.burke instituto.com/blog/conservadorismo/introducao-ao-conservadorismo/. Acesso em: 15 jul. 2020.

AMARO, Luciano. **Direito tributário brasileiro**. 16. ed. São Paulo: Saraiva, 2010.

ARAUJO, Luiz Alberto David; NUNES JÚNIOR, Vidal Serrano. **Curso de direito constitucional**. 23. ed. Santana de Parnaíba (SP): Manole, 2021.

ARENDT, Hannah. **Liberdade para ser livre**. Tradução e apresentação Pedro Duarte. Rio de Janeiro: Bazar do Tempo, 2018.

ATALIBA, Geraldo. **Hipótese de incidência tributária**. 6. ed. 15. tir. São Paulo: Malheiros Editores, 2014.

ÁVILA, Humberto. **Sistema constitucional tributário**. São Paulo: Saraiva, 2012.

BALEEIRO, Aliomar. **Limitações constitucionais ao poder de tributar**. Rio de Janeiro: Revista Forense, 1951.

BARRETO, Aires F.; BARRETO, Paulo Ayres. **ISS na Constituição e na** lei. 4. ed. Atualizado por Paulo Ayres Barreto. São Paulo: Noeses, 2018.

BARROSO, Luís Roberto. **O controle de constitucionalidade no direito brasileiro**. 7. ed. São Paulo: Saraiva, 2016.

BAUMAN, Zygmunt. **Capitalismo parasitário**. Tradução Eliana Aguiar. Rio de Janeiro: Zahar, 2010.

BECKER, Alfredo Augusto. **Teoria geral do direito tributário**. São Paulo: Saraiva, 1963.

BOBBIO, Norberto. **A era dos direitos**. Rio de Janeiro: Elsevier, 2004.

–. **Jusnaturalismo e positivismo jurídico**. Tradução Jaime A. Clasen. São Paulo: Editora Unesp, 2016.

–. **Teoria geral do direito**. São Paulo: Martins Fontes, 2010.

BOHN, Ana Cecilia Elvas. **Imunidade tributária dos templos religiosos**. Curitiba: Juruá, 2017.

BONAVIDES, Paulo. **Curso de direito constitucional**. 35. ed. São Paulo: Malheiros Editores, 2020.

BORGES, José Souto Maior. **Teoria geral da isenção tributária**. 3. ed. 2. tir. São Paulo: Malheiros Editores, 2007.

BULOS, Uadi Lammêgo. **Constituição Federal anotada**. São Paulo: Saraiva, 2015.

CANOTILHO, José Joaquim Gomes. **Direito constitucional**. 5. ed. Coimbra: Coimbra Editora, 1991.

CARRAZZA, Roque Antonio. **Curso de direito constitucional tributário**. 31. ed. São Paulo: Malheiros Editores, 2017.

–. **Imunidades tributárias dos templos e instituições religiosas**. São Paulo: Noeses, 2015.

CARVALHO, Aurora Tomazini de. **Curso de teoria geral do direito**. São Paulo: Noeses, 2019.

CARVALHO, Paulo de Barros. **Direito tributário, linguagem e método**. 7. ed. São Paulo: Noeses, 2018.

CICCO, Cláudio de; GONZAGA, Alvaro de Azevedo. **Teoria geral do Estado e ciência política**. 6. ed. São Paulo: Revista dos Tribunais, 2015.

CLASSIFICAÇÃO BRASILEIRA DE OCUPAÇÕES (CBO). CBO 2631-05. Ministro de culto religioso. Disponível em: https://www.ocupacoes.com.br/cbo-mte/263105-ministro-de-culto-religioso. Acesso em: 22 jun. 2021.

COELHO, Paulo Magalhães da Costa. Direito, linguagem e método: em busca de uma hermenêutica emancipadora. **Revista da AJURIS**, v. 40, n. 130, jun. 2013. Disponível em: http://ajuris.kinghost.net/OJS2/index.php/REVAJURIS/article/viewFile/301/236. Acesso em: 22 jul. 2021.

COÊLHO, Sacha Calmon Navarro. **Curso de direito tributário brasileiro**. 15. ed. Rio de Janeiro: Forense, 2016.

CONFERÊNCIA NACIONAL DOS BISPOS DO BRASIL (CNBB). Lançado o edital do FNS 2021; podem se inscrever projetos ligados à fome e aos cuidados sanitários na pandemia. 18 maio 2021. Disponível em: https://www.cnbb.org.br/lancado-edital-do-fns-2021-podem-se-inscrever-projetos-ligados-a-seguranca-alimentar-e-a-prevencao-da-pandemia/. Acesso em: 7 jul. 2021.

REFERÊNCIAS

COSTA, Regina Helena. **Curso de direito tributário**. 11. ed. São Paulo: Saraiva, 2021.

–. **Imunidades tributárias**. 3. ed. São Paulo: Malheiros Editores, 2015.

DE JESUS, Isabela Bonfá; DE JESUS, Fernando Bonfá; DE JESUS, Ricardo Bonfá. **Manual de direito e processo tributário**. 5. ed. São Paulo: Revista dos Tribunais, 2019.

DE OLIVEIRA, Patrícia Elias Cozzolino. **A proteção constitucional e internacional do direito à liberdade de religião**. São Paulo: Verbatim, 2010.

DERZI, Misabel. A imunidade recíproca, o princípio federal e a Emenda Constitucional n. 3, de 1993. **Revista de Direito Tributário – RDT**, n. 62, p. 76-98, 1994.

EAGLETON, Terry. **Marx e a liberdade**. Tradução Marcos B. de Oliveira. São Paulo: Editora Unesp, 1999.

FALCÃO, Amilcar de Araújo. **Fato gerador da obrigação tributária**. Rio de Janeiro: Forense, 1995.

FERNANDES, Cláudio. A crítica de Edmund Burke à Revolução Francesa. **Mundo Educação**. Disponível em: https://mundoeducacao.uol.com.br/historiageral/a-critica-edmund-burke-revolucao-francesa.htm. Acesso em: 14 jul. 2021.

FONSECA, Ricardo Marcelo. O positivismo, "historiografia positivista" e história do direito. **Argumenta: Revista do Programa de Mestrado em Ciência Jurídica da Fundinopi**, n. 10, jan.-jun. 2009. Disponível em: http://seer.uenp.edu.br/index.php/argumenta/article/view/131. Acesso em: 3 ago. 2020.

GARCIA, Maria. A Constituição e o ensino religioso nas escolas públicas. *In*: MAZZUOLI, Valerio de Oliveira; SORIANO, Aldir Guedes (coord.). **Direito à liberdade religiosa**: desafios e perspectivas para o século XXI. Belo Horizonte: Fórum, 2009.

GASPARETTO JUNIOR, Antonio. Estado de bem-estar social. **Info Escola**. Disponível em: https://www.infoescola.com/sociedade/estado-de-bem-estar-social/. Acesso em: 16 ago. 2020.

HABERMAS, Jürgen. **Entre naturalismo e religião**. Tradução Flávio Beno Siebeneichler. Rio de Janeiro: Tempo Brasileiro, 2007.

HAWKINS, John. **A história das religiões**. São Paulo: M. Books Editora, 2018.

HOLMES, Stephen; SUSTEIN, Cass R. **O custo dos direitos**: por que a liberdade depende dos impostos. 1. ed. 3. tir. São Paulo: WMF Martins Fontes, 2020.

HORVATH, Estevão. **O princípio do não confisco no direito tributário**. São Paulo: Dialética, 2002.

ICHIHARA, Yoshiaki. **Imunidades tributárias**. São Paulo: Atlas, 2000.

INSTITUTO BRASILEIRO DE GEOGRAFIA E ESTATÍSTICA (IBGE). **Censo Demográfico 2010**. Características gerais da população, religião e pessoas com deficiência. Disponível em: https://biblioteca.ibge.gov.br/visualizacao/periodicos/94/cd_2010_religiao_deficiencia.pdf. Acesso em: 14 jul. 2021.

KELSEN, Hans. **Teoria geral do Direito e do Estado**. São Paulo: Martins Fontes, 2000.

KIM, Douglas. **O livro da filosofia**. Tradução Douglas Kim. São Paulo: Globo, 2011.

LEITE, Fábio Carvalho. Estado e religião: a liberdade religiosa no Brasil. Curitiba: Juruá, 2014.

LEITE, Gisele. A liberdade na modernidade líquida. **JusBrasil**, 2007. Disponível em: https://professoragiseleleite.jusbrasil.com.br/artigos/437359630/a-liberdade-na-modernidade-liquida. Acesso em: 14 ago. 2020.

LIMA, André Canuto de F. O modelo de ponderação de Robert Alexy. **Jus**, 2014. Disponível em: https://jus.com.br/artigos/31437/o-modelo-de-ponderacao-de-robert-alexy#:~:text=alexy%20formulou%20uma%20lei%20que,forte%20cr%c3%adtica%20de%20j%c3%bcrgen%20habermas. Acesso em: 16 ago. 2020.

LIMA, Bianca Pinto. Tributos oneram os mais pobres e tiram competitividade do país. **O Estado de São Paulo**, 23 maio 2014.

LISBOA, Julcira Maria de Mello Vianna; ABREU, Claudio de. **Direito tributário**: Constituição e processo: garantias ao contribuinte. Rio de Janeiro: Lumen Juris, 2018.

LUÑO, Antonio Enrique Pérez. **Los derechos fundamentales**. Madrid: Tecnos, 2013.

–. **Perspectivas e tendências atuais do estado constitucional**. Tradução José Luis Bolzan de Morais e Valéria Ribas do Nascimento. Porto Alegre: Livraria do Advogado, 2012.

LUTERO, Martinho. **Da liberdade ao cristão**. 2. ed. São Paulo: Editora Unesp (FEU), 2015. Edição bilíngue.

MACHADO SEGUNDO, Hugo de Brito. **Manual de direito tributário**. 11. ed. São Paulo: Atlas, 2019.

MACHADO, Jónatas Eduardo Mendes. **Estado constitucional e neutralidade religiosa**: entre o teísmo e o (neo)ateísmo. Porto Alegre: Livraria do Advogado, 2013.

MAQUIAVEL, Nicolau. **O príncipe**. Tradução Lívio Xavier. São Paulo: Edipro, 2019. *E-book*.

MARIGUELA, Márcio. Tempo e o Templo (1). Jornal de Piracicaba, Caderno Cultura, 23 jun. 2014. Disponível em: https://marciomariguela.com.br/o-tempo-e-o-templo-1/. Acesso em: 31 mar. 2021.

MARTINELLI, João Paulo Orsini. Os crimes contra o sentimento religioso e o direito penal contemporâneo. *In*: MAZZUOLI, Valerio de Oliveira; SORIANO, Aldir Guedes (coord.). **Direito à liberdade religiosa**: desafios e perspectivas para o século XXI. Belo Horizonte: Fórum, 2009.

MARTINES, Paulo. O ato moral segundo Tomás de Aquino. **Trans/Form/Ação**, 2019. Disponível em: https://www.scielo.br/scielo.php?script=sci_arttext&pid=S0101-31732019000500249&lng=pt&nrm=iso. Acesso em: 28 maio 2020.

MARTINS, Ives Gandra da Silva; RODRIGUES, Marilene Talarico Martins.

Atividades pastorais têm imunidade tributária. Parecer em consulta da CNBB. Disponível em: https://www.migalhas.com.br/arquivos/2017/12/art20171229-02.pdf##LS. Acesso em: 30 mar. 2021.

–. Imunidades tributárias. **Revista CIEE Alma Mater**, ago. 2014. Disponível em: http://www.gandramartins.adv.br/project/ives-gandra/public/uploads/2014/09/03/ff6bd03revista_do_ciee_alma_ma ter_agosto2014.pdf. Acesso em: 8 abr. 2021.

MARTINS, Ricardo Marcondes. **Teoria jurídica da liberdade**. São Paulo: Contracorrente 2015.

MAZZUOLI, Valerio de Oliveira; SORIANO, Aldir Guedes (coord.). **Direito à liberdade religiosa**: desafios e perspectivas para o século XXI. Belo Horizonte: Fórum, 2009.

MILL, John Stuart. **Sobre a liberdade**. Porto Alegre: L&PM Editores, 2019.

MINIUCI, Geraldo. Direito e religião ou as fronteiras entre o público e o privado. **Revista de Estudos Constitucionais, Hermenêutica e Teoria do Direito – RECHTD**, v. 2, n. 2, p. 112-126, jul.-dez. 2010.

MIRANDA, Jorge. **Direitos fundamentais**. 2. ed. Coimbra: Almedina, 2017.

–. **Teoria do Estado e da Constituição**. 4. ed. Rio de Janeiro: Forense, 2015.

MIRANDA, Marcio Fernando. Neoconstitucionalismo a partir da II Guerra Mundial. *In*: CARVALHO, Jeferson Moreira de (coord.). **Neoconstitucionalismo, ativismo judicial e dignidade da pessoa humana**. São Paulo: Tribo, 2017.

MIURA, Douglas. Uso de crucifixo não fere caráter laico do Estado, decide CNJ. **ConJur**, 29 maio 2007. Disponível em: https://www.conjur.com.br/2007-mai-29/uso_simbolo_nao_fere_ carater_laico_estado_cnj#:~:text=A%20maioria%20dos%20membros%20do,depend%C3%AAncias%20de%20%C3%B3rg%C3%A3os%20do%20Judici%C3%A1rio. Acesso em: 10 jun. 2021.

MORAES, Guilherme Peña de. **Curso de direito constitucional**. São Paulo: Atlas, 2017.

NEVES, Daniel. Religião. **Brasil Escola**. Disponível em: https://monografias.brasilescola.uol.com.br/religiao#:~:text=Religi%C3%A3o%20pode%20ser%20definida%20como,mundo%20s%C3%A3o%20cristianismo%20e%20islamismo. Acesso em: 24 jun. 2021.

NOGUEIRA, Ruy Barbosa. **Curso de direito tributário**. São Paulo: Saraiva, 1989.

–. **Imunidades**. São Paulo: Instituto Brasileiro de Direito Tributário e Editora Resenha Tributária, 1990.

NUNES JÚNIOR, Flávio Martins Alves. **Curso de direito constitucional**. São Paulo: Revista dos Tribunais, 2017.

OLIVEIRA, Marco. Indústria cultural. **Mundo Educação**. Disponível em: https://mundoeduca cao.uol.com.br/filosofia/industria-cultural.htm. Acesso em: 14 jul. 2021.

ORGANIZAÇÃO DAS NAÇÕES UNIDAS (ONU). Dia internacional da Consciência tem foco em paz, tolerância e solidariedade. **ONU News**, 5 abr. 2021. Disponível em: https://news. un.org/pt/story/2021/04/1746502. Acesso em: 4 jun. 2021.

ORGANIZAÇÃO DAS NAÇÕES UNIDAS PARA A EDUCAÇÃO, A CIÊNCIA E A CULTURA (UNESCO). **Declaração de Princípios sobre a Tolerância**. Paris, 16 nov. 1995 Disponível em: http://www.oas.org/dil/port/1995%20Declara%C3%A7%C3%A3o%20de%20 Princ%C3%ADpios%20sobre%20a%20Toler%C3%A2ncia%20da%20UNESCO.pdf. Acesso em: 15 jul. 2021.

PAULSEN, Leandro. **Curso de direito tributário**. 11. ed. São Paulo: Saraiva, 2020.

–. **Curso de direito tributário**. 12. ed. São Paulo: Saraiva, 2021.

–; MELO, José Eduardo Soares de. **Impostos federais, estaduais e municipais**. 11. ed. São Paulo: Saraiva, 2018.

PESTANA, Márcio. **O princípio da imunidade tributária**. São Paulo: Revista dos Tribunais, 2001.

PICCININI, Tais Amorim de Andrade. **Manual prático de direito eclesiástico**. São Paulo: Saraiva, 2013.

PIEROTH, Bodo; SCHLINK, Bernhard. **Direitos fundamentais**. Tradução António Francisco de Souza e António Franco. São Paulo: Saraiva Educação, 2019.

PLATÃO. **O mito da caverna**. [S. l.]: Le Books Editora, 2019. Coleção Filosofia.

PONTES DE MIRANDA, Francisco Cavalcanti. **Comentários à Constituição de 1967**. 2. ed. São Paulo: Revista dos Tribunais, 1970.

–. Comentários. *In*: BALEEIRO, Aliomar. **Limitações constitucionais ao poder de tributar**. Rio de Janeiro: Revista Forense, 1951. v. 1.

PORFIRIO, Francisco. Escola de Frankfurt. **Mundo Educação**. Disponível em: https:// mundoeducacao.uol.com.br/sociologia/escola-de-frankfurt.htm. Acesso em: 15 ago. 2020.

QUANTO de religioso o Estado liberal tolera? Artigo de Jürgen Habermas. **Instituto Humanitas Unisinos**, 4 dez. 2012. Conferência proferida pelo filósofo e sociólogo alemão J. Habermas no contexto da série "Política e Religião", no dia 19 de julho de 2012. Disponível em: http://www.ihu.unisinos.br/172-noticias/noticias-2012/516105-quanto-de--religioso-o-esta do-liberal-tolera--artigo-de-juergen-habermas. Acesso em: 18 jun. 2021.

RODRIGUES, Eder Bonfim. **Secularização e religião na esfera pública**. Rio de Janeiro: Lumen Juris, 2019.

RUBIANO, Mariana de Mattos. **Liberdade em Hannah Arendt**. 2011. 131 f. Dissertação (Mestrado) – Departamento de Filosofia da Faculdade de Filosofia, Letras e Ciências Humanas, Universidade de São Paulo, São Paulo, 2011.

SANTINI, Christine. Liberdade religiosa e dignidade humana. *In*: PINTO, Eduardo Vera-Cruz *et al.* (coord.). **Refugiados, imigrantes e igualdade dos povos**. São Paulo: Quartier Latin, 2017.

SARLET, Ingo Wolfgang. **Curso de direito constitucional**. 2. ed. São Paulo: Revista dos Tribunais, 2013.

–; MARINONI, Luiz Guilherme; MITIDIERO, Daniel. **Curso de direito constitucional**. 2. ed. São Paulo: Revista dos Tribunais, 2013.

SARMENTO, Daniel. O crucifixo nos tribunais e a laicidade do Estado. *In*: MAZZUOLI, Valerio de Oliveira; SORIANO, Aldir Guedes (coord.). **Direito à liberdade religiosa**: desafios e perspectivas para o século XXI. Belo Horizonte: Fórum, 2009.

SCAFF, Fernando Facury (org.). **Constitucionalismo, tributação e direitos humanos**. Rio de Janeiro: Renovar, 2007.

SCHOUERI, Luís Eduardo. Imunidade tributária e ordem econômica. *In*: ROCHA, Valdir de Oliveira. **Grandes questões atuais do direito tributário**. São Paulo: Dialética, 2011. v. 5. p. 229-242.

SERRANO, Mônica de A. Magalhães (org.). **Tratado das imunidades e isenções tributárias**. São Paulo: Verbatim, 2011.

SIGNIFICADO de sofismo. Disponível em: https://www.significados.com.br/sofismo/#:~:text=Sofismo%20ou%20sofisma%20significa%20um,com%20a%20inten%C3%A7%C3%A3o%20de%20enganar.&text=Em%20um%20sentido%20popular%2C%20um,um%20ato%20de%20m%C3%A1%20f%C3%A9. Acesso em: 8 jun. 2020.

SILVA, José Afonso da. **Aplicabilidade das normas constitucionais**. 3. ed. São Paulo: Malheiros Editores, 1998.

–. **Curso de direito constitucional positivo**. São Paulo: Malheiros Editores, 2019.

SILVA, Josué Cândido da. MATOS, Vitor Gustavo Ribeiro de. *Max Weber e a Análise do Processo de Secularização da Ética Protestante*. In: file:///C:/Users/monic/Documents/cronoseditores,+max+weber+e+a+analise.pdf

SILVA, Luis Gustavo Teixeira da. Laicidade do Estado: dimensões analítico-conceituais e suas estruturas normativas de funcionamento. **Sociologia**, Porto Alegre, ano 21, n. 51, p. 278-304, maio-ago. 2019.

SILVA, Márcio Luiz. O conceito de liberdade em Aristóteles, Hegel e Sartre: implicações sobre ética, política e ontologia. **Aufklärung**, João Pessoa, v. 6, n. 2, p. 141-160, maio.-ago. 2019. Disponível em: https://periodicos.ufpb.br/ojs/index.php/arf/article/view/44640/27930. Acesso em: 1º jul. 2021.

SOARES FILHO, José. Relações trabalhistas entre ministros eclesiásticos e instituições religiosas, em face do acordo Brasil-Santa Sé. **Revista CEJ**, Brasília, ano XIX, n. 65, p. 77-83, jan.-abr. 2015. Disponível em: https://www.corteidh.or.cr/tablas/r35863.pdf. Acesso em: 22 jun. 2021.

SOUZA, Rubens Gomes de. **Compêndio de legislação tributária**. [*S. l.*]:Edições Financeiras, 1981.

TAVARES, André Ramos. **Curso de direito constitucional**. 16. ed. São Paulo: Saraiva, 2018.

–. Religião e neutralidade do Estado. *In*: MAZZUOLI, Valerio de Oliveira; SORIANO, Aldir Guedes (coord.). **Direito à liberdade religiosa**: desafios e perspectivas para o século XXI. Belo Horizonte: Fórum, 2009.

TEMPLO. *In*: OXFORD LANGUAGES AND GOOGLE. Disponível em: https://www.google.com/search?q=templo+significado&rlz=1C1CHZN_pt-BRBR946BR946&oq=templo+&aqs=chrome.2.69i5 9l2j35i39j69i57j0i433j69i60l3.3643j0j7&sourceid=chrome&ie=UTF-8. Acesso em: 31 mar. 2021.

TERRA, Ricardo. **Kant & o Direito**. Rio de Janeiro: Jorge Zahar Editor, 2004. Filosofia Passo a Passo.

TORRES, Heleno. Interpretação literal das isenções é garantia de segurança jurídica. **ConJur**, 20 maio 2020. Disponível em: https://www.conjur.com.br/2020-mai-20/consultor-tributario-interpretacao-literal-isencoes-garantia-seguranca-juridica. Acesso em: 25 mar. 2021.

TORRES, Ricardo Lobo. As imunidades tributárias e os direitos humanos: problemas de legitimação. *In*: TORRES, Heleno (coord.). **Tratado de direito constitucional tributário**: estudos em homenagem a Paulo de Barros Carvalho. São Paulo: Saraiva, 2005.

–. **Curso de direito financeiro e tributário**. Rio de Janeiro: Renovar, 2011.

–. **Os direitos humanos e a tributação**: imunidades e isonomia. Rio de Janeiro: Renovar, 1995.

TRINDADE, Caio de Azevedo. A imunidade tributária como instrumento de garantia e efetivação dos direitos humanos. *In*: SCAFF, Fernando Facury (org.). **Constitucionalismo, tributação e direitos humanos**. Rio de Janeiro: Renovar, 2007.

UGAR, Pedro Salazar. **Los dilemas de la laicidad**. México: Instituto de Investigaciones Jurídicas, 2013.

"UM ESTADO deve ser laico. O dever do cristianismo é o serviço." Entrevista do Papa Francisco ao jornal *La Croix*. **Instituto Humanitas Unisinos**, 18 maio 2016. Disponível em: http://www.ihu.unisinos.br/78-noticias/555208-qum-estado-deve-ser-laico-o-dever-do-cristianismo-e-o-servicoq-entrevista-do-papa-francisco-ao-jornal-la-croix. Acesso em: 20 jun. 2021.

VASAK, Karel. **The International Dimensions of Human Rights**. Paris: Greenwood Press, 1982.

VELLOSO, Rodrigo. Uma breve história dos impostos – conheça a movimentada e curiosa trajetória do instrumento de poder que determinou o curso da história. **Super Interessante**, 30 jun. 2003, atualizado em 11 abr. 2018. Disponível em: https://super.abril.com.br/historia/por-que-pagamos-impostos/. Acesso em: 20 maio 2021.

VERNANT, Jean-Pierre. **As origens do pensamento grego**. Rio de Janeiro: Difel, 2002.

VIANA, Rodrigo. **Tombamento de terreiros protege práticas religiosas**. **Desafios do Desenvolvimento**, ano 11, edição 82, dez. 2014. Disponível em: https://www.ipea.gov.br/desafios/index.php?option=com_content&view=article&id=3128&catid=53&Itemid=23. Acesso em: 10 mar. 2021.

VIEIRA, Thiago Rafael; REGINA, Jean Marques. **Direito religioso**: questões práticas e teóricas. 3. ed. São Paulo: Vida Nova, 2020. Versão Kindle.

WEISS, Fernando Lemme. **Princípios tributários e financeiros**. Rio de Janeiro: Lumen Juris, 2006.

ZILVETI, Fernando Aurelio. **A evolução histórica da teoria da tributação**. São Paulo: Saraiva, 2017.